Gerichtliche und Verwaltungs-Meteorologie.

Das Wetter in der Rechtsprechung

für

Gerichte und Rechtsanwälte, Verwaltungen, Magistrate und Hausbesitzer, Berufsgenossenschaften und Versicherungsgesellschaften, für Gewerbe, Handel und Technik.

Mit 438 Beispielen aus der Praxis

von

Professor Dr. C. Kaßner,

Abteilungsvorsteher am Preußischen Meteorologischen Institut, Privatdozenten an der Technischen Hochschule.

Berlin und Leipzig 1921.

Vereinigung wissenschaftlicher Verleger

Walter de Gruyter & Co.

vormals G. J. Göschen'sche Verlagshandlung — J. Guttentag, Verlagsbuchhandlung — Georg Reimer — Karl J. Trübner — Veit & Comp.

Roßberg'sche Buchdruckerei in Leipzig.

Vorwort.

Je vielseitiger das öffentliche und private Leben wird, um so vielseitiger sind die Fälle, die dem Richter zur Beurteilung vorgelegt werden, und um so mannigfaltiger auch die Wissenschaften, die zur Entscheidung herangezogen werden müssen. Jahrhunderte alt ist schon die Beziehung der Medizin zur Rechtsprechung, jünger, aber auch bereits umfangreich, die der Technik, der Chemie, der Geologie und anderer Wissenschaften.

Jetzt tritt auch die Meteorologie helfend hinzu — jetzt, wenn darunter nicht die unmittelbare Gegenwart, sondern etwa die letzten drei Jahrzehnte verstanden werden; denn vorher wurden Wetterbeobachtungen nur gelegentlich zur Rechtsprechung herangezogen, aber etwa seit 1890 in rasch steigendem Umfange, wie die Statistik S. 28 zeigt. Mir blieb es dann vorbehalten, im Jahre 1910 den Namen „gerichtliche Meteorologie" einzuführen und zu begründen. Nach einem Aufsatz darüber wurde ich damals veranlaßt, wiederholt Vorträge vor den Richtern und Staatsanwälten des Kammergerichtsbezirk und vor den Kriminalbeamten des Berliner Polizeipräsidiums zu halten.

Zum Teil wohl hierdurch, vor allem aber durch die wachsende Erkenntnis von der Nützlichkeit der Wetterbeobachtungen für die Rechtsprechung wuchs die Zahl der Anfragen bei den Landeswetterämtern so stark an, daß sie jetzt oft nicht so schnell beantwortet werden können, wie es meist gewünscht wird. Sie beschränken sich durchaus nicht auf Rechtsstreitigkeiten vor Gericht, sondern umfassen auch solche vor Schiedsgerichten der Arbeiter, vor Handels- und Verwaltungsgerichten usw. Welchen Kreisen überhaupt die Fragesteller angehören und was den Gegenstand der Anfragen bildet, lehrt der zweite Hauptabschnitt des Buches. Da aber gar manche Anfrage nach Form und Inhalt zu bemängeln war und sie mehrfach auch nicht gleich an die zuständige Stelle gerichtet wurde, habe ich in einem besonderen Abschnitte gelehrt, wo und wie man anfragen soll, um dem Fragenden zu zeigen, wie er zum eigenen Vorteil die Anfrage zu gestalten hat, und um gleichzeitig das Wetteramt in den Stand zu setzen, ohne Rückfrage sogleich eine möglichst zweckentsprechende Auskunft zu erteilen. Nicht ohne Nutzen wird dabei dem Fragesteller auch der erste Hauptabschnitt sein, in dem die Art und der Umfang der Wetterbeobachtungen dargelegt wird, sowie ihre Sammlung und Verarbeitung in den Wetterämtern, deren Namen und Ort für jedes Land genau angegeben ist.

Nach dem alterprobten Grundsatz exempla docent habe ich ganz besonderen Wert darauf gelegt, in dem dritten Teil eine möglichst große und vielseitige Zahl von Fällen, von denen keiner erdacht, sondern jeder den Akten entnommen ist, vorzuführen — es sind deren nicht weniger als 438. Sie werden vollauf genügen, um andere gerade vorliegende Fälle danach richtig behandeln zu können; jedoch wäre ich sehr dankbar, wenn mir noch weitere, besonders lehrreiche Beispiele mitgeteilt würden, namentlich aus anderen Klimaten.

Alle Fälle wurden nach Wetterelementen geordnet, weil so der Fragegegenstand klarer hervortritt; weil so ähnliche Fälle gemeinsam besprochen werden können; weil so für neue Fälle leichter ein ganz oder ungefähr passendes Beispiel gefunden werden kann, und weil sich so die außerordentlich große Zahl von Fällen in wenige Abschnitte und doch übersichtlich einordnen läßt.

Von den Anfragen ist stets nur der sachliche Inhalt mitgeteilt worden, desgleichen von den erteilten Auskünften. Ort, Zeit und Namen sind meist weggelassen oder geändert worden; nur wenn durch sie der Fall ein besonderes Gepräge erhielt, wurden sie mitgeteilt. Einer erheblichen Zahl von Fällen habe ich noch teils Erläuterungen, teils kritische Bemerkungen, teils sachliche Erweiterungen durch Anführung der Gesetzesparagraphen, der ministeriellen und polizeilichen Verfügungen, der richterlichen Entscheidungen beigegeben. Gerade dadurch hoffe ich den Benutzern dieses Buches eine willkommene und fördersame Beigabe darzubieten.

Einige Beispiele sandte mir die Deutsche Seewarte in Hamburg und die Bayerische Landeswetterwarte in München, wofür ich auch an dieser Stelle bestens danke; alle übrigen (mehr als 400) entnahm ich den Akten des Preußischen Meteorologischen Instituts. Hieraus ist zu ersehen, daß sich die Landesämter durchaus nicht auf das Sammeln und Veröffentlichen von Zahlen für wissenschaftliche Zwecke beschränken, wie man vielfach meint, sondern bereitwilligst und in erheblichem Umfange dem Gemeinwohle dienen. Daraus werden auch hoffentlich manche Magistrate lernen, daß sie nur ihren eigenen Nutzen fördern, wenn sie bei den Bitten der Wetterämter um Nennung von Personen für Wetterbeobachtungen etwas mehr guten Willen zeigen, als es bisher leider meist geschah (vgl. S. 164, Fall 345).

Da an den Auskünften des Preußischen Landeswetteramtes alle meine früheren und jetzigen Amtsgenossen mehr oder weniger beteiligt waren, so entfällt auf mich nur ein gewisser Anteil. Selbstverständlich sind unter den kritisch bemängelten Auskünften auch solche von mir, gewissermaßen aus meiner Lehrlingszeit.

Aufrichtiger Dank gebührt für einzelne Mitteilungen der Berliner Handelskammer und dem Berliner Polizeipräsidium, sowie einigen Kollegen von der Technischen Hochschule Berlin, nämlich den Herren Geheimrat Prof. Dr. K. A. Hofmann (Chemie), Amts- und Gemeindebaurat Saß (Baupolizei) und Dr. Marx (Heizung).

Das vorliegende Buch ist das erste seiner Art in der gesamten Weltliteratur und beruht zum guten Teil auf meinen dreißigjährigen Erfahrungen. Ich hoffe damit auch gezeigt zu haben, daß wir, gern als weltfremd bezeichnete Gelehrte dem Leben, auch in seinen weiten Verzweigungen, durchaus nicht fernstehen und nicht fernstehen wollen.

Berlin, den 15. Februar 1921.

C. Kaßner.

Inhalt.

III. Die Auskünfte über das Wetter.

I.

Das Wetter und die Wetterbeobachtung.

1. Das Wetter und die Wetterangaben.

Wenn man vom Wetter spricht, so meint man gewöhnlich gutes oder schlechtes Wetter, und man versteht darunter fast ausnahmslos Sonnenschein oder Regen. Da aber zu dem Eindruck, den das Wetter auf uns macht, noch Wolken und Wind, Wärme und Gewitter usw. beitragen, und da bei vielen richterlichen Entscheidungen, die uns hier beschäftigen, auch diese Witterungsformen eine Rolle spielen, muß der Begriff des Wetters genauer umgrenzt werden. Das Wetter ist der durch das Zusammenwirken der Wetterelemente, nämlich Luftdruck, Wärme, Wasserdampfgehalt der Luft, Bewölkung, Niederschläge, Wind und Gewitter, erzeugte Zustand der Luft an einem bestimmten Ort und zu einer bestimmten Zeit. Um also das Wetter in Zahlen und Worten festzulegen, müssen diese Wetterelemente beobachtet und gemessen werden, und zwar durch erfahrene Personen und durch richtig aufgestellte, geprüfte Instrumente. Nur wenn diese Bedingungen erfüllt sind, erhält man Wetteraufzeichnungen, die richterliche Verwendung finden können.

Es ist durchaus falsch, irgendwelche Wetterbeobachtungen von unverantwortlichen Personen zu Entscheidungen in Rechtsfragen zu verwenden. Außerordentlich oft werden von den beiden Parteien ganz entgegengesetzte Behauptungen über das Wetter einer bestimmten Zeit aufgestellt, und dann kann nur die amtliche Wetterbeobachtung eine einwandfreie Entscheidung geben; denn es ist ja begreiflich, daß jede Partei das Wetter so schildern wird, wie es ihrer Sache am günstigsten ist. Der amtliche Wetterbeobachter dagegen hat in dem Augenblick, während er seine Aufzeichnungen macht, keine Ahnung, ob sie einmal zu einer gerichtlichen Entscheidung gebraucht werden, und ist deshalb ganz unbeeinflußt.

Gerade dadurch ist zudem der Wettersachverständige z. B. dem medizinischen gegenüber im Vorteil, da er schon alle die notwendigen Beweisstücke fertig vorfindet, und da seine Aufgabe meist nur darin besteht, aus ihnen das Wetter für den gegebenen Ort und die gegebene Zeit abzuleiten, wogegen der Mediziner seine Beweisstücke meist viel schwieriger zusammentragen muß. Bei beiden aber ist zur Bildung eines Urteils eine langjährige Erfahrung notwendig. Hinsichtlich des Mediziners wird das von den Richtern ohne weiteres eingesehen, beim Wetter aber leider immer noch zu wenig, und man begnügt sich da gar manchmal z. B. mit Wetterangaben aus irgendeinem Nachbarort des Tatortes, in der oft völlig falschen Annahme, daß das Wetter am Tatort ebenso gewesen sei — ist das schon im Flachlande durchaus nicht immer der Fall, zumal bei Nebel und Regen, so noch weniger in bergigem oder gar gebirgigem Gelände.

Wie fehlerhaft und irreführend es ferner sein kann, sich auf Wetteraufzeichnungen zu stützen, die nur nach persönlichen Eindrücken und nicht nach genauen Messungen gemacht worden sind, geht z. B. aus der Tatsache hervor, daß ab und zu die amtlichen Saatenstandsberichte, die sich auf Mitteilungen von Landwirten als Vertrauensmännern gründen, das Wetter genau entgegengesetzt dem durch die amtlichen Wetterstellen festgestellten Verlaufe schilderten, obwohl erst wenige Tage seitdem vergangen waren. Zum Teil sprach bei den Landwirten wohl Geschäftsnutzen mit, zum Teil aber bezogen sich die Mitteilungen der Landwirte auf ganz örtlich begrenztes Wetter, zum Teil endlich führte das Gedächtnis irre. Wir Fachleute wundern uns immer, mit welcher Sicherheit so mancher Zeuge unter seinem Eide über das Wetter längst vergangener Tage mit der größten Bestimmtheit aussagt (vgl. S. 41). Nun soll ja zugegeben werden, daß manche Leute ein ausgezeichnetes Gedächntnis für gewisse Dinge haben, zumal wenn sich damit irgendein besonders auffälliges Ereignis verknüpft und ihre Gedankenwelt und der Umkreis ihrer Erlebnisse sehr beschränkt ist, aber trotzdem würde ich als Richter solchen Aussagen nur bedingte Gültigkeit beimessen und stets noch eine amtliche Wetterstelle befragen.[1])

[1]) Man vgl. auch meinen Aufsatz über milde Winter im „Daheim“ 1913 Bd. 49 S. 8 und R. Hennig, Die Unzuverlässigkeit des Gedächtnisses für Witterungsergebnisse „Das Wetter“ 1920, 100—108.

Indessen können nicht nur die Menschen, sondern auch die Instrumente falsche Angaben liefern. Bei ungeprüften Thermometern usw. ist das ja leicht verständlich; Fehler selbst von einigen Graden kommen häufiger vor, als viele meinen. Handelt es sich um größere Wärme oder Kälte, so macht ein Fehler von 1 bis 3° nichts aus, wohl aber sehr viel, sobald die Frage lautet, ob Frost war oder nicht, z. B. bei Unfällen durch Glatteis. Viel größer kann aber der Fehler durch unsachgemäße Aufstellung der Instrumente werden. Baro- und Thermometer zeigen in der Sonne höhere Stände als im Schatten, da sich ihr Quecksilber stark ausdehnt; hängen sie, wie an den vielen, meist von keinem Fachmann aufgestellten Wettersäulen (z. B. auf dem Schloßplatz in Berlin), dauernd in der Sonne, so verdampft ein Teil des Quecksilbers und setzt sich oben in Tröpfchen an, so daß der Stand der Quecksilbersäule nun zu niedrig ist. Solche „Temperaturen in der Sonne" (S. 70) haben wissenschaftlich und richterlich gar keinen Wert, da sie von allen möglichen Bedingungen und Zufälligkeiten abhängen und beeinflußt werden. Und selbst wenn die Thermometer nicht in der Sonne hängen, so sieht man sie doch häufig dicht vor den Fenstern von Zimmern, die im Winter geheizt werden, manchmal auch über Koch- und Waschküchen usw., wodurch natürlich die Angaben der Instrumente künstlich erhöht werden.

Der Regenmesser kann zu große oder, was viel häufiger ist, zu kleine Mengen angeben, ersteres dann, wenn er der Dachtraufe zu nahe steht; wenn der Beobachter die Teilung des Meßglases falsch abliest; wenn Unbefugte Wasser in den Messer gegossen haben; wenn außen am Messer sitzender Schnee mit gemessen wurde; wenn lagernder Schnee hineingeweht wurde usw. Zu wenig wird gemessen, wenn der Regenmesser undicht ist; wenn er ganz frei auf dem Felde oder Dache steht, so daß der Wind Regen und Schnee darüber hinwegweht; wenn er in zu engem Hofe oder zwischen hohen Bäumen steht, so daß der Niederschlag nicht ungehindert zum Messer gelangen kann; wenn nahe Bäume oder Sträucher allmählich ihre Zweige über den Messer ausbreiten; wenn hohe Talwände einen Regenschatten bis zum Standort des Instrumentes werfen, d. h. den freien Zutritt des Niederschlages hindern; wenn schlechte Bauart des Instrumentes zuviel von dem gesammelten Niederschlage verdunsten läßt usw.

Bei den Windangaben kommt es ebenfalls sehr auf richtige Aufstellung des Windmessers an; denn dicht über den Dächern ist der Wind durch Reibung geschwächt und oft auch aus seiner unbehinderten wahren Richtung abgelenkt. Handelt es sich aber um einen Tatort mitten in der Stadt auf der Straße oder in einem Gebirgstale, so kann nur ein Fachmann brauchbare Auskunft über die Windverhältnisse geben.

Wie wirklich zuverlässige Auskünfte aufzustellen sind, wird im zweiten Teil des Buches (S. 43) gezeigt werden. Hier sollte nur dargetan werden, wieviel Fehler es geben kann, wenn man kritiklos irgendwelche Wetteraufzeichnungen oder -aussagen benutzt, und wie man sich für richterliche Entscheidungen nur auf zuverlässige Angaben stützen darf. In den sehr seltenen Fällen, wo der Fachmann zu keiner klaren Vorstellung von dem Wetter zur gefragten Zeit kommen kann, wenn z. B. der Tatort weitab von jeder Wetterbeobachtungsstelle liegt und das Wetter zu der Zeit gerade sehr wechselte, wird er eine Auskunft ablehnen — ein solcher Fall wird im dritten Teil besprochen werden.

Zum Schluß sind hier noch die Maßeinheiten und Zeichen zusammengestellt, nach denen die Wetterbeobachtungen laut internationaler Vereinbarung aufgeschrieben und veröffentlicht werden:

A. Maßeinheiten.

Luftdruck: Millimeter (mm) = Höhe der Quecksilbersäule im Barometer, die dem jeweiligen Druck der Luft in Höhe des Nullpunktes der Barometerteilung entspricht. Englische Barometer sind in englische Zoll (1 Zoll [inch] = 25,4 mm) geteilt.

Temperatur: Alle amtlichen Angaben bedeuten sog. Celsiusgrade (C °) der hundertteiligen Skala (0° = Gefrierpunkt, 100° = Siedepunkt); im Publikum mißt man noch häufig nach Réaumurgraden (R °), von denen 80° R = 100° C sind, also 4° R = 5° C, 8° R = 10° C. In den englisch sprechenden Gebieten mißt man meist nach Fahrenheitgraden (F °: 1° C = 0,8° R = 1,8° F). Es ist:

100° C	80° R	212° F
40	32	104
30	24	86
20	16	68
10	8	50
0	0	32
− 10	− 8	14
− 20	− 16	− 4

Feuchtigkeit. Wasserdampfgehalt der Luft 1. als absolute Feuchtigkeit gemessen in Grammen (g), nämlich als Gewicht des Wasserdampfes in 1 cbm gewöhnlicher feuchter Luft; 2. Angaben in Millimetern bedeuten die Spannkraft dieses Wasserdampfes, gemessen und bezeichnet als Dampfdruck. Die relative Feuchtigkeit gibt an, wieviel Hundertteile Wasserdampf von dem bei dem jeweiligen Wärmegrade möglichen Dampfgehalt in der Luft wirklich vorhanden sind; 100 % = völlig mit Dampf gesättigte Luft, 50 % = halbgesättigte Luft, die noch ebensoviel Wasserdampf aufnehmen kann usw. Über das Sättigungsdefizit vgl. S. 106.

Bewölkung.	0 =	wolkenlos,				
	1 =	nahezu wolkenlos,				
	2 =	Himmel	zu $^{1}/_{5}$	mit	Wolken	bedeckt,
	3 =	„	„ $^{1}/_{3}$	„	„	„
	4 =	„	„ $^{2}/_{5}$	„	„	„
	5 =	„	halb	„	„	„
	6 =	„	zu $^{3}/_{5}$	„	„	„
	7 =	„	„ $^{2}/_{3}$	„	„	„
	8 =	„	„ $^{4}/_{5}$	„	„	„
	9 =	„	bis auf kleine Lücken			„
	10 =	„	ganz bedeckt.			

Niederschlag. Millimeter (mm) = Höhe, bis zu der das gefallene Regenwasser stehen würde, wenn nichts abliefe, versickerte oder verdunstete. Es ist also: 1 mm = 1 Liter auf 1 qm = 10 cbm auf 1 ha. Die Niederschlagsmenge wird um 7 Uhr früh gemessen und bezieht sich auf die jeweils letzten 24 Stunden. Die Menge wird in den meisten Ländern zum Messungstage, in den übrigen zum Vortage eingetragen.

Ein Regentag ist ein Tag mit einer für jedes Land festgesetzten Mindestmenge (meist mehr als 0,2 mm). Vgl. Fall 158.

Beim Schnee (auch bei Hagel und Graupeln) mißt man ebenso die Höhe des Schmelzwassers in mm, daneben auch die Höhe der Schneedecke bei gleichmäßiger Lagerung in cm; hieraus berechnet man den Wassergehalt oder Wasserwert von 1 cm Schneedeckenschicht.

Wind: Richtung meist nach den 8 Himmelsrichtungen (Ost wird international mit E = englisch East und französisch Est bezeichnet, z. B. ENE = Ostnordost).

Die Geschwindigkeit wird meist nach der sog. Beaufortskala geschätzt, an Hauptstationen auch mit Anemometern in Metern je (per) Sekunde (mps[1])) oder in Sekundenmetern (m/sek) gemessen. Bisweilen wird auch der Windweg in 1 Stunde in Kilometern (kmph = km/St.) angegeben, wofür die Beziehung 1 km/St. = 0,28 m/sek, 1 m/sek = 3,6 km/St. besteht. Es ist ferner:

---

[1]) Bei Auskünften, die doch fast nur für Nichtfachleute bestimmt sind, sollte man nie mps oder Meter per (oder pro) Sekunde schreiben, sondern verständliches Deutsch.

Beaufort-stufe	Wirkung	Sekundenmeter
0	Windstille.	0
1	leise, Rauch steigt fast gerade empor	1,5
2	leicht, für das Gefühl eben bemerkbar	3,0
3	schwach, bewegt Blätter und leichte Wimpel . . .	4,6
4	mäßig, bewegt kleinere Zweige, streckt Wimpel . .	6,7
5	frisch, für das Gefühl schon unangenehm, bewegt größere Zweige	9,0
6	stark, bewegt große Zweige, wird an Häusern usw. hörbar	11,0
7	steif, bewegt schwächere Bäume, wirft überstürzende Wellen	13,0
8	stürmisch, bewegt ganze Bäume, erschwert das Gehen	15,0
9	Sturm, verschiebt Dachziegel	17—20
10	voller Sturm, wirft Bäume um	21—25
11	schwerer Sturm, Zerstörungen schwerer Art . . .	25—40
12	Orkan, allgemeine Verwüstung	40—50 und mehr

Gewitter:

Wetterleuchten = Blitze ohne Donner.

Ferngewitter = kürzeste Zwischenzeit zwischen Blitz und Donner mehr als 10 Sekunden.

Nahgewitter = Zwischenzeit zwischen Blitz und Donner höchstens 10 Sekunden.

Kalter Schlag = Blitzschlag ohne zu zünden.

B. Internationale Wetterzeichen.

Regen	●	Nebelregen	≡̤
Schnee	✳	Höhenrauch	∞
Schneegestöber	✳→	Moorrauch	∞̲
Eisnadeln	→	Stürmischer Wind	⟶ⅲ
Schneedecke	⊠	Gewitter	ꓔ↗
Hagel	▲	Donner	⊤
Graupel	△	Wetterleuchten	<
Reif	⊔	Nordlicht	♔
Rauhfrost	V	Regenbogen	⌒
Glatteis	∾	Sonnenring	⊕
Tau	⌓	Sonnenhof	⌽
Nebel	≡	Mondring	ϑ
Bodennebel.	≣	Mondhof	∈

a = vormittags p = nachmittags n = nachts.

2. Die Wetterbeobachtung und die Beobachter.

Durch internationale Übereinkunft sind die Wetterbeobachtungsstellen nach dem Umfang ihrer Tätigkeit in mehrere Klassen eingeteilt worden.

Man unterscheidet, von den einfachsten angefangen, im allgemeinen fünf Klassen:

a) Stationen fünfter Ordnung haben keine Instrumente, beobachten Gewittererscheinungen aller Art (Gewitterstationen);

b) Stationen vierter Ordnung (Regen- oder Niederschlagsstationen) haben einen Regenmesser, messen die gefallene Regen- und Schneemenge (bei dieser das Schmelzwasser) und schreiben tagsüber Form und Zeit der Niederschläge auf; sie arbeiten auch teilweise zugleich als Gewitterstationen;

c) Stationen dritter Ordnung (bisweilen klimatische Stationen genannt), haben noch ein Haupt-, ein Maximum- und ein Minimumthermometer, öfter auch eine Windfahne. Sie messen dreimal täglich zu festen Stunden (meist um 7 Uhr früh, 2 Uhr mittags und 9 Uhr abends) Temperatur, Bewölkung und Wind, sowie einmal täglich die höchste und tiefste Tageswärme der letzten 24 Stunden; außerdem arbeiten sie als Regen- und Gewitterstationen;

d) Stationen zweiter Ordnung haben noch ein Quecksilberbarometer und ein Psychrometer und beobachten nicht nur wie Stationen dritter bis fünfter Ordnung, sondern messen auch noch dreimal täglich den Luftdruck und die absolute und relative Feuchtigkeit der Luft;

e) Stationen erster Ordnung beobachten im Umfange der Stationen zweiter Ordnung und haben für die meisten Wetterelemente noch selbstschreibende Apparate.

Ferner gibt es Observatorien (Wetterwarten), die neben den laufenden Beobachtungen im größten Umfange mit Hilfe bester Apparate wissenschaftliche Untersuchungen anstellen und über ein entsprechendes Personal verfügen, sowie Stationen für besondere Beobachtungen, wie Wassertemperaturmessungen, Bestimmung der Schneedichte (Wassergehalt der Schneedecke), Sonnenschein usw.

Die den Beobachtern gegebenen Instrumente und Drucksachen

(Anleitungen, Tagebücher, Monatstabellen usw.) bleiben Eigentum des Staates. Über ihren Verbleib ist Rechenschaft abzulegen. Sachbeschädigungen durch Unbefugte werden von den Wetterbehörden verfolgt und durch die zuständige Behörde (Ortspolizei, Gericht) geahndet. Jede Station ist daher ein Teil der Wetterbehörde, also einer Staatsbehörde.

Die Stationen erster bis fünfter Ordnung werden in den meisten Ländern (mit Ausnahme von Japan und den Vereinigten Staaten von Nordamerika) nur im Nebenamte verwaltet, d. h. die Beobachter haben irgendeinen Hauptberuf, der es ihnen aber, allerdings meist unter Beihilfe von Angehörigen, Untergebenen oder Schülern, gestattet, sowohl die Beobachtungen und Berechnungen auszuführen, als auch die Drahtungen oder brieflichen Meldungen für den Wetterdienst rechtzeitig abzuschicken. Die Stationen vierter und fünfter Ordnung werden meist ehrenamtlich verwaltet, während die Beobachter der Stationen erster bis dritter Ordnung zwar eine Entschädigung erhalten, die aber keine volle Bezahlung ist, zumal wenn man die Gebundenheit der Beobachter durch die drei Beobachtungsstunden berücksichtigt. Daraus geht schon hervor, daß diese Beobachter keinen Beamtencharakter haben. Sie sind daher nicht verpflichtet, irgendeiner Behörde (z. B. Wasserbauamt) oder Amtsperson (z. B. Kreisarzt) Abschriften oder Auszüge ihrer Beobachtungen unentgeltlich zu geben.

Vor Gericht können sie nur als Zeugen gegen die übliche Zeugengebühr geladen werden und nur über ihre unmittelbaren Beobachtungen aussagen, die somit nur für den Beobachtungsort gelten. Die wenigsten Beobachter können daraus noch Schlüsse auf deren örtliche und zeitliche Reichweite ziehen, da den meisten die Sachkunde und die Beobachtungen der weiteren Umgebung fehlen, ohne die ihre etwaigen Versuche gutachtlicher Äußerungen in der Luft schweben und nur auf willkürliches Raten hinauslaufen, während der Richter daraufhin urteilt. Es muß das ausdrücklich betont werden, da Beobachter von Gerichten immer wieder als Sachverständige zugezogen und zu Gutachten aufgefordert werden. Das ist ebenso falsch, als wenn man jeden beliebigen Handwerker als Sachverständigen in seinem Fach betrachten wollte. Mancher Beobachter freilich wird die Aufforderung des Gerichtes nicht ablehnen; denn sie schmeichelt ja seiner Eitelkeit und unterstützt seinen Ruf als Wetterkundigen. Ein solcher Beobachter, ein Dorflehrer, der selbst betonte, er gelte in weitem Umkreise als „Wetterkundiger“, machte sogar einer Wetterbehörde Vorwürfe, daß ihre Auskunft bei einem Prozeß anders gelautet habe als seine! Es soll ja nicht geleugnet werden, daß sich viele langjährige Beobachter im Wetterbeurteilen eine mehr oder weniger große Erfahrung gewonnen haben, wie es von See- und Landleuten bekannt ist; aber das genügt selten, um vor Gericht eine zu beeidigende Aussage abzugeben, vor allem über die Vergangenheit, wo ihnen nur ihre lediglich auf einen einzigen Ort bezüglichen kurzen Notizen zur Verfügung stehen. Auch besitzen sie meist nicht Normalwerte ihrer Gegend und können dann nicht beurteilen, ob ein Wetter ungewöhnlich (höhere Gewalt) ist oder nicht. Sachverständige und Gutachter können nur erfahrene Meteorologen sein; wo sie zu finden sind, sagt der nächste Abschnitt.

Wiederholt haben sich auch Richter, wenn sie aus einer Auskunft des Landeswetteramtes erfuhren, daß an einem Orte ein Wetterbeobachter ist, später an ihn unmittelbar gewandt, wenn die dortige Gegend in Frage kam; auch das ist aus obigen Gründen durchaus untunlich und sachlich oft geradezu schädlich.

3. Die Wetterbehörden.

In jedem Lande unterstehen die Beobachtungsstationen einer Wetterbehörde, von denen viele den häufig zu Schreibfehlern Anlaß gebenden und den meisten Leuten unverständlichen Namen Meteorologisches Institut, Bureau, Anstalt usw. (S. 32) führen, während in Deutschland erfreulicherweise eine immer fortschreitende Verdeutschung, wie Landeswetterwarte oder Landeswetteramt stattfindet, die noch den Vorzug der Allgemeinverständlichkeit hat.

Die Beobachtungsstationen senden meist erst am Schlusse jedes Monats einen Sammelbericht über ihre täglichen Aufzeichnungen an das Landeswetteramt ein. Zum Teil geschieht das so, daß das Tagebuch selbst oder eine Abschrift davon geschickt wird, worauf die Übersichtstabelle für Monat und Jahr im Wetteramt berechnet wird (wie in Sachsen); vielfach aber fertigen die Beobachter ihre Tabelle selbst an (wie in Preußen), wodurch Verständnis für und Anteilnahme an den eigenen Beobachtungen gehoben werden und etwaige Fehlerwahrnehmungen zu größerer Sorgfalt erziehen.

Die rohen Beobachtungen werden nach dem Anbringen der Instrumentalkorrektionen in der Weise bearbeitet, daß die Luftdruckwerte auf die Normaltemperatur und die Normalschwere gebracht und aus den Angaben des Psychrometers die absolute und relative Feuchtigkeit berechnet werden. Bei Luftdruck, Temperatur, Feuchtigkeit und Bewölkung wird aus den Beobachtungen jedes Tages der Durchschnitt, das Tagesmittel, in besonderer Weise abgeleitet. Dieses Mittel ist wohl für manche Übersichts- oder Vergleichszwecke geeignet, genügt aber nicht, wenn es auf einzelne Zeiten im Laufe des Tages ankommt; denn jeder Durchschnitt verwischt Besonderheiten des täglichen Ganges dieser Wetterelemente. Man soll daher besser nach den Einzelbeobachtungen, nicht nach dem Tagesmittel fragen.

Die Monatsberichte werden in den Wetterbehörden auf die Güte der Beobachtungen und die richtige Berechnung geprüft und am Jahresschluß teils vollständig, teils auszugsweise in Jahresbänden veröffentlicht, wobei eine international vereinbarte Form zugrunde gelegt wird. Die Monatsberichte werden dann dem Archiv einverleibt und können selbst noch viele Jahrzehnte später zu Auskünften dienen. Im Preußischen Meteorologischen Institut, einem der ältesten dieser Art, stammen die ersten Berichte für eine größere Zahl von Stationen aus dem Dezember 1847, dem Beginn amtlicher Beobachtungen, doch gehen die Aufzeichnungen einzelner Stationen noch um Jahrzehnte weiter in die Vergangenheit zurück — für Tilsit bis 1819, von wo ab der Oberlehrer Heydenreich bis 1872 beobachtete, worauf ihm seine Tochter Lauda bis 1917 folgte, so daß diese zwei Personen nicht weniger als 98 Jahre tätig waren. Ferner beginnt das Beobachtungsnetz in Württemberg 1856, in Sachsen 1863, in Baden 1868, in Bayern 1878 zu arbeiten, während die Deutsche Seewarte seit 1876 täglich Wetterkarten ausgibt.

Außer den Monatsberichten bekommen aber die Wetterbehörden noch von einer Reihe von Orten tägliche Meldungen, ferner in der Regel die Wetterdrahtungen — in Deutschland die Sammel-(Abonnements-)Depeschen der Seewarte in Hamburg aus dem größten Teile Europas — und die täglichen Wetterkarten. Mit diesem reichhaltigen Beobachtungsstoff können sie für die weitere Vergangenheit mit Leichtigkeit das Wetter feststellen; vielfach genügen die Wetterdrahtungen allein schon, um für die unmittelbare Vergangenheit, d. h. für den laufenden Monat, also für die Zeit, für welche die Monatsberichte noch nicht vorliegen, über das Wetter genügend genau aussagen zu können, falls es wirklich so eilig ist — unter Umständen werden jedoch noch brieflich oder drahtlich oder durch Fernruf weitere Aufzeichnungen eingefordert.

Die Wetterbehörden sind also die gegebenen Auskunftstellen für Wetteranfragen. Sie können meist allerdings nur soweit antworten, als ihr Land in Betracht kommt; aber sie werden stets auch mitteilen, wohin man sich wegen weiterer Auskunft wenden muß, wenn es sich z. B. um eine Versendung durch zwei oder mehrere Länder handelt.

In Deutschland kommen folgende Behörden für Auskünfte in Betracht:

Deutsche Seewarte in Hamburg 9, für Nord- und Ostsee.

Preußisches Meteorologisches Institut in Berlin W 56, Schinkelplatz 6, für Norddeutschland außer Freistaat Sachsen und Oberhessen.

Sächsische Landeswetterwarte in Dresden-N. 6, Große Meißner Straße 15, für den Freistaat Sachsen.

Hessische Landesanstalt für Wetter- und Gewässerkunde in Darmstadt, für den Freistaat Hessen.

Badische Landeswetterwarte in Karlsruhe, für den Freistaat Baden.

Württembergisches Statistisches Landesamt, Meteorologische Zentralstation in Stuttgart, Büchsenstr. 53—55, für den Freistaat Württemberg.

Bayerische Landeswetterwarte in München, Gabelsbergerstr. 55, für den Volksstaat Bayern.

Außerdem können für ihre nächste Umgebung Auskunft geben die Meteorologischen Observatorien in Aachen, Bremen und Potsdam.

Über die Zahl der Stationen in den einzelnen deutschen Ländern wird S. 53 näher gesprochen.

Ferner ist Deutschland für die Wettervorhersage in 13 Wetterdienstbezirke eingeteilt mit je einer „Öffentlichen Wetterdienststelle" in Königsberg i. Pr., Breslau, Berlin (N 4, Invalidenstr. 42), Hamburg 1, Magdeburg (Bahnhofstr. 15), Dresden (N 6, Große Meißner Straße 15), Ilmenau, Aachen, Weilburg a. d. Lahn, Frankfurt a. M. (Kettenhofweg), Karlsruhe, Stuttgart und München.

Diese Wetterdienststellen können, da sie täglich Drahtungen und schriftliche Meldungen, sowie solche durch Fernruf bekommen, auch schon über das eben vergangene Wetter Auskunft erteilen, allerdings genauer nur für ihren Bezirk, und selbst da nicht immer, da ihnen die Nachrichten doch nur von einer ausgewählten Anzahl von Stationen zugehen. Ganz besonders gilt das von einer Gegend außerhalb ihres Vorhersagebezirkes.

Für die wichtigsten anderen Länder Europas sind etwaige Anfragen an folgende Stellen zu richten:

Dänemark: Meteorologisches Institut, Kopenhagen.

Schweden: Meteorologisch-hydrographische Anstalt, Stockholm, Munkbrogatan 2.

Norwegen: Meteorologisches Institut, Christiania, Nordal Bruns Gade 8.

England: Meteorological Office, London, SW 7, South Kensington.

Niederlande: Meteorologisches Institut, De Bilt bei Utrecht.

Belgien: Institut royal meteorologique, Uccle bei Brüssel.

Frankreich: Bureau central meteorologique, Paris VII°, 176, rue de l'Université.

Spanien: Instituto central meteorológico, Madrid, Buen retiro.

Schweiz: Meteorologische Zentralanstalt, Zürich.

Italien: Ufficio centrale di Meteorologia e Geodinamica, Rom, 7 via del Caravita.

Deutsch-Österreich: Zentralanstalt für Meteorologie und Geodynamik, Wien XIX, 1, Hohe Warte 38.

Ungarn: Reichsanstalt für Meteorologie und Erdmagnetismus, Budapest II, Intezet ut 1.

Tschecho-Slowakei: Tschechoslowakische Staatsanstalt für Meteorologie, Prag.

Südslawien: Meteorologisches Observatorium, Belgrad.

Bulgarien: Meteorologisches Zentralinstitut, Sofia (Bulgarien).

Griechenland: Königliches National-Observatorium, Athen.

Rumänien: Königliches Astronomisches und Meteorologisches Observatorium, Bukarest, Filaret.

Polen: Meteorologisches Bureau, Warschau.

Rußland: Physikalisches Zentralobservatorium, St. Petersburg, Wassili Ostrow, 23. Linie.

Finnland: Meteorologische Zentralanstalt, Helsingfors.

Endlich in Nordamerika:

Vereinigte Staaten: U. S. Weather Bureau, Washington, D. C.

Alle diese Wetterämter sind staatliche Behörden, und es war sonderbar, daß ein Gericht ein Wetteramt fragte, ob ihm als solches Behördeneigenschaft zukommt; denn schon ein Blick in das Staatshandbuch hätte die Frage als überflüssig erkennen lassen.

Wenn auch in allen diesen Wetterbehörden genug erfahrene Beamte vorhanden sind, so werden mit der Beantwortung der Auskünfte — gewöhnlich aus Gründen der Diensteinteilung — wohl nicht immer diejenigen Beamten betraut, die eine vielseitige Erfahrung im praktischen Leben haben; denn sonst würden sich manche Auskünfte nicht bloß auf die Wiedergabe der Beobachtungen beschränken und es damit dem Richter und Rechtsanwalt überlassen, selbst Schlüsse daraus zu ziehen — ob immer richtige, dürfte bei den meist nicht vorhandenen und auch nicht zu verlangenden Fachkenntnissen bisweilen doch fraglich sein. Freilich sind die Fragen selbst öfter derartig ungenügend, wie später gezeigt werden soll, daß die Auskunft entsprechend ungenau werden muß.

Andererseits kann die Frage aufgeworfen werden: soll sich der Auskunft gebende Beamte nur streng an den Wortlaut der Anfrage halten, und zwar auch dann, wenn er den Anlaß kennt und eine ausführlichere Auskunft geben könnte? Nach meiner Meinung soll er den Fragesteller nur darauf aufmerksam machen; denn, da meist Gebühren erhoben werden, werden bisweilen die Kosten gescheut und der Anfrager hält die unvollständige Auskunft für genügend.

Bei den Anfragen bei Wetterbehörden tritt der Beamte, der die Auskunft erteilt hat, gewöhnlich nicht in die Erscheinung, da die Auskunft unter dem Namen und der Verantwortlichkeit der Behörde erteilt wird. Diese Verantwortlichkeit kann sich natürlich nur darauf beziehen, daß die Behörde die Auskunft nach bestem Wissen erteilt, nicht aber darauf, daß sie völlig zweckentsprechend ist; denn das hängt von der Fragestellung und von der Angabe aller zur Beantwortung wichtigen Umstände (S. 43 ff.) ab. Glaubt der Fragesteller, daß die Auskunft falsch ist, indem ihr z. B. ein falsches Datum oder ein falscher Ort zugrunde gelegt worden ist, so kann er sich nur an die Behörde, nicht aber an den Beamten halten und sie gegebenenfalls haftbar und entschädigungspflichtig machen. Die Behörde wird natürlich den Beamten belangen und von ihm unter

Umständen die Kosten einziehen, die sie selbst hat zahlen müssen. Gelegentlich des bekannten Prozesses gegen die Gräfin Kwilecka bestritt der Rechtsanwalt die Gültigkeit einer Auskunft, die der Staatsanwalt drahtlich vom Preußischen Meteorologischen Institut eingezogen hatte, weil sie nur mit dem Namen der Behörde, nicht aber mit dem des betreffenden Beamten unterzeichnet war; — doch der Vorsitzende erklärte diesen Einwurf als unberechtigt, da nicht der Beamte, sondern die Behörde die Auskunft erteilt. In der Regel ist übrigens derjenige, der die Auskunft unterzeichnet, nicht ihr Bearbeiter, sondern der Direktor oder sein Vertreter (S. 39).

Manchmal aber wünscht das Gericht, daß ihm ein Beamter als Sachverständiger genannt werde. Hier sind zwei Fälle möglich. Entweder will das Gericht ein ausführliches Gutachten, das sich entweder nur auf seine Fachkenntnisse oder darauf und auf eine Ortsbesichtigung nebst Beobachtungen gründet. Einem solchen Gesuch des Gerichts wird in der Regel entsprochen. Oft liegt dann schon von anderer, nichtmeteorologischer Seite ein Gutachten vor, das nun hinsichtlich der Wetterfragen ergänzt und geprüft werden soll. So war ich wiederholt Sachverständiger in Windmühlenprozessen (S. 134 ff.), bei denen es sich darum handelte, ob einer Mühle durch Gebäude oder Bäume Wind entzogen wurde; in dem einen Falle lag ein Gutachten des Kreisbaubeamten vor, der sich darin auf Windmessungen stützte, die, wie ich mühsam aus umfangreichen alten Akten des preußischen Ministeriums der öffentlichen Arbeiten herausbrachte, bereits im Jahre 1799 (!) angestellt wurden und nach heutigen Anschauungen längst veraltet waren.

Anders liegt aber die Sache, wenn das Gericht verlangt, der Wetterkundige solle in der Verhandlung über das Wetter einer gewissen Zeit aussagen. Wenn dabei über die Zeit und den Ort kein Zweifel ist und beide eng begrenzt sind, so könnte er wohl vor Gericht erscheinen und aussagen, aber viel einfacher ist es dann, wenn die Wetterbehörde die Auskunft schriftlich gibt — es wird Zeit gespart und die Zuverlässigkeit nicht vermindert. Handelt es sich jedoch um einen längeren Zeitraum oder um eine weite Örtlichkeit, wie eine längere Eisenbahnstrecke, so müßte der Sachverständige so viel Beobachtungsstoff mitbringen, daß allein schon das Heranschaffen schwierig ist; überdies wird durch die mündliche Aussage die Sachlage selten klarer, als wenn auch hier eine schriftliche Auskunft der Wetterbehörde vorgelegt würde. Sind endlich Ort oder Zeit fraglich, so ist es so gut wie ausgeschlossen, daß die Anwesenheit des Wetterkundigen vor Gericht irgendeinen Nutzen hat, da er unmöglich alle Aufzeichnungen, die etwa in Betracht kämen, mitbringen könnte. Man nehme nur den Fall, daß es sich um eine erst nach vielen Jahren entdeckte Mordsache handele und die Temperatur nicht eines bestimmten Ortes, sondern eines bestimmten Teiles einer Provinz für mehrere Jahre in Frage komme; dann müßte der Sachverständige schon bei nur drei Beobachtungsstationen etwa 6—9 Bände, deren jeder vielleicht 10—15 Pfund wiegt, mitbringen und in Gegenwart des Gerichtes und der Zeugen usw. durchsehen und den Inhalt vortragen. Das wäre ein ganz unwirtschaftlicher Zeit- und Kraftverbrauch. Man bedenke doch, daß an jeder Station jährlich $5 \times 365 = 1825$ Temperaturbeobachtungen angestellt werden; dazu kommen je $3 \times 365 = 1095$ Beobachtungen über Luftdruck, absolute und relative Feuchtigkeit, Wind und Bewölkung, sowie 365 Niederschlagsmessungen — insgesamt also 7665 Aufzeichnungen nur für ein Jahr. Häufig kommt auch nicht nur ein einziges Wetterelement in Betracht, sondern mehrere, z. B. Temperatur und Feuchtigkeit; dann ist die Durchsicht vor Gericht noch mühsamer und beim Vortrag noch unübersichtlicher, als wenn die Auskunft schriftlich gegeben worden ist.

II.

Die Anfragen über das Wetter.

1. Die Fragesteller.

Blättert man die Akten über die Auskünfte für mehrere Jahrzehnte durch, so wird man die Wahrnehmung machen, daß die Fragesteller im Laufe der Zeit aus immer weiteren Berufskreisen herkommen. Der Grund ist ja auch leicht einzusehen.

Anfangs waren es die Staatsbehörden, die für Ent- oder Bewässerungsentwürfe, für Heizanlagen usw. Witterungsangaben brauchten. Dadurch wurden große Firmen aufmerksam, die Kostenanschläge für solche Anlagen einreichen sollten oder deren ausgeführte Anlagen bemängelt wurden. Die staatliche Unfall- und Rentenversicherung wurde gesetzlich eingeführt, und da kamen oft schädliche Wettereinflüsse auf die Gesundheit der Arbeiter zur Verhandlung. Entscheidungen darüber sprachen sich herum, besonders wenn die Wetterauskunft dem Arbeiter günstig war, und so wurden immer weitere Kreise von dem Nutzen der Wetterbeobachtungen überzeugt.

Daß Techniker ihn schon längst kannten, ist selbstverständlich, muß doch bei jedem Hochbau, jeder Brücke, jeder Talsperre der Wettereinfluß in Rechnung gestellt werden. Es zeigte sich aber doch auch, daß mancher Ingenieur die Wetterangaben nicht immer richtig benutzte, in der Regel ihnen zuviel zumutete, z. B. Mittel aus wenigen Jahren wie langjährige gebrauchte oder nur Durchschnittswerte und nicht auch die Schwankungen um diese herum berücksichtigte. So gibt es in Amerika verschiedene schön gebaute Talsperren, die nur nie voll werden, weil man sie in eine regenarme Gegend lediglich auf Grund weniger zufälliger stärkerer Regen hineingesetzt hatte. So sind heute noch Ingenieure unbelehrbar, die aus starken Regengüssen von wenigen Minuten berechnen, wieviel das für eine Stunde ergibt, gerade so, als ob das Gefälle eines Wasserfalls als Gefälle für den ganzen Fluß betrachtet werden kann. Auch bei Gesprächen mit Hochschullehrern habe ich manchmal eine geradezu verblüffende Unkenntnis der Wetterlehren gefunden, besonders solcher, die nicht unbedingt zu ihrem oft eng begrenzten Sondergebiet gehören oder es nur berühren. Gar viele Ingenieure nehmen Formeln über den Luftwiderstand und andere Wetterelemente kritiklos hin und wenden sie ganz mechanisch an (vgl. das Beispiel S. 22). Deshalb ist auch die Wetterkunde noch nicht in die Prüfungsordnung aufgenommen worden.

Zu diesen Fragestellern gesellte sich das Militär, wenn z. B. ein Soldat durch Hitze oder Kälte krank geworden sein wollte, oder wenn ein Dienstpferd durch ungünstiges Wetter eingegangen sein sollte. Solche Fragen gerade aus Militärkreisen wurden früher meist an eine Sternwarte, statt an eine Wetterbehörde gerichtet; erst das Flug- und Luftfahrwesen hat auch in diesen Kreisen Aufklärung über die Wetterkunde gebracht und im Weltkrieg zu einer großartigen Entwicklung geführt. Die Mitwirkung des Preußischen Meteorologischen Instituts, wo ich Dezernent war, reichte über Norddeutschlands Grenzen von der Ostfront bis zur Westfront und bis über die deutschen Küsten hinaus.

Dann kamen zuerst vereinzelt, allmählich an Zahl sehr zunehmend die Gerichte und Rechtsanwälte. In vielen Fällen waren Wettereinflüsse die unmittelbare Ursache der Streitigkeit, z. B. das Verderben von Waren bei der Versendung durch Hitze, Sturm- oder Wasserschäden, oft aber auch nur mittelbare Ursache und nur von der einen Partei behauptet, von der anderen aber bestritten, z. B. angebliches Auslaugen des Zuckers in Säcken durch Regen zur Verdeckung eines Diebstahls (S. 97). Manchmal wurde auch das Wetter nur zur Aufklärung anderer Fragen, z. B. zur Feststellung der Zurechnungsfähigkeit (S. 39) oder der Glaubwürdigkeit eines Zeugen (S. 37) oder eines Datums (S. 35) benutzt.

Eine fünfte Gruppe von Fragestellern bilden die Magistrate, wenn sie irgend welche Streitigkeiten wegen Lieferungen oder ungenügender Leistungen von technischen Anlagen haben oder wenn sie für Wetterschäden aus mangelnder Vorsorge (S. 164) verklagt werden. In solchen Fällen wissen sie die Wetterbehörde rasch und sicher zu finden, wenn aber die Wetterbehörde sie um einen Beobachter angeht für eine in ihrer Stadt zu errichtende Station, haben leider noch gar viele kein Verständnis für den ihnen dadurch gebotenen Vorteil; und es gibt Städte, in denen es deshalb nicht möglich ist, auch nur eine einfache Regenstation unterzubringen, während das in gar manchem Nachbardorf viel leichter ist. Handgreiflich ist der Vorteil z. B., wenn Kanalisation angelegt werden soll. Dabei sind zur Bemessung der Kanalweite vieljährige Niederschlagsbeobachtungen nötig; aber wenn keine Beobachtungsstation im Orte ist, so muß sich die Bauverwaltung mit Werten aus mehr oder weniger entfernten Nachbarorten behelfen und kann, zumal in bergigem Gelände, die Weite der Kanäle nicht völlig sicher berechnen; sie wird also entweder zu weite und mithin zu teuere, oder vielleicht zu enge bauen, die Überschwemmungen und Schadensersatzansprüche veranlassen können.

Die Schadenersatzansprüche beruhen auf der Haftpflicht, die nicht nur hierfür, sondern auch für sehr viele andere Fälle im Deutschen Reich in den Reichsversicherungsgesetzen festgelegt ist. Da diese Gesetze auch alle Unfälle im Beruf umfassen und viele Unfälle durch das Wetter veranlaßt werden, wie Erkrankung durch Naßkälte und Hitzschlag, so ist es verständlich, daß, wie erwähnt, zu den regelmäßigen Kunden der Wetterbehörden auch die Versicherungsämter, die Schiedsgerichte für Arbeiterversicherung und die Berufsgenossenschaften gehören. Wie alle anderen jeweils zuständigen Behörden sind auch die Wetterbehörden gesetzlich verpflichtet, jede geforderte Auskunft zu geben; denn im Gewerbe-Unfallversicherungsgesetz vom 30. Juni 1900 (Reichsgesetzblatt 1900 S. 637) lautet § 144:

„Die öffentlichen Behörden sind verpflichtet, den im Vollzuge dieses Gesetzes an sie ergehenden Ersuchen des Reichs-Versicherungsamtes, der Landes-Versicherungsämter, der Schiedsgerichte, anderer öffentlicher Behörden sowie der Genossenschafts- und Sektionsvorstände zu entsprechen und den Organen der Berufsgenossenschaften auch unaufgefordert alle Mitteilungen zukommen zu lassen, welche für deren Geschäftsbetrieb von Wichtigkeit sind. Die gleiche Verpflichtung liegt den Organen der Genossenschaften gegeneinander und gegenüber den Behörden, sowie den Organen der Versicherungsanstalten für Invalidenversicherung und der Krankenkassen ob. Die Verpflichtung der Behörden erstreckt sich insbesondere auch auf die Vollstreckung rechtskräftiger Bescheide und Erkenntnisse.

Die durch die Erfüllung dieser Verpflichtungen entstehenden Kosten sind von den Genossenschaften als eigene Verwaltungskosten insoweit zu erstatten, als sie in Tagegeldern und Reisekosten sowie in Gebühren für Zeugen und Sachverständige oder in sonstigen baren Auslagen bestehen.“

Wenn aber hier gesagt wird, daß auch „unaufgefordert“ alle geeignet erscheinenden Mitteilungen gegeben werden sollen, so hat das naturgemäß für die Wetterbehörden keine Geltung; denn die

Zahl der Fälle, wo die Kenntnis des Wetters von den genannten Dienststellen gebraucht wird, ist im Verhältnis zu den Tausenden von Wetterbeobachtungen, die z. B. allmonatlich im preußischen Landeswetteramt einlaufen, zu klein, als daß es sich lohnen würde, selbst nur einen Auszug regelmäßig anzufertigen.

Privatpersonen, die irgendwie haftpflichtig werden können, z. B. Lehrer für die Schüler, Hausbesitzer für auf ihrem Grundstück verunglückende Personen, versichern sich hiergegen gern bei solchen Versicherungsgesellschaften, die auch die Haftpflicht in ihren Geschäftskreis aufgenommen haben. Besonders häufig sind Klagen oder Entschädigungsforderungen nach Sturz durch Glatteis oder Glätte — im Jahre 1917 bekam das preußische Landeswetteramt in nur 7 Monaten nicht weniger als 92 Glatteisanfragen, also jeden zweiten Werktag eine! Schon im Jahre 1910 liefen ebenda von nur zwei Versicherungsgesellschaften nicht weniger als 98 Anfragen ein, die Unfälle aller Art durch das Wetter betrafen, und im Jahre 1916 waren es 97 und bei insgesamt 6 Gesellschaften 131, wobei noch zu berücksichtigen ist, daß es ein Kriegsjahr war, in dem naturgemäß eine merkliche Zahl der Versicherungsnehmer durch Einberufung nicht in Betracht kam.

Außerdem gingen noch eine erhebliche Anzahl von Anfragen von Privatpersonen ein, denen entweder vom Gericht aufgegeben oder von ihren Rechtsbeiständen nahegelegt worden war, sich nach dem Wetter bei dem strittigen Fall zu erkundigen. Vorsichtige zogen die Auskunft schon ein, bevor sie die Klage erhoben, um schon vorher zu wissen, ob sie auch mit dem Hinweis auf das Wetter einen wirksamen Klagegrund haben; meist geschieht das natürlich dann, wenn die Klage überhaupt auf schwachen Füßen steht.

Manche Arten von Anfragen treten zeitweise in großer Zahl auf, z. B. nach einem plötzlichen starken Glatteise, oder aber auch dann, wenn durch die Zeitung bekannt wurde, daß jemand anläßlich eines Wetterunfalls, z. B. durch elektrischen Schlag am Fernsprecher, eine Rente oder Entschädigung erhielt; den dann einlaufenden Anfragen liegt meist keine Wetterursache zugrunde, aber es wird doch versucht, um ebenfalls eine Entschädigung oder gar Rente herauszuschlagen.

Für das Preußische Meteorologische Institut ergibt sich im Jahrzehnt 1910—1919 folgende Zahl von Anfragen:

Fragesteller	1910	1911	1912	1913	1914	1915	1916	1917	1918	1919	Mittel (%) 1910—13	Mittel (%) 1914—18
Gerichtsbehörden	81	84	102	92	52	42	53	60	54	60	90 (17)	52 (16)
Rechtsanwälte	33	30	18	11	21	9	15	20	17	14	23 (5)	16 (5)
Berufsgenossenschaften und Schiedsgerichte	17	29	31	13	22	8	5	11	21	8	22 (4)	13 (4)
Versicherungsanstalten	98	83	88	89	115	80	131	171	117	84	90 (17)	123 (38)
Sonstige staatliche Behörden	74	46	43	29	90	14	13	20	14	25	48 (9)	30 (1)
Städtische Behörden	16	13	1	2	6	3	2	4	7	8	8 (2)	4 (1)
Privatleute	134	201	189	172	129	76	70	77	65	71	174 (34)	83 (25)
Wissenschaftliche Anstalten	64	63	53	62	12	—	1	9	3	7	61 (12)	5 (2)
Zusammen	517	549	525	470	447	232	290	372	298	277	516	326
Davon bezogen sich auf:												
Sonnenschein, Helligkeit und Bewölkung	15	11	14	24	8	1	6	4	2	6	16 (3)	4 (1)
Temperatur	77	75	79	96	54	53	52	73	50	60	82 (17)	56 (17)
Niederschläge	132	140	73	73	138	17	45	54	58	33	105 (22)	62 (19)
Luftdruck	1	1	1	2	5	2	1	1	1	3	1 (0)	2 (1)
Wind	27	34	25	32	19	14	12	12	15	16	30 (6)	14 (4)
Mehrere Wetterelemente zugleich	243	272	292	215	198	144	174	241	181	156	250 (52)	188 (58)

Wenn auch nicht alle diese Anfragen dazu dienen sollten, Rechtsfragen entscheiden zu helfen, so doch die überwiegende Mehrzahl. Nach der Gesamtsumme betrachtet, tritt sofort der Einfluß des Krieges hervor; im einzelnen aber sind doch auffällige Unterschiede bemerkbar. So selbstverständlich es erscheint, daß sich die Zahl der Anfragen im Kriege verringert hat, so macht eine Gattung eine bemerkenswerte Ausnahme, nämlich die Anfragen der Versicherungsgesellschaften, die, statt abzunehmen, ungewöhnlich stark zugenommen haben. Der Grund ward schon vorher erwähnt: die große Zahl der Anfragen wegen Glatteis im Jahre 1916 und noch mehr 1917, in welchem Jahre von 171 Anfragen nicht weniger als 92 Glatteis betrafen, das in dem Winter 1916/17 besonders oft und besonders gefährlich auftrat.

Am stärksten, nämlich auf die Hälfte und mehr, nahmen im Kriege die Anfragen von wissenschaftlichen Anstalten und Stadtverwaltungen ab. Nach dem Inhalt der Anfragen verringerten sich am stärksten, auf weniger als die Hälfte, diejenigen, die die Helligkeit und den Wind betrafen; beim Niederschlag fielen größtenteils die Anfragen der Wasserbauämter nach mehrjährigen Mengen fort.

2. Form und Inhalt der Anfragen.

Auf viele Anfragen und die darauf erteilten Auskünfte paßt das Sprichwort: „Wie man in den Wald ruft, schallt's wieder heraus." Denn wie man fragt, so bekommt man die Antwort. Man sollte eigentlich meinen, daß das Fragen im vorliegenden Falle leicht sei, aber zahlreiche Fälle lehren das Gegenteil. Es ist erstaunlich, wie oft selbst von juristischer Seite darin gefehlt wird. Bei einem Schiffszusammenstoß auf der Elbe legte der Rechtsanwalt dem Wetteramt solche Fragen vor, daß ich ihm schrieb, mit der Antwort darauf würde er vor Gericht keinen Erfolg erzielen, und ihm andere Fragen vorschlug, denen er dankbar zustimmte.

Nun kann man ja freilich vom Nichtfachmann nicht verlangen, daß er sich fachgemäß ausdrückt, aber es muß doch wenigstens erwartet werden, daß er klar sagt, worauf es ankommt. Vortrefflich z. B. ist folgende Bemerkung des Amtsgerichts Pritzwalk bei einer Anfrage:

„Da das Gericht nicht weiß, in welchem Umfange die Beantwortung derartiger Fragen möglich ist, hat es den Beweisbeschluß möglichst spezialisiert gefaßt, bittet aber ihn auch zu erledigen, falls die Beantwortung nur allgemeiner möglich ist. Zur Tragung der nötigen Kosten ist das Gericht bereit."

Wenn eine Eisenbahnbehörde nach der Wärmetemperatur (!) im August oder eine andere nach Windstürmen oder wenn ein Kartoffelhändler, wie es geschah, nach dem Barometerstande frug, weil ihm eine Sendung Kartoffeln durch Hitze verdorben war, so ist das ja verzeihlich, und da der Händler mit den letzten Worten den Tatbestand kurz angab, bekam er auch die richtige Antwort. Nicht so sicher ist sie aber zu geben, wenn namentlich Gutsbesitzer nach der Feuchtigkeit fragen und damit fast ausnahmslos den Niederschlag meinen, selten aber das, was der Meteorologe unter Feuchtigkeit versteht, nämlich den Wasserdampfgehalt der Luft (S. 86).

Meist recht schädlich sind Anfragen nach dem „Wetter im allgemeinen"; denn im Grunde will der Fragesteller das gar nicht wissen, sondern nur, ob es warm oder kalt oder ob es trocken oder feucht gewesen war. Würde er so fragen, dann bekäme er die für ihn passende und daher nützliche Antwort, andernfalls kann nur eine allgemeine Angabe gemacht werden, die vom Richter bisweilen verschieden und vielleicht zu seinen Ungunsten aufgefaßt und ausgelegt werden kann.

Jedoch selbst wenn die Frage an sich klar gestellt ist, so ist sie doch öfter zu bemängeln, und zwar der Form nach bei Gerichten, und dem Inhalte nach bei Fragestellern aller Art. Bei manchen Gerichten ist immer noch in der Form ein höchst unnützer Zopf insofern zu finden, als wohl alles gesagt wird, was für den Aktenmenschen wichtig ist, aber für jeden anderen, auch den Auskunft gebenden Meteorologen überflüssig und geradezu lästig ist, und je höher das Gericht, um so länger ist meist der Zopf. So kam folgende Anfrage an ein Wetteramt:

„In Sachen der Königlichen Staatseisenbahn-Verwaltung, vertreten durch das Königliche Eisenbahn-Betriebsamt Berlin-Magdeburg zu Berlin, Beklagte und Berufungsklägerin, in zweiter Instanz vertreten durch den Rechtsanwalt L. zu Berlin W, Leipziger Str. 166, gegen den Obsthändler A. Müller in S., Kläger und Berufungsbeklagten, in zweiter Instanz vertreten durch den Rechtsanwalt M. zu Berlin SW, Charlottenstr. 30, wegen eines Anspruches aus einem Frachtvertrage — U 445. 95. XIII — ist beschlossen worden, unter anderem über folgende Frage Beweis zu erheben:

Herrschte in der Zeit von ... bis ... in ... trockene Sommerhitze oder verhältnismäßig kühle und nasse Witterung?"

Von diesem stilistisch so schönen (!) Satze brauchte tatsächlich nichts weiter geschrieben zu werden als etwa: „In Sachen Staatseisenbahn gegen Obsthändler Müller bittet das Landgericht um folgende Auskunft: . . . . ." Alles übrige ist zwecklos und zeitvergeudend und hält den Leser bloß unnütz auf, bis er zur Frage kommt. Bei Kaufleuten und Handlungsfirmen sollte der Handelsgegenstand genannt werden, weil man dann oft die Streitursache erraten kann; z. B. in Sachen Müller gegen Kartoffelhändler Schulze handelt es sich im Winter sicherlich um Kartoffeln, die unterwegs oder vorher erfroren sind. Jenes langatmige Beispiel ist aber nicht vereinzelt oder gar erdacht, sondern kommt in ähnlicher Weise oft genug vor; ein noch schlimmeres ist das nachstehende:

„In Sachen der Aktiengesellschaft Zuckerfabrik Harmonie in Schönburg, Beklagten und Berufungsklägerin, Prozeßbevollmächtigter Justizrat Dr. B. in P. gegen 1. den Seepächter Reinhold R. in W.; 2. die Rittergutsbesitzerin Anna E. geb. v. M., früher in W., jetzt in Schöneberg bei Berlin, Feuerstr. 201; 3. den Landwirt Fritz E. in W.; 4. die minderjährige Margarete E., vertreten durch ihre Mutter, die Klägerin zu 2; 5. die Frau Gutsbesitzer Marie Schleier geb. E. und ihren Ehemann, den Gutsbesitzer Max Schleier in D.; 6. den Seeeigentümer B. Seiter in F.; 7. den Rittergutsbesitzer, Landwirtschaftsrat Mendler in Dembow, Kläger und Berufungsbeklagte, Prozeßbevollmächtigter Rechtsanwalt Justizrat Neumann in P. ersuchen wir um Auskunft darüber ergebenst":

Hier sollte alles bis auf die letzten Worte fortbleiben; allenfalls könnte man den Anfang bis „Schönburg" schreiben. Derartiges ist ebenso ein unwirtschaftlicher Gerichtszopf wie der, daß bei recht vielen Gerichten der mehrzeilige Briefbogenkopf jedesmal noch geschrieben, statt durch Druck, Umdruck oder Kautschukbuchstaben hergestellt wird.

Ein Fehler, der bei Gerichten selten, wohl aber bei Privaten recht häufig vorkommt, ist der, daß die Anfrage nur kurz vor dem Gerichtstermin gestellt wird. Manchmal läuft sie dann beim Wetteramt so spät ein, daß sie nicht mehr rechtzeitig beantwortet werden kann, oder aber nur ungenau, weil etwa fehlende Beobachtungen nicht mehr von den Wetterstationen eingefordert werden können. Bisweilen häufen sich auch die Anfragen — ich bekam einmal in nur 3 Tagen deren 11, — und besonders scheint es vor den Gerichtsferien der Fall zu sein, so sehr, daß es unmöglich ist, sie in der nur zur Verfügung stehenden allzu kurzen Zeit rechtzeitig zu beantworten.

Eine Verzögerung kann auch dadurch eintreten, daß die Anfrage nicht an das zuständige Wetteramt gerichtet ist und dann von dort entweder mit Angabe der richtigen Anschrift zurückgeschickt oder gleich dem richtigen Amte weitergegeben wird. Letzteres — zweifellos das kürzeste Verfahren — ist nicht immer angängig, vor allem dann nicht, wenn das richtige Amt in einem anderen Lande liegt; wird die Anfrage weitergegeben, so erhält der Fragesteller bisweilen noch besondere Mitteilung davon. Nicht selten gehen jedoch die Anfragen statt an das Wetteramt an eine Sternwarte, und zwar bezeichnenderweise meist, wenn die Absender den gebildeteren Ständen angehören, wogegen Leute mit einfacherer Bildung darin weniger fehlen, offenbar weil sie sich erst genau erkundigen, während jene das bei ihrer Bildung oft nicht für nötig halten. Zum Teil liegt aber auch die Schuld an der meist unverständlichen Bezeichnung: Meteorologische Anstalt oder Institut, statt Wetterwarte (wie Sternwarte) oder Wetteramt; man sieht das auch an den vielen Fehlern in der Aufschrift, selbst von Lehrern und Behörden, wie metereologisch (ganz besonders oft), metrologisch, metheologisch, meteriologisch, mitrologisch, meteorblogisch, geologisch (!) usw. Ein Rechtsanwalt schrieb naiv, er wüßte ja, daß das Meteorologische Institut seine Beobachtungen nur für Berlin anstellt, aber vielleicht könnten sie ausnahmsweise auch für Karlshorst gelten. Hier ist ganz klar ausgesprochen, daß selbst ein akademisch gebildeter Fragesteller sich keine Vorstellung davon machen konnte, daß das Institut für das ganze Land zuständig ist. Eine Bezeichnung, wie Landeswetteramt, entsprechend der Landesanstalt für Gewässerkunde, dem Statistischen Landesamt usw., würde solche Zweifel nicht aufkommen lassen.

Von Gerichten werden bisweilen statt einer Anfrage die Prozeßakten eingeschickt, was zwar für sie sehr bequem ist, nicht aber für den Meteorologen. Gewöhnlich muß er erst ziemlich lange suchen, bis er die Fragen findet, die er beantworten soll; denn sie stehen durchaus nicht immer auf den letzten Schriftsätzen. Wenn aber überhaupt keine bestimmten Fragen gestellt sind, der Meteorologe sie sich also selbst aus den ganzen Akten ableiten soll, was auch vorkommt, so muß das unbedingt abgelehnt werden; denn er würde dadurch in die Prozeßführung in ganz unzuständiger Weise eingreifen, sich vielleicht manchmal ein falsches Bild von der ganzen

Streitfrage machen und dann eine unzutreffende Auskunft geben. Die unterliegende Partei könnte sogar vielleicht einwenden, daß er nur die der Gegenpartei günstigen Tatsachen beachtet hätte. Er übernähme damit also eine größere Verantwortung, als ihm zusteht.

Ebenso unzulässig erscheint es mir, wenn eine Versicherungsgesellschaft wohl nach Frostwetter fragte, aber einige Zeit lang stets hinzusetzte, daß sie eine Auskunft, ob Glatteis oder Winterglätte gewesen sei, nicht wünsche, während sie sich früher in solchen Fällen auch noch nach der Möglichkeit von Glatteis oder Glätte erkundigt hatte. „Eine Angabe über etwa vorhanden gewesene Winterglätte könnte den Wert über die lediglich zu erörternde Frage, ob Glatteis geherrscht hat, beeinträchtigen."

In ihren Versicherungsbedingungen heißt es:

„Die Aufgabe der Haftpflichtversicherung besteht darin, berechtigte Schadenersatzansprüche an den Versicherungsnehmer durch Zahlung der als angemessen ermittelten Entschädigung zu befriedigen, unberechtigte Ansprüche dagegen abzuwehren, und zwar letzteres nötigenfalls auf dem Prozeßwege. Derartige Prozesse zur Abwehrung unberechtigter Ansprüche werden für den Versicherungsnehmer auf Kosten der Gesellschaft geführt. Berechtigte Schadenersatzansprüche liegen vor, wenn die Gesetze eine Haftpflicht des Versicherten anerkennen."

Der Versicherungsnehmer oder der Versicherte ist die Gemeinde.

Vorstehende Bedingungen beruhen auf § 149 des „Reichsgesetzes über den Versicherungsvertrag vom 30. Mai 1908", der wie folgt lautet:

„Bei der Haftpflichtversicherung ist der Versicherer verpflichtet, dem Versicherungsnehmer die Leistung zu ersetzen, die dieser auf Grund seiner Verantwortlichkeit für eine während der Versicherungszeit eintretende Tatsache an einen Dritten zu bewirken hat."

Nach § 150 müssen auch etwaige gerichtliche und außergerichtliche Kosten, die durch die Verteidigung gegen den von einem Dritten geltend gemachten Anspruch entstehen, von der Versicherungsgesellschaft ersetzt werden. Bei den Glatteis- und Glätteunfällen handelt es sich nun entweder darum, daß jemand auf einem öffentlichen Wege gefallen ist und sich verletzt hat, dessen Reinigung usw. gemäß dem Gesetz über die Reinigung öffentlicher Wege vom

1. Juli 1912[1]) in Preußen — in den anderen Staaten ist es ähnlich — der Gemeinde obliegt. § 1 dieses Gesetzes beginnt:

„Die polizeimäßige Reinigung öffentlicher Wege einschließlich der Schneeräumung, des Bestreuens mit abstumpfenden Stoffen und des Besprengens zur Verhinderung von Staubentwicklung liegt . . . derjenigen Gemeinde ob, zu deren Bezirk der Weg gehört."

Es kann aber auch der Unfall vor einem Privatgrundstück geschehen sein, und dann tritt § 5 ein:

„Durch ein unter polizeilicher Zustimmung zu erlassendes Ortsstatut[2]) kann die Verpflichtung zur polizeimäßigen Reinigung öffentlicher Wege ganz oder teilweise für die ganze geschlossene Ortslage, einzelne Teile derselben, einen oder mehrere bestimmte in ihr belegene Wege oder Wegeteile den Eigentümern der angrenzenden Grundstücke oder einzelnen Klassen davon auferlegt werden."

Unter polizeimäßiger Reinigung ist nach der Begründung zum Entwurf dieses Gesetzes die Reinigung zu verstehen, die nicht bloß aus Verkehrsrücksichten erfolgen, sondern auch weitergehenden polizeilichen Anforderungen, insbesondere der Gesundheitspflege und der Reinlichkeit Rechnung tragen muß.

Verlangt nun jemand auf Grund solcher Bestimmungen eine Entschädigung von der Gemeinde oder dem Hauseigentümer, so wenden sich diese an ihre Versicherungsgesellschaft, die, wenn sie den Anspruch für begründet hält, ihn dem Versicherten erstattet, damit er den Forderer befriedigt. Anderenfalls veranlaßt die Gesellschaft die Gemeinde oder den Eigentümer, den Anspruch zurückzuweisen und sich unter Umständen auch verklagen zu lassen, da nach § 151 die Gerichtskosten ersetzt werden. Die Gesellschaft überweist dem Versicherten vermutlich die Wetterauskunft als Beweisstück vor Gericht, wenn sie nicht auf Glatteis oder Glätte lautet. Wird nämlich in dem Gutachten des Wetteramtes gesagt, daß Glatteis vorhanden oder seine Bildung wahrscheinlich war, so kann sich die Gesellschaft der Zahlung der Entschädigung nicht entziehen; wenn aber im Gutachten davon nichts stehen soll, so kann die Gesellschaft sagen: Glatteis ist nicht gemeldet, der Unfall kann höchstens durch Glätte entstanden sein, also hätte der Ver-

[1]) Hecht, Carl, Gesetz über die Reinigung öffentlicher Wege vom 1. Juli 1912. Berlin 1912.

[2]) = Ortssatzung.

sicherte gemäß § 276 des Bürgerlichen Gesetzbuches die Pflicht gehabt, „die im Verkehr erforderliche Sorgfalt" anzuwenden; ist er gefallen, nun, so hat er sie eben nicht angewendet, also braucht die Gesellschaft nicht zu zahlen.

Wie weiter unten gezeigt werden wird, ist die Begriffsbestimmung von Glatteis und Glätte oft sehr schwierig, und deshalb muß dagegen unbedingt Einspruch erhoben werden, wenn eine Versicherungsgesellschaft ohne genügende Unterlagen hierüber entscheiden will. Neuerdings scheint das nicht mehr vorzukommen.

3. Zweck der Anfragen.

Eine Besprechung des Zwecks der Anfragen scheint auf den ersten Augenblick überflüssig zu sein, weil selbstverständlich, denn der Anfrager will offenbar eine Auskunft über das Wetter zu einer bestimmten Zeit haben. So einfach ist die Sachlage aber nicht immer, und deshalb lohnt es sich, den Zweck der Anfragen und der Antworten darauf etwas näher zu betrachten.

Der Zweck der weitaus meisten Anfragen ist natürlich der eben angegebene, zu wissen, wie das Wetter im allgemeinen oder wie ein einzelnes Wetterelement, z. B. die Wärme oder der Regen, zu der genannten Zeit an einem genannten Orte gewesen ist. Wie die Wetterangaben dann unmittelbar verwertet werden, wird später an zahlreichen Beispielen gezeigt.

Nicht selten sind aber die Fälle, in denen es auf das Wetter an sich für die Entscheidung des Streitfalles gar nicht ankommt, sondern die Angabe darüber soll nur das Mittel zum Zweck sein. In erster Linie nämlich will man mit Hilfe der Wetternotizen das Datum des Tages ermitteln, an dem eine Tat geschehen ist. Hierfür liegt eine ganze Reihe von Beispielen vor, von denen nur einige lehrreiche mitgeteilt werden sollen.

a) Wärme und Kälte.

1. (1.) Fall. Eine strafbare Handlung soll an einem besonders heißen Tage stattgefunden haben. Der Angeklagte sagt, er sei am 17. Mai in der Gegend des Tatortes gewesen; ein Zeuge behauptet, daß jener im Juni dagewesen sei, ein zweiter: nach dem 12. Juni und ein dritter am 17. Juni. Gefragt wurde nach der Temperatur am 17. Mai und am 12.—17. Juni.

Auskunft: Nur am 12.—14. Juni lag die höchste Temperatur zwischen 22° und 28°; sonst betrug sie 28—30°.

2. (2.) Fall. In einer Strafsache beschwor der Angeklagte, in einem Schanklokal mehrere Personen im Januar zwischen 12 und 1 Uhr nachts gesehen zu haben. Der Gastwirt bestritt das und brachte auch Zeugen dafür, daß das in der Nacht vom 18. zum 19. Dezember des Vorjahres gewesen sei, und daß in dieser Nacht ungewöhnliche Kälte geherrscht habe, mindestens – 20 ° R.

Auskunft: – 20 ° R = – 25 ° C hat in dem ganzen Winter nicht geherrscht. Die kältesten Nächte waren: – 15 ° C (– 12 ° R) 18./19. Dezember; je – 15 ° bis – 20 ° C (– 12 ° bis – 16 ° R) 10./11. Januar, 5./6. Februar, 9./10. Februar.

3. (3.) Fall. Eine gebrauchte Lokomobile war am 29. Oktober durch Tausch in anderen Besitz übergegangen. Im Januar fand der neue Besitzer im Kühlmantel einen großen Riß. Der frühere Besitzer behauptete, das Kühlwasser sei nicht abgelassen worden und habe beim Frieren, wobei sich Wasser bekanntlich ausdehnt, den Kühlmantel gesprengt. Demgegenüber konnte der neue Besitzer aber beweisen, daß er das Kühlwasser gleich nach der Übernahme am 29. Oktober abgelassen hatte. Es blieb somit nur die etwas ungewöhnliche Annahme übrig, daß bereits vor diesem Tage Frost geherrscht habe.

Auskunft: Es setzte in diesem Jahre bereits früh im Oktober wiederholt Frost ein, der vom 24.–28. Oktober schon winterliche Stärke zeigte.

b) Niederschlag.

1. (4.) Fall. Regnete es an einem Sonntag im Mai?

Auskunft: Ja, am 13. Mai.

2. (5.) Fall. Wann regte es im August besonders stark. Es soll der Tag festgestellt werden, an dem sehr starker Regen in einer Wohnung Beschädigungen verursacht haben konnte.

Auskunft: Es wurden die Tagesmengen mitgeteilt.

3. (6.) Fall. Ein junger Mann war wegen Zahlung von Alimenten verklagt worden; er behauptete aber, es hätten der Kindesmutter außer ihm noch andere während der gesetzlichen Empfängniszeit beigewohnt, und nennt einen Zeugen. Dieser gibt seine Beteiligung zu, weiß aber nicht mehr, wenn es gewesen sei, nur wo, nämlich auf einer Bank im Freien; es habe zwar Schnee gelegen, aber die Kindesmutter habe ihn mit ihrem Muff abgekehrt. Die gesetzliche Empfängniszeit begann am 27. November. Es fragt sich somit, hat schon vor diesem Tage Schnee gelegen, denn dann fiele dieser Zeuge aus, oder erst nachher.

Auskunft: Vor dem 27. November fiel nur einmal nachts Schnee, aber mit Regen vermischt, so daß auf der Bank eine Schneeschicht nicht vorhanden gewesen sein konnte.

Die Datumfeststellung bei Alimentenklagen ist im allgemeinen verhältnismäßig leicht, weil durch den Tag der Geburt, dessen Datum ja, selbst wenn Erpressungen versucht werden sollten, nicht nachträglich willkürlich verschoben werden kann, auch der Tag der Empfängnis innerhalb eines gesetzlich begrenzten Zeitraums festgelegt ist. Sobald nun das Wetter in Frage kommt, gibt es innerhalb dieses Zeitraums doch fast immer nur einige Tage, an denen ein so besonderes Wetter geherrscht hat, wie es die eine oder andere Partei behauptet. Ist die Wetterauskunft dieser Behauptung ungünstig, so kann die Partei naturgemäß nun nicht sagen, sie habe sich geirrt, das Wetter sei vielmehr so und so gewesen, um dadurch ein anderes Empfängnisdatum zu erzielen; denn dann würde man ihr mit Recht nicht mehr glauben. Eine solche ungünstige Auskunft wurde in folgender Notzuchtanklage gegeben:

4. (7.) Fall. Am Ende eines Dorfes wohnte ein kleiner Besitzer, dessen Tochter schwanger wurde. Sie wollte nun nicht gestehen, daß ein junger Bursche des Dorfes Vater des zu erwartenden Kindes sei, und behauptete deshalb, vielleicht auf Anstiften des Burschen, daß sie einmal gegen Abend vom Hause ihres Vaters die Landstraße entlang gegangen sei und dort ein Gutsbesitzer aus der Gegend sie im Straßengraben genotzüchtigt habe. Dem Wetteramt wurde ein bestimmter Tag im März als Zeit der Tat angegeben.

Auskunft: An diesem Tage herrschte strenger Frost und Schneetreiben. Da man nicht annehmen konnte, daß jemand bei einem solchen Wetter Lust hätte, im Straßengraben eine derartige Tat zu verüben, so wurde das dem Mädchen vorgehalten, und es gestand seine Lüge ein.

Während es bei Temperatur und Niederschlägen innerhalb eines bestimmten Zeitraums in der Regel mehrere, manchmal sogar viele Tage gibt, die dem behaupteten Wetter entsprechen, ist das beim Winde seltener der Fall, weil sowohl eine bestimmte Windrichtung — wenn in Norddeutschland nicht gerade West- oder Südwestwind in Frage kommt — als auch eine bestimmte Windstärke, namentlich Sturm doch seltener vorkommt. Als z. B. einmal gefragt wurde, wann war im März 1891 ein schwerer Sturm, so konnte mit Sicherheit als Datum der 5. genannt werden.

Außer zur Datumfeststellung werden Wetterauskünfte auch zur Prüfung der Glaubwürdigkeit von Zeugen benutzt.

1. (8.) Fall. Jemand hatte einen größeren Posten Handschuhe bestellt und weigerte sich, als die Rechnung kam, sie zu bezahlen, da er die Handschuhe nicht bekommen hätte. Er wurde verklagt, da der Lieferant sie dem Boten des Käufers übergeben habe. Dieser Bote, der Hauptzeuge des Käufers, sagte aus, er habe die Handschuhe wegen strömenden Regens nicht mitgenommen. Um die Unwahrhaftigkeit des Zeugen zu beweisen, wird nach den Niederschlägen an den zwei fraglichen Tagen gefragt.

Auskunft: Am ersten Tage wiederholt feiner, am zweiten nur am Abend (nach Geschäftsschluß) stärkerer Regen.

2. (9.) Fall. Ein Zeuge hatte beschworen, daß er am 7. Februar früh um 6 Uhr auf 15—20 Schritt Entfernung beobachtet habe, wie zwei Personen einen Grenzstein aushuben und vergruben. Daraufhin war eine Verurteilung erfolgt. Spätere Zweifel an der Wahrhaftigkeit des Zeugen veranlaßten das Gericht zu fragen, wie hell[1]) es damals gewesen sei.

Auskunft: Der Himmel war ganz bedeckt; der Mond konnte somit kaum scheinen, überdies stand er im letzten Viertel und hatte geringe Leuchtkraft; die Sonne ging erst um 7½ Uhr auf, so daß um 6 Uhr noch kein Dämmerlicht herrschte; stellenweise war in der Gegend auch Nebel nicht ausgeschlossen. Somit war die eidliche Aussage sehr unwahrscheinlich.

3. (10.) Fall. Ein Mann hatte beschworen, daß er einen Kampf im Freien spät abends beobachtet hätte. Später entstanden Zweifel, ob er ihn tatsächlich gesehen habe, und schließlich hegte man die ziemlich sichere Vermutung, daß er zugunsten eines anderen falsch geschworen habe. Um ihn nun des Meineids zu überführen, wurde am Tatort ein Versuch gemacht, ob man auf die fragliche Entfernung hin einen solchen Kampf überhaupt sehen konnte, und zwar zur gleichen Stunde und bei vollem Mondschein, also unter den günstigsten Bedingungen. Da hierbei die Zweifel an der Aussage noch erheblich gesteigert wurden, fragte man an, wie die Helligkeit zur Zeit der wirklichen Tat war und wie sie sich zu der bei dem Versuche verhalte.

Auskunft: So trübe und dunkel wegen fehlenden Mondscheins, daß der Beschuldigte nichts von dem Kampf hat erkennen können.

4. (11.) Fall. In einer Disziplinarvoruntersuchung ist festzustellen, ob in W. am Abend des 31. August helles und klares oder naßkaltes, trübes Wetter war. Ein Zeuge will an dem Abend zwischen 8½ und 9½ Uhr in den Bahnhofsanlagen von W. Beobachtungen gemacht haben, welche mit Rücksicht auf die Stelle, wo der Angeschuldigte damals gesessen haben will, unglaubwürdig wären, wenn in der Tat, wie der Angeschuldigte behauptet hat, damals klares Wetter und heller Mondschein gewesen ist.

Auskunft: Der Himmel war halb bedeckt. Hiernach ist es nicht ausgeschlossen, daß in der fraglichen Zeit der Mond, der am 29. im ersten Viertel gestanden hatte, vorübergehend geschienen hat oder aber zeitweise von Wolken bedeckt war. Es dürfte eine gewisse Helligkeit geherrscht haben.

Allerdings kommt es bei dem Erkennenkönnen nicht nur auf die Helligkeit des Himmels, sondern auch darauf an, vor welchem Hintergrund sich die Personen bewegen, z. B. ob er hell ist und sie dunkel gekleidet sind, oder ob er dunkel ist und sie hell gekleidet sind; manchmal hat auch eine Person leicht erkennbare Eigentümlichkeiten, z. B. sie hinkt (vgl. S. 64). Doch geht das über die gerichtliche Meteorologie hinaus.

5. (12.) Fall. In dem bekannten Prozesse gegen die Gräfin Kwilecka wegen Kindesunterschiebung hatte eine Zeugin ausgesagt, daß sie an einem

[1]) Über Helligkeitsfragen wird später (S. 57) ausführlich gesprochen werden.

bestimmten Tage mit der Gräfin auf deren Gut im Schlitten gefahren sei; der Schnee habe so hoch gelegen, daß der Kutscher Steine auf dem Wege nicht bemerkt habe, der Schlitten umgekippt und sie mit der Gräfin in den Schnee gefallen sei. Um die Glaubwürdigkeit der Zeugin zu prüfen, drahtete der Staatsanwalt an das Wetteramt, ob soviel Schnee auf dem Gute gelegen habe.

Auskunft: Höhe der Schneedecke etwa 15 cm, bei Schneewehen noch höher; die Zeuginaussage stimmt.

An diese Auskunft knüpfte sich noch ein Streit zwischen dem Verteidiger und dem Staatsanwalt, indem jener sie als ungültig erklärte, da nur der Name der Behörde, nicht aber der Name des die Auskunft gegeben habenden Beamten unterzeichnet wäre. Der Staatsanwalt wies diesen Einwurf mit Recht zurück, da dem Gericht stets nur das Wetteramt verantwortlich wäre, nicht der die Auskunft bearbeitende Beamte; bei Fehlern wäre es Sache des Direktors der Behörde, nicht des Gerichtes, den Beamten zur Verantwortung zu ziehen (S. 22).

6. (13.) Fall. In einem Zivilprozeß handelte es sich um die Feststellung, ob die Mutter des Klägers, die Mündelmutter, innerhalb der gesetzlichen Empfängniszeit, nämlich vom 11. Januar bis 12. Mai lediglich mit dem Beklagten oder auch noch mit andern Männern geschlechtlich verkehrt hat. Der Zeuge K. vermochte nur zu bekunden, daß er Anfang Januar mit der Mündelmutter den Beischlaf vollzogen habe und zwar zwischen 7 und 8 Uhr abends unter freiem Himmel in dem Graben der Dorfstraße; es sei dunkel gewesen. Es ist nun erheblich, ob der Beischlaf vor oder nach dem 11. Januar stattgefunden hat. Bis zum 11. war Vollmond. Wenn es dunkel war, so würde das des Mondscheins wegen zunächst für die Zeit nach dem 11. sprechen, für die Zeit vorher nur, wenn der Himmel bewölkt war. Ist es vom 1.—11. abends zwischen 7 und 8 Uhr so dicht bewölkt gewesen, daß es trotz Mondschein auf der Straße dunkel war? Die fragliche Gegend liegt flach in der Ebene.

Auskunft: Am 6. und 7. Januar war der Himmel dicht bewölkt. Es gab also dunkle Tage vor dem 11. und somit die Möglichkeit, daß die Tat vor dem 11. geschehen sein und der Zeuge für den Geschlechtsverkehr innerhalb der gesetzlichen Empfängniszeit nicht mehr in Frage kommen konnte.

Der Frage der Glaubwürdigkeit schließt sich die der Zurechnungsfähigkeit eng an. Besonders kommt dabei die Wärme in Betracht, da erfahrungsgemäß viele Verbrechen mit steigender Temperatur und wachsendem Alkoholverbrauch zunehmen und deshalb besonders Roheits- und Sittlichkeitsverbrechen im Sommer viel häufiger als im Winter sind, wogegen in diesem die Diebstähle und Raubanfälle überwiegen. Auch für die Frage der Zurechnungsfähigkeit kann ein Beispiel gegeben werden:

1. (14.) Fall. In einer Klagesache behauptete der angeklagte Geschäftsreisende, es sei an dem fraglichen Tage sehr heiß gewesen, und er habe deshalb soviel Alkohol getrunken, daß er nicht mehr Herr seiner Sinne gewesen wäre und daher nicht bestraft werden könne. Der Untersuchungsrichter fragte an, wie die Wärme, die Bewölkung und der Niederschlag gewesen sind.

Auskunft: Die Wärme stieg bis auf 25 °, war aber der Jahreszeit nach durchaus normal, die Sonne schien, und es wehte ein leichter Nord- bis Ostwind. Grund zu großem Alkoholgenuß lag also nicht vor.

Endlich kann das Wetter auch dazu benutzt werden, einen Alibibeweis zu stützen oder umzustoßen.

1. (15.) Fall. Es war ein schwerer Diebstahl begangen worden. Der Angeschuldigte behauptete, daß er zu der fraglichen Zeit wegen eines schweren Gewitters sein Haus nicht verlassen habe.

Auskunft: Zu der betreffenden Zeit entlud sich an jenem Ort tatsächlich ein schweres Gewitter.

2. (16.) Fall. In der Voruntersuchungssache gegen R. und Genossen ist festzustellen, ob der Angeschuldigte R. am 17. Januar 4 Uhr nachmittags in S. gewesen ist. An dem Tage, an dem er sich dort aufgehalten hat, soll der See vollständig zugefroren gewesen sein, und es sollen über dessen ganze Fläche hin mehrere Personen Schlittschuh gelaufen sein. Nach den Ermittlungen soll aber der See bis ziemlich Ende Januar offen gewesen sein und nur zeitweilig am Rande etwas Eis gehabt haben. Für welche Zeit um den 17. ist anzunehmen, daß der See so vollständig zugefroren war, daß darauf mehrere Personen Schlittschuh laufen konnten?

Auskunft: Untersuchungen und Beobachtungen über die Eisbedeckung der Seen werden vom Wetteramt nicht angestellt. Es kann also nur aus den Aufzeichnungen nahe gelegener Wetterstationen auf die Eisverhältnisse des Sees bei S. geschlossen werden. Danach trat in der Nacht zum 12. Frostwetter ein, das bis zum 24. anhielt; nur am 15. stieg die Wärme mittags auf + 1 °, sonst sank sie oft auf — 5 ° bis — 12 °. Danach ist es durchaus möglich, daß der See, zumal er nur schmal ist, am 17. zugefroren war. Vor dem 25., an dem Tauwetter eintrat, ist offenes Wasser, wofern keine Abeisung durch die Seenbesitzer stattfand, nicht anzunehmen, da bis dahin noch stärkerer Frost herrschte. Weitere Angaben können vielleicht dortige Fischer und die benachbarte Fischzüchterei geben.

4. Wo und wie soll man anfragen?

Die Antwort auf die Frage, wo man anfragen soll, ist im allgemeinen schon in den Abschnitten über die Beobachter (S. 16) und über die Wetterbehörden (S. 17—23) gegeben worden. Indessen kann es manchmal doch erwünscht sein, zumal für den Kriminalbeamten, am Tatort rasch eine, wenn auch nur vorläufige Auskunft über das Wetter zu erhalten.

Kommt ein Ort in Betracht, in dem es eine Wetterbehörde gibt, so wendet man sich am besten dahin, ebenso, wenn dort eine Wetterbeobachtungsstelle besteht. Freilich wird der Beamte das oft nicht wissen — nun, dann gehe er zum Postamt und frage in der Briefträgerstube danach; denn durch das Postamt gehen alle täglichen oder monatlichen Berichte der Wetterstation, wogegen andere Behörden, auch die Stadtverwaltungen oft keine Ahnung von dem Bestehen einer Beobachtungsstation in ihrem Orte haben, ja schon die Errichtung einer Station beantragten, obwohl eine solche dort bereits jahrelang tätig war. Es wäre deshalb und aus manchen anderen Gründen wünschenswert, wenn auf jedem Landratsamt die Wetterstellen des Kreises, und auf jedem Rathaus und Polizeiamt die des Ortes und der nächsten Umgebung bekannt wären. Wenn auch bei den Regenstationen im Gegensatz zu denen höherer Ordnung oft ein Wechsel eintritt, so genügte doch jährlich eine einmalige Berichtigung der Liste.

Bisweilen führt auch eine Nachfrage im Wirtshaus zum Ziel, da das jeweilige Wetter regelmäßiger Gesprächsstoff am Stammtisch zu sein pflegt, namentlich wenn der Beobachter selbst Teilnehmer des Stammtisches ist.

Mit Recht betont aber Hans Groß in seinem „Handbuch für Untersuchungsrichter", man solle sich weder auf sein eigenes Gedächtnis, noch auf das anderer Leute verlassen. Man muß doch bedenken, daß so sehr viele Leute nicht zum strengen, kritischen Denken erzogen sind, und daß sie es deshalb ohne jede böse Absicht und ohne Bewußtsein der Unwahrhaftigkeit mit der Wahrheit gar nicht so genau nehmen. Ich habe wiederholt mit meinen Amtsgenossen darüber gesprochen, daß Zeugen sich vor Gericht oft mit der größten Bestimmtheit des Wetters ferngelegener Tage erinnern können (vgl. S. 10), und immer haben wir, die wir uns doch täglich mit dem Wetter beschäftigen, unsere Verwunderung darüber ausgedrückt. Denn wir könnten nur bestimmtere Angaben machen, wenn es sich um ganz besondere Ereignisse handelte, die wir miterlebten, z. B. der strenge Frost bei der Beisetzung Kaiser Wilhelms I. Freilich ist ein günstiger Umstand darin zu finden, daß diese Leute in ihrem immerhin beschränkten Leben nicht so vielseitig beansprucht werden, wie wir Großstadtmenschen, und daß sich alles, was nicht ganz zu dem gewöhnlichen Verlauf des Lebens und seiner Begleitumstände paßt, sondern davon irgendwie abweicht, ihrem Gedächtnis leichter und haltbarer einprägt als uns, auf die fortwährend neue Eindrücke einstürmen.

Andererseits werden aber auch Leute gefragt, die bei der Tat nicht zugegen waren, die sich also erst mehr oder weniger lange nachher auf das Wetter bei der Tat besinnen müssen, und daß dabei selbst bei dem besten Willen mehr oder weniger belangreiche Irrtümer vorkommen können, ist selbstverständlich. Man mache nur einmal bei sich selbst die Probe.

Der Mensch urteilt im allgemeinen über das Wetter, abgesehen von gewaltigeren Naturerscheinungen, wie Überschwemmungen usw., fast ausnahmslos nach dem Eindruck, den es auf seinen Körper und sein Gefühl gemacht und bei ihm hinterlassen hat. Da nun selten ein Mensch immer gleich gesund, sondern manchmal auch leidend ist, und da auch die Eindrücke an sich schon in den verschiedenen Lebensaltern verschieden stark empfunden werden, so ist es begreiflich, daß da ein bestimmtes Wetter bei verschiedenen Umständen und Zeiten oder von verschiedenen Leuten ganz verschieden empfunden und ganz verschieden geschildert wird. Auch aus diesem Grunde sollte man die Zeugenaussagen vor Gericht nur mit Kritik annehmen und verwerten.

Wenn H. Groß wegen des großen Unterschiedes im Wetter selbst benachbarter Orte — worauf später noch eingegangen werden wird — empfiehlt, selbst bei dem Vorhandensein einer nahen Wetterstation sich doch noch an Landärzte, Schullehrer, Geistliche, Jäger, kluge Bauern usw. mit einer Frage über das Wetter am Tatort zu wenden, so hat das in seinem Heimatlande Österreich eine größere Berechtigung als bei uns. Denn in den gebirgigen Alpenländern wechseln die Wetterverhältnisse von Tal zu Tal oft sehr stark; bei uns aber im ebeneren Norddeutschland reichen die Aufzeichnungen selbst nicht allzu nahe gelegener Beobachtungsorte fast ausnahmslos aus (S. 54), wofern sie nur sachverständig benutzt werden. Das geschieht leider nicht immer, sondern man begnügt sich richterlicherseits gar zu oft mit den Beobachtungen irgendeiner Station der Gegend, ohne z. B. auf die allgemeine Wetterlage Rücksicht zu nehmen. Hierzu erzählt Groß (Handbuch, 5. Aufl., S. 35—36) einen sehr bemerkenswerten Fall, wo die Leiche eines seit dem 10. Dezember Verschwundenen in tiefem Schnee liegen sollte. Er fragte verschiedene Leute, ob der Schneefall am 15. Dezember der erste oder zweite des Winters gewesen war, und erfuhr, daß das der zweite, aber schwächere gewesen wäre. Daraufhin ließ er, nachdem der Schnee bis auf eine gewisse Tiefe abgehoben war, die Arbeit als aussichtslos einstellen. Im Frühjahr nach der Schneeschmelze lag die Leiche ganz unten. Jedes Wetteramt hätte ihm bessere Auskunft gegeben, und der Mord wäre vielleicht aufgedeckt worden. Groß stellt den Gerichtsarzt für gerichtliche Untersuchungen weit über den Landarzt (S. 182); warum nicht auch den Wetterfachmann über jeden beliebigen Zeugen?

Um eine gute, zweckdienliche Auskunft zu erhalten, genügt es jedoch nicht, zu wissen, wohin man sich zu wenden hat, sondern ebenso wichtig ist es zu wissen, wie man fragen soll. Das erscheint leicht und selbstverständlich, aber hierin wird ganz außerordentlich gefehlt, selbst von juristischer Seite (S. 29). Besondere Beispiele für ungenügende Fragen sollen in den späteren Abschnitten noch angeführt werden.

Eine gute Anfrage soll enthalten:

1. Die genaue Zeit, Jahr, Monat, Tag, Stunde oder den Zeitraum; Angaben, wie Ostern 1915, Sommerferien 1917, sind zu vermeiden, da ihre Feststellung dem Auskunfter viele und ungehörige Arbeit macht. Auch vergewissere man sich stets noch einmal, ob man auch richtig Tag, Monat und Jahr angegeben hat, da wiederholt, namentlich bei Gerichten, Schreibfehler vorkamen und dann durch nochmalige Anfragen die Prozeßführung verlangsamt oder selbst ein falsches Urteil gefällt wurde.

2. Den genauen Ort, bei Dörfern und bei Ortschaften, deren Name öfter vorkommt, wie Neustadt, Lichterfelde usw., ist der Kreis oder sonst eine bestimmende Ortsbezeichnung mitzuteilen. Bei großen Orten oder zerstreuten Gehöften einer Gemeinde gebe man den Ortsteil oder wenigstens die Himmelsrichtung an. In Großstädten ist Straße und Hausnummer mitzuteilen, da manche Straßen durch mehrere Stadtteile gehen. In einem Falle nannte ein Gericht eine Straßennummer, die es nicht gab, auf meine Rückfrage eine andere, die nicht an der genannten Ecke lag, so daß erst

nach abermaliger Rückfrage die richtige Nummer ermittelt wurde. Recht häufig wird der Ort dann weggelassen, wenn es sich entweder um den Wohnort des Schreibers oder um den Ort der Wetterbehörde handelt. Die notwendige Rückfrage verzögert naturgemäß die Auskunft. Kommen längere Wegstrecken in Betracht, wie bei Versendungen auf der Eisenbahn, so ist nicht nur Anfang- und Endstation anzugeben, sondern mindestens auch eine Zwischenstation, damit die Strecke zweifelsfrei bestimmt ist. Auch muß mitgeteilt werden, zu welcher Zeit das Versandgut an den verschiedenen Punkten der Strecke war. Manche Fragesteller sandten den Frachtbrief mit ein, was bisweilen ganz nützlich ist, da man daraus sowohl die Art des Versandgutes, wie den Weg und die Zeit (aus den Stempeln) entnehmen kann.

3. Das Wetterelement, das besonders in Frage kommt, z. B. Wind oder Niederschlag; doch ist dafür besser Regen, Schnee, Hagel usw. zu sagen, weil es so zweifelsfrei ist. Ganz zu vermeiden ist das Wort Feuchtigkeit, wenn Niederschlag gemeint ist; denn der Wetterfachmann versteht unter Feuchtigkeit den Wasserdampfgehalt der Luft, und auch dann muß noch gesagt werden, ob die absolute oder relative Feuchtigkeit gemeint ist.

4. Den Sachverhalt oder den Verwendungszweck der Auskunft, da sie dann zweckdienlicher gestaltet werden kann. Man darf sich hier ganz kurz fassen, z. B. Unfall durch Glatteis, Hitzschlag, verdorbenes Fleisch, durchnäßte Ware. Angabe der Prozeßbevollmächtigten usw. ist als zwecklos und zeitraubend zu unterlassen (S. 30). Die Prozeßakten sollten höchstens dann eingesandt werden, wenn vom Richter oder Rechtsanwalt ganz bestimmte Fragen darin niedergeschrieben sind (S. 32); doch genügen diese Fragen bei Angabe des Sachverhalts.

5. Die Bereitwilligkeit, etwaige Gebühren (S. 45ff.) zu tragen und die Angabe, wo und wie sie einzuziehen sind, z. B. durch Postnachnahme. Es werden dadurch Rückfragen vermieden und wird Zeitverlust verhütet.

Wenn man diese fünf Vorschriften in den Anfragen bei Wetterbehörden beachtet, so wird man immer eine Auskunft erhalten, die so zweckdienlich wie möglich abgefaßt ist. Ob freilich zugunsten des Fragestellers ausfällt, ist eine andere Sache; indessen ist es für ihn bisweilen schon wichtig, genau Bescheid zu wissen, ehe er eine Klage erhebt — ist der Bescheid über das Wetter ungünstig, nun, so muß man diesen Klagegrund weglassen und die anderen zu stärken suchen.

5. Gebühren für die Auskünfte.

In den früheren Jahrzehnten haben die Wetterbehörden die Auskünfte in der Regel umsonst gegeben, und nur da, wo besondere Berechnungen oder umfangreichere Abschriften nötig wurden, Gebühren dafür eingezogen, die aber selten die Selbstkosten erreichten oder überschritten. Wetterbehörden kleinerer Länder verfahren auch jetzt noch so, da bei ihnen derartige Anfragen in geringer Anzahl eingehen und daher wenig Dienstzeit in Anspruch nehmen. Bei Wetterbehörden großer Länder und an wichtigen Verkehrspunkten, wie Berlin, dagegen mußte man notgedrungen allmählich dazu übergehen, auch für die Auskünfte selbst Gebühren zu erheben, da sie sich allzu sehr mehrten und manchmal wochenlang einen wissenschaftlichen Beamten seiner Haupttätigkeit entzogen.

Allerdings kann man fragen, ob nicht die Beantwortung der Auskünfte ebenfalls eine Haupttätigkeit sei, und ich würde die Frage unbedingt bejahen, da ich, wie meine ganze meteorologische Vergangenheit bezeugt, stets für die Erforschung der Beziehungen des Wetters zum praktischen Leben gearbeitet habe. So denkt überdies die Mehrzahl der Leiter der Wetterbehörden; aber bei der geringen Zahl der Beamten leiden durch viele Auskünfte notwendig die unmittelbaren Aufgaben ihrer Ämter.

Indessen sind doch auch noch andere Gesichtspunkte zu beachten. Denn abgesehen davon, daß es für jede Behörde, besonders dem Finanzministerium gegenüber, angenehm und nützlich ist, wenn sie auf wenn auch noch so kleine Einnahmen hinweisen kann, so darf man doch nur daran erinnern, daß sich ja auch andere Behörden, wie die Gerichte, die Katasterämter, die Post und Eisenbahn (Dienstreisen), ihre Leistungen bezahlen lassen. Schließlich ist es doch nur billig, wenn eine Partei, die durch eine Auskunft den Prozeß gewinnt und sich damit einen Rechts- und Geldvorteil verschafft, den Helfer, d. h. das Wetteramt, für seine Mitarbeit bezahlt.

Allerdings sind diese Gebühren gesetzlich festgelegt und, soweit es sich um ganz genau zu bestimmende Leistungen handelt, sind auch die Gebühren genau vorgeschrieben. Andernfalls sind nur

Grenzen angegeben, und zwar Mindestpreise, wenn der Umfang der Auskunft stark wechseln kann, sonst Mindest- und Höchstpreise, wie in der Gebührenordnung für Ärzte bei gerichtlichen Streitigkeiten.

Bei Wetterauskünften können meist nur Mindestpreise angesetzt werden, da nur bei gewissen regelmäßig wiederkehrenden Fällen, wie Glatteisunfälle, durch die Beschränkung der Örtlichkeit auch die Arbeit gewöhnlich auf eine bestimmte Leistung beschränkt ist. Mindestpreise aber gesetzlich festzulegen lohnt nicht bei ihrer geringen Höhe, deshalb hat sich z. B. das Preußische Meteorologische Institut damit begnügt, daß ihm das vorgeordnete Ministerium die Genehmigung zur Erhebung von Gebühren erteilte.

Die Gebühren setzen sich, in Preußen im wesentlichen nach meinem Vorschlage, aus einer Grundgebühr und aus Sonderkosten zusammen. Die Grundgebühr wird gezahlt für den Zeitverlust beim Aktenstudium, beim Heraussuchen des Beobachtungsstoffes (bei den Hunderttausenden von Monatsberichten manchmal sehr zeitraubend trotz guter Ordnung) und bei der etwaigen Unterweisung der Rechner oder Kanzleibeamten für Auszüge. Die Sondergebühr umfaßt bei den wissenschaftlichen Beamten die auf die Auskunft, bei den anderen Beamten die auf den Auszug verwendete Zeit. Dazu kommen, wie allgemein üblich, die Schreibgebühren für die Reinschriften nach der Kanzleitaxe und die Postgebühren, sowie die Kosten für die gebrauchten Vordrucke, falls eine größere Zahl nötig war.

Ist in der Anfrage nichts darüber gesagt, so wird oft bei Privatpersonen und bei Gerichten vor Erteilung der Auskunft gefragt, ob sie auch die Gebühren zahlen wollen. Durch diese Rückfrage geht natürlich Zeit verloren, wodurch gelegentlich einmal ein Termin ausfällt; wurde die Eiligkeit betont, so wird der umgehenden Auskunft die Rechnung beigefügt. Teils deshalb, teils aus anderen Gründen wird jetzt gewöhnlich die Auskunft sofort erteilt, aber mit dem Zusatz: „Die beiliegende Rechnung ist nur zu bezahlen, wenn der Beklagte kostenpflichtig verurteilt wurde und zahlungsfähig ist.“ Bei sonstigen Behörden wird der Auskunft die Rechnung beigefügt. Frei von Gebühren sind 1. die Auskünfte an Behörden, soweit ein allgemeines Staatsinteresse vorliegt, doch werden für umfangreiche oder regelmäßig wiederkehrende Abschriften Kanzleigebühren berechnet; 2. die Anfragen der Berufsgenossenschaften, Schiedsgerichte und Versicherungsämter gemäß § 144 des Gewerbe-Unfallversicherungsgesetzes vom 30. Juni 1900 (s. S. 26), doch läßt der Schlußsatz Gebühren für umfangreiche Bekundungen oder Gutachten durch einen Meteorologen bei außerdienstlicher Anfertigung zu; 3. Anfragen für wissenschaftliche Zwecke, für Zeitungen und Zeitschriften bei öffentlichem Nutzen; 4. bei offenbarer Bedürftigkeit des Fragestellers, z. B. bei Klagen im Armenrecht.

Nach ähnlichen Grundsätzen wird auch anderswo verfahren, z. B. auch am Londoner Meteorological Office. Im besonderen aber ist dort nach dem Bericht für 1919 noch eingeführt:

Beglaubigung der Auszüge durch eine eidliche Versicherung vor dem Commissioner of oaths (Schwurrichter) 1 Pfund 1 Schilling (dazu noch 1 Schilling 6 Pence für den Schwurrichter).

Ein Tagesgeld von 2 Pfund 2 Schilling für jeden Tag, an dem ein wissenschaftlicher Beamter vor Gericht über diese Auszüge aussagen muß.

Die Einziehung der Gebühren von deutschen Behörden, namentlich von Gerichten, ist aber manchmal nicht leicht, da sie sich gern auf den Grundsatz berufen: Zahlungen aus einer Staatskasse in die andere sollen vermieden werden. Wenn das an sich auch richtig ist, so doch nicht dann, wenn die eine Behörde von einer anderen eine Leistung für einen Dritten verlangt, das Geld dafür von diesem einzieht und dann einfach selbst behält. Geld für eine Leistung kann das Gericht doch nur dann einziehen, wenn es sich um ein Zivilstreitverfahren handelt, wenn also der Zahlende ein Privatmann oder eine Privatgesellschaft und nicht eine Staatskasse ist. Es war schon oben gesagt, daß Auskünfte an Behörden gebührenfrei sind, wenn ein allgemeines Staatsinteresse vorliegt; dann fällt sowieso die Zahlung von einer Staatskasse an eine andere fort. So heißt es in einem Runderlaß vom 22. April 1897 (Ministerialblatt für die innere Verwaltung 1897 S. 15): „Zur Vermeidung von Zahlungen aus einer Staatskasse in eine andere ist bestimmt, daß von der Einziehung der bei dem Oberverwaltungsgericht und den Bezirksausschüssen in den Verwaltungsstreitsachen entstehenden baren Auslagen (Porto, Vollmachtsstempel, Sachverständigen- und Prozeßgebühren usw.) in den Fällen abgesehen wird, in denen sie der Staatskasse zur Last fallen.“ Sonst also sind sie einzuziehen. Da nun in den Zivilstreitverfahren das Gericht die Gebühr für eine Wetterauskunft, die in der Regel ein sachverständiges Gutachten ist, nicht selbst bezahlt, sondern von den Parteien einzieht, so hat es auch die Pflicht, diese Gebühr dorthin abzuführen, wo die Arbeit geleistet wurde. Wenn der Gutachter z. B. ein Privatmann oder eine nicht demselben Staate angehörende Wetterbehörde ist, muß das Geld doch auch abgeführt werden. Jener Grundsatz soll ja nur im allgemeinen verhüten, daß sich eine Behörde eine Arbeit für eine andere Behörde von dieser bezahlen läßt; hier aber handelt es sich nicht um die Arbeit einer Behörde für eine zweite, sondern für einen Privatmann, wo das Gericht nur der Mittelsmann ist. Die Gerichtsschreiberei eines Landgerichtes antwortete auf die Rückfrage eines Wetteramtes wegen Bezahlung der Gebühren für die Auskunft „auf richterliche Anordnung“ wie folgt: „Ob die Auskunft Kosten verursacht, ist unerheblich. Die Parteien haben die Kosten zu tragen. Ausgezahlt werden die Gebühren von der Gerichtskasse.“

Aus diesen Überlegungen heraus kann ich daher dem Rechnungsamt eines Oberlandesgerichtes nicht zustimmen, wenn es 1918 schrieb:

„Es handelt sich um eine Auskunft einer preußischen Behörde an die andere und nicht um ein Gutachten. Das Meteorologische Institut scheint nach der Auskunft vom 10. September 1918 für die Auskunft Gebühren zu erheben berechtigt. Da aber Zahlungen aus einer Staatskasse an die andere zu vermeiden sind und die Behandlung der Gebühren als durchlaufende Gelder nicht angängig ist, weil durchlaufende Gelder nur solche sind, die nicht der Staatskasse, sondern anderen Berechtigten gebühren (§ 4 KO.), so werden die Gebühren der Partei in Rechnung zu stellen sein, ihre Überweisung an das Meteorologische Institut dürfte aber unstatthaft sein.“

Schon der erste Satz ist zu beanstanden. Wenn nur die Wetterbeobachtungen mitgeteilt werden, so ist es allerdings nur eine Auskunft, etwa einer Zeugenaussage vergleichbar; sobald aber, wie im vorliegenden Fall, irgendein wenn auch noch so kleiner Schluß aus diesen Beobachtungen unter Verwendung der langjährigen sachverständigen Erfahrung hinzugefügt wird, ist ein Gutachten abgegeben worden. Das Landgericht II Berlin schreibt deshalb ganz richtig: „Die Gebühren werden nach §§ 3 und 4 der Gebührenordnung für Sachverständige erstattet werden.“ Auch ob es sich um eine Auskunft oder ein Gutachten von einer Behörde an eine andere desselben Staates handelt, ist sehr strittig; denn wenn ein Zivilstreitverfahren vorliegt, so holt doch das Gericht das Gutachten von der Wetterbehörde nur ein, um danach zugunsten der einen oder anderen Partei zu entscheiden, nicht aber für sich selbst — andernfalls würde es ja nicht die Kosten dafür von der unterliegenden Partei einziehen dürfen.

Ferner ist die Erklärung, was durchlaufende Gelder sind, zu beanstanden; es müssen meines Erachtens die Worte „nicht der Staatskasse, sondern“ fortfallen, oder es müßte heißen: „die nicht der sie einnehmenden Staatskasse, sondern anderen Berechtigten gebühren“. Würde nämlich das Gericht die Gebühren nicht selbst einziehen, sondern die Rechnung des Wetteramtes der klagenden oder der verurteilten Partei mit der Aufgabe der unmittelbaren Bezahlung an dieses Amt zustellen, so gäbe es doch für die Kasse des Gerichts überhaupt kein durchlaufendes Geld und das Wetteramt bekäme das Geld, wie es sich gehört. Da aber von den Parteien sowieso Gerichtsgebühren zu zahlen sind, ist es einfacher, wenn das Gericht die Gebühr für die Wetterauskunft von den Parteien einzieht oder von dem eingezahlten Vorschuß nimmt und dem Wetteramt überweist. Geht der Prozeß so aus, daß die Kosten der Staatskasse zur Last fallen, so geht natürlich auch das Wetteramt leer aus (S. 46), ebenso, wenn das Gericht die Auskunft bereits eingeholt hatte und der Kläger dann erst den üblichen Kostenvorschuß verweigert.

Geradezu naiv klingt nach der Anerkennung, daß das Wetteramt Gebühren zu erheben berechtigt erscheint, die Schlußfolgerung, daß diese ihm gehörenden Gebühren ihm gar nicht zuzustellen, sondern von dem vermittelnden Gericht einzustecken sind.

Auf solche Weise könnte jedes Gericht das Wetteramt zur Erhöhung seiner Einnahmen benutzen. Je größer aber die Einnahmen einer Behörde sind, um so wohlgesinnter ist ihr der vorgesetzte Minister und vor allem der Finanzminister, und um so eher bewilligt dieser ihre Anträge auf Vermehrung der Beamten usw., während das Wetteramt sich dieses Mittels, das ministerielle Wohlwollen zu gewinnen, beraubt sähe, und zwar von einem bestallten Hüter des Rechts! Die Berufung auf jenen Grundsatz von der Vermeidung der Zahlungen von einer Staatskasse in die andere, hat also außer der Vermehrung der Einnahmen auch noch sonstige angenehme Seiten für das Gericht, unangenehme aber für das Wetteramt.

III.

Die Auskünfte über das Wetter.

Vorbemerkungen.

Nachdem im ersten Teile gezeigt worden ist, wie und wo das Wetter beobachtet wird und wo die Wetterbeobachtungen aufbewahrt sind, um jederzeit zu Auskünften herangezogen werden zu können, und dann im zweiten Teil angegeben wurde, wie und wo die Anfragen zu stellen sind, um eine zweckdienliche Auskunft zu erhalten, sollen in diesem Teil eine große Zahl von wirklich gegebenen Auskünften besprochen werden, teils als vorbildliche Muster, teils aber als fehlerhafte Beispiele, mit Hervorhebung der Fehler, und zwar geordnet nach Wetterelementen. Nur bei solcher Anordnung ist es dem Nichtfachmann möglich, dieses Buch leicht zu benutzen; denn wollte man nach juristischen oder ähnlichen Gesichtspunkten vorgehen, so würde man wohl zahlreiche Gruppen aufstellen müssen, aber bei der Unerschöpflichkeit des praktischen Lebens doch nur recht Lückenhaftes erhalten, wogegen die Zahl der Wetterelemente gegeben ist und man aus den mitgeteilten Fällen meist leicht die Nutzanwendung auf andere machen kann. Etwaige dann noch übrige, sicherlich sehr seltene Fälle, besonders wo ein Zusammenspiel mehrerer Wetterelemente in Betracht kommt, werden aber wohl aus den für die einzelnen Elemente mitgeteilten Fällen ohne große Schwierigkeit gedeutet werden können.

Ein Schlußkapitel wird der höheren Gewalt gewidmet sein; eine Frage, die in dem juristischen Schrifttum verhältnismäßig selten gesondert, und gewöhnlich, da es meist nur Doktordissertationen waren, ziemlich einseitig behandelt worden ist; von der höheren Gewalt beim Wetter ist nur ganz vereinzelt die Rede, obwohl gerade sie nicht so selten ist und immer weniger seltener wird, da sowohl mit dem Ausbreiten der Versicherungen die Zahl der zu Streitigkeiten Anlaß gebenden Fälle, wie auch mit der Zunahme der Beobachtungsstationen die Möglichkeit der Feststellung, ob ein Wetterschaden als höhere Gewalt anzusprechen ist, gleichfalls wächst.

Es wird auch die Aufgabe des Folgenden sein, zu zeigen, wie der Fachmann aus den Beobachtungen der dem Tatort fernliegenden Wetterstellen doch fast stets mit genügender Sicherheit auf das Wetter am Tatort zu schließen vermag, während der Nichtfachmann, selbst wenn er noch so gute Wetterkenntnisse zu haben glaubt, doch zu Fehlschlüssen kommen kann, da ihm nicht die langjährige Erfahrung und der nötige Beobachtungsstoff zur Verfügung steht. Wenn z. B. das Reichsversicherungsamt in einer Entscheidung vom 24. Oktober 1892[1]), in der es sich um körperlichen Frostschaden handelte, statt bei einer Wetterdienststelle nach dem Kältegrad anzufragen, die von der Deutschen Seewarte im Reichsanzeiger veröffentlichten Witterungsberichte benutzte, so ist das durchaus zu bemängeln, weil erstens dieser Bericht für ganz Deutschland nur etwa 30 Orte enthält, aus denen man für ein bestimmtes Dorf nur ganz unsichere Schlüsse ziehen kann, was der Fachmann überhaupt nicht wagen würde; weil zweitens bei der Drahtübermittlung von Hamburg an die Schriftleitung der Zeitung Fehler entstehen können, die nur der Fachmann erkennen kann und selbst er nicht immer, wenn ihm weitere Angaben nicht vorliegen; weil drittens jede Zeitung schnell drucken muß und Druckfehler deshalb bei ihr eher als bei einem Buche möglich sind. Allerdings ist anzuerkennen, daß das Reichsversicherungsamt in den letzten zwei Jahrzehnten öfter bei den Wetterämtern selbst angefragt hat.

In den folgenden Auskünften ist meist nicht gesagt worden, wie sie aus den Beobachtungen gewonnen wurden, weil es als selbstverständlich vorausgesetzt werden muß, daß die Wetterämter es sich angelegen sein lassen werden, die Auskunft nach bestem Wissen und Gewissen zu geben. Es sind da zunächst zwei Gruppen zu unterscheiden, daß es sich nämlich entweder nur um einen bestimmten, begrenzten Ort oder, wie bei Warenversendung, um eine mehr oder weniger lange Strecke handelt.

[1]) Ich fand sie in: Becker, L., Lehrbuch der ärztlichen Sachverständigentätigkeit für die Unfall- und Invaliditäts-Versicherungsgesetzgebung, 6. Aufl., S. 55, Berlin 1909.

Bei der zweiten Gruppe kommt es fast nie darauf an, für jeden kurzen Abschnitt der Strecke das Wetter anzugeben, sondern es genügt nahezu stets, wenn es für eine Reihe von Beobachtungsstellen mitgeteilt wird, die an der Versandstrecke unmittelbar oder ihr doch sehr nahe liegen. Es wird dann das Wetter auf jeder Teilstrecke nur für die Zeit gegeben, in der sich die Ware gerade dort befand; ist die Zeit nicht genau bekannt, so nimmt man den Zeitraum entsprechend größer. Wurde z. B. Ware von Berlin nach Hannover in der Zeit vom 1. bis 10. Mai gesandt, so genügen, wenn die Wärme in Frage kommt, die Beobachtungen von Berlin für den 1. bis 5. Mai, von Gardelegen für den 3. bis 8. und von Hannover für den 6. bis 10. Mai; durch das Übergreifen der einzelnen Zeitabschnitte kann man ersehen, wie sich inzwischen die Wärmeverhältnisse von Ort zu Ort geändert haben. Sobald aber die Niederschläge wichtig sind, werden die Angaben über Menge und Dauer des Regens für eine wesentlich größere Zahl von Meßstellen mitgeteilt, da ja der Regen örtlich sehr verschieden auftreten kann. Gleiches gilt auch für Wind und Gewitter.

Bei der ersten Gruppe, wo es sich um einen bestimmten Ort handelt, ist die Auskunft leicht zu erteilen, wenn an diesem Orte eine Beobachtungsstelle für das gefragte Wetterelement ist, weil man dann nur deren Aufzeichnungen mitzuteilen braucht. Indessen wird die Aufgabe schon dann schwieriger, wenn der Ort sehr ausgedehnt ist, wie bei Großstädten oder bei zerstreuter Siedlung (Westfalen, Schleswig), weil da in verschiedenen Ortsteilen verschiedenes Wetter herrschen kann (S. 75, 101, 189). Auch zeigt die Umgebung einer Großstadt oft merkliche Unterschiede gegen das Innere; so wurden einmal in Berlin -23^0 und wenige Kilometer außerhalb -31^0 beobachtet. Liegt aber der Ort nicht, wie hier angenommen wurde, in der Ebene, sondern hügelig, wie Plauen i. V. oder Stuttgart, so müssen bei der Temperatur sorgfältig die Erfahrungen berücksichtigt werden, die über die Abnahme der Temperatur nach oben, sowie über die Temperaturumkehr (unten kalt und oben warm) in Tälern jedem Fachmann, aber wenigen Beobachtern bekannt sind.

Stellen sich einer einwandfreien Auskunft schon bei solcher Ortslage Schwierigkeiten entgegen, so noch mehr — auch in der Ebene — wenn der Tatort nicht in der Nähe einer Beobachtungsstelle liegt.

In einer großen Zahl von Fällen trifft das allerdings doch zu, da solche Beobachtungsstellen meist in großen Orten errichtet werden — hier ist die Aussicht, bei Abgang eines Beobachters einen Nachfolger zu gewinnen, naturgemäß größer als auf dem Lande — je dichter besiedelt aber eine Gegend ist, um so häufiger werden im allgemeinen auch Rechtsstreitigkeiten entstehen und dabei Fälle eintreten, bei denen das Wetter eine Rolle spielt. Doch aber kommt es auch noch sehr oft vor, daß keine Beobachtungsstelle in der Nähe ist, denn es ist ja ganz unmöglich, soviel Instrumente und Beobachter zu bezahlen. Im Jahre 1914[1]) gab es in Deutschland an Stationen 1. bis 3. Ordnung (S. 15) und an Niederschlagsstationen:

Gebiet		Stationen 1.—3. Ordnung		Niederschlagsstationen	
Name	Größe qkm	Zahl	je 1 auf qkm	Zahl	je 1 auf qkm
Norddeutschland (ohne Sachsen und Hessen) .	393000	201	1960	2817	140
Sachsen	15000	23	650	197	76
Hessen	7700	12	640	31	250
Bayern	76000	45	1690	412	180
Württemberg	19500	27	720	105	190
Baden	15000	19	790	55	270
Elsaß-Lothringen	14500	18	810	72	200
Seewarte	—	11	—	—	—
Deutsches Reich	540700	356	1524	3689	147
Norddeutschland	415700	247	1680	3045	137
Süddeutschland	125000	109	1150	644	194

Je kleiner ein Staat ist, um so leichter ist es im allgemeinen für ihn, eine genügende Zahl von Stationen einzurichten; deshalb liegen sie auch in den kleineren Staaten näher beieinander als in den größeren, wenigstens soweit die Stationen höherer Ordnung in Betracht kommen. In Norddeutschland beträgt deren mittlerer Abstand 41 km ($41 \times 41 = 1681$), in Süddeutschland 34 km; bei

[1]) Jetzt ist die Zahl geringer, und zwar nicht nur infolge des Verlustes der abgetretenen Gebiete, sondern auch, weil einerseits die Instrumente und Vordrucke außerordentlich viel teurer geworden sind und anderseits, weil eine merkliche Zahl von Beobachtern Entschädigungen fordert, die zum Teil nicht unberechtigt sind, aber für die keine Geldmittel vorhanden sind.

den Niederschlagsstationen stellen sich die entsprechenden Abstände auf 12 und 14 km. Um aber diese Beträge richtig zu würdigen, muß man bedenken, daß der größte Teil Norddeutschlands eben oder nur hügelig ist, wo große Landstrecken ähnliches Wetter haben, während Süddeutschland sehr bergig und gebirgig ist, so daß dort große örtliche Unterschiede im Wetter auftreten können, die mit der vorhandenen Zahl von Stationen oft nur sehr schwierig erfaßt werden können. Berücksichtigt man das, so liegen die Verhältnisse für die gerichtliche Meteorologie in Norddeutschland meist wesentlich günstiger als in Süddeutschland.

Indessen muß man auch bedenken, daß es bei den Auskünften fast niemals auf so große Feinheiten in der Wetterfeststellung ankommt, als daß die bestehenden Stationen dazu nicht vollauf genügten. Überdies wird in auch nur einigermaßen unsicheren Fällen der Fachmann die Worte in seiner Auskunft entsprechend wählen und eine etwaige Unsicherheit andeuten, während der nichtfachmännische Beobachter meist auch dann noch bestimmte Angaben machen wird, weil er entweder bei seinen geringeren Erfahrungen, aber von seiner großen Fachkenntnis überzeugt (S. 6), die Grenzen der Wahrscheinlichkeit seiner Aussage nicht erkennt oder weil er sich etwas zu vergeben glaubt, wenn er die Auskunft als unsicher bezeichnet.

Liegt z. B. der Tatort T zwischen den drei Beobachtungsstellen A, B, C, so werden zunächst deren Angaben für die fragliche Zeit nachgesehen. Stimmen sie alle genügend überein, so ist es leicht, auf Grund der Erfahrungen über örtliche Unterschiede im Wetter die gewünschte Auskunft zu geben. Zeigen sich aber Abweichungen der Angaben, so wird noch die Wetterkarte eingesehen, um daraus die Wetterlage und die Ursache für jene Abweichungen zu erforschen. Befriedigt auch das noch nicht ganz, so werden die Angaben noch anderer Stationen eingesehen und wenn möglich auch die Aufzeichnungen selbstschreibender Instrumente.

Aus dieser Darlegung wird man auch entnehmen, wie unrichtig und zwecklos es ist, bei Rechtsstreitigkeiten den Wetterfachmann vorzuladen (S. 22 ff.), da er ohne genaue Untersuchungen schon vorher im Wetteramt vor Gericht meist keine erschöpfende Auskunft geben kann.

A. Die Wetterelemente im einzelnen.

1. Sonnenschein und Sonnenstrahlung.

Solange die Sonne oberhalb des Gesichtskreises am Himmel steht — ja infolge der Strahlenbrechung einige Zeit schon vorher oder noch nachher — ist es mehr oder weniger hell. Fehlen aber die Wolken oder sind sie nur schleierartig dünn, so kann die Sonne scheinen und strahlen und uns damit Licht und Wärme zuführen. Beide Vorgänge können gerichtliche Bedeutung erlangen.

Die Sonnenstrahlung, d. h. die uns von der Sonne zugeführte Menge an Wärme und Licht wird nur an ganz vereinzelten Stellen, nämlich an Observatorien gemessen, weil dazu sehr feine Apparate und physikalisch geschulte Beobachter nötig sind. Viel einfacher wird aber die Aufgabe, wenn es sich nur darum handelt, festzustellen, ob die Sonne geschienen hat oder nicht, gleichgültig ob stark oder schwach. Hierzu dient der Sonnenscheinschreiber nach Campbell-Stokes, bei dem hinter einer Glaskugel in einer metallenen Halbkugel, in deren Mittelpunkt die Glaskugel steht, ein Kartonstreifen befestigt ist. Scheint die Sonne, so brennt sie eine Spur ein, bis eine Wolke sie verdeckt und nun eine Lücke in der Brennspur entsteht. Aus den vorgedruckten Stundenlinien kann man die Zeit des Sonnenscheins bestimmen. Da die Sonne wahre Sonnenzeit angibt, so muß stets die Umrechnung auf die im bürgerlichen Leben übliche mitteleuropäische Einheitszeit nach den Anweisungen S. 58 ff. vorgenommen werden, ehe die Auskunft erteilt wird.

1. (17.) Fall. Ein Arbeiter hatte an einer Eisenbahnstrecke mitgebaut und behauptete, daß ein Augenleiden auf blendenden Sonnenschein bei dieser Arbeit zurückzuführen sei. Er beanspruchte Rente.

Auskunft: An dem fraglichen Tage, der sehr heiß war, schien die Sonne bis 1 Uhr mittags außerordentlich hell, dann aber infolge Dunst und leichter Wolken schwächer.

Meiner Meinung nach kann das Augenleiden durch den grellen Sonnenschein allein nicht hervorgerufen sein, denn sonst müßten solche Erkrankungen viel häufiger sein, sondern einerseits auch noch durch die Hitze, die den ganzen Körper angriff und ihn weniger widerstandsfähig machte, und andererseits durch den an heißen Tagen gewöhnlich vorhandenen Staub. Auch kommt es sehr darauf an, ob der Arbeiter der Sonne zu- oder abgewandt tätig sein mußte, und welche Farbe der Erdboden hatte: Kalk und Sand blenden, Humus verschluckt die leuchtenden Strahlen fast völlig; auch Rückstrahlung von Haus- oder Felswänden ist schädlich.

2. (18.) Fall. Ein Schnittwarenhändler hatte mit dem Pförtner des Hauses, in dem er einen Laden gemietet hatte, gegen eine geringe Entschädigung vereinbart, daß dieser früh den Außenvorhang herablassen sollte, sobald noch vor Eröffnung des Geschäftes die im Schaufenster ausliegenden Waren von der Sonne beschienen wurden. Eines Tages wurde der Pförtner vom Schutzmann angezeigt, daß er an einem Tage ohne Sonnenschein entgegen der polizeilichen Vorschrift den Vorhang heruntergelassen hätte. Da der Pförtner behauptete, daß die Sonne geschienen hätte, und sich weigerte, die Polizeistrafe zu zahlen, kam es zur Klage, wobei der Pförtner freigesprochen wurde, weil er Entlastungszeugen beibrachte. Da hiernach der Schutzmann eine falsche Aussage gemacht haben müßte, so suchte seine vorgesetzte Behörde weitere Klarheit zu gewinnen und legte Berufung ein. Zu dieser neuen Verhandlung wurde eine Auskunft des Wetteramtes eingeholt.

Auskunft: Nach den Beobachtungen der Stationen in und um Berlin war am 17. Juni früh um 7 Uhr, dem üblichen Beobachtungszeitpunkt, der Himmel ganz bedeckt. Es ist auch nach der Wetterlage wie nach den Aufzeichnungen der Sonnenscheinmesser kaum anzunehmen, daß die Sonne in der Zeit von 6 Uhr 10 bis 7 Uhr 50 früh geschienen hat. Da indessen der nächste der letztgenannten Apparate 3 km entfernt ist, so kann nicht mit voller Sicherheit gesagt werden, daß die Sonne überhaupt nicht geschienen hat. Auch ist es erfahrungsgemäß nicht unmöglich, daß gelegentlich eine kleine Wolkenlücke entsteht, durch die die Sonne scheinen kann; doch dürfte das an dem genannten Tage, wenn überhaupt, nur ganz flüchtig der Fall gewesen sein.

3. (19.) Fall. Vor einem Putzwarengeschäft in Berlin war früh von 5½ bis 8 Uhr der Außenvorhang (Markise) heruntergelassen worden, weil die Sonne schien. Der Ladeninhaber wurde aber zur Polizeistrafe verurteilt, weil die Sonne nicht geschienen habe; auch das Schöffengericht legte ihm 1 ℳ Strafe auf, weil zwei Schutzleute beschworen, es sei starkes Regenwetter gewesen.

Auskunft: Regen ist in ganz Berlin nicht gefallen; allerdings war der Himmel stark bewölkt, aber trotzdem hat die Sonne vorübergehend geschienen.

4. (20.) Fall. Ein Eisenbahnwagen mit 27 Barrels (4400 l) amerikanischen Petroleums verbrannte. Der Tankwagen war so weit offen, daß das verdunstete Petroleumgas entweichen konnte. Es fragte sich nun, ob es so heiß geworden sei, daß es sich hätte entzünden können.

Auskunft: Die Lufttemperatur im Schatten erreichte an den beiden fraglichen Tagen 21 ° und 27 ° im Höchstfalle. Das Wetteramt machte aber darauf aufmerksam, daß weniger diese Temperatur zu beachten sei, als die des Kessels durch die Sonnenstrahlung; wie hoch diese gewesen sei, entziehe sich der Beurteilung, da sie von der Farbe, Oberfläche und Wärmeleitfähigkeit des Stoffes (Eisen) abhänge. Jedenfalls aber sei sie viele Grade höher gewesen.

Ich habe z. B. einmal bei 35° Schattentemperatur auf dunklem Rock 55° gemessen.

2. Helligkeit, Bewölkung und Nebel.

Die Helligkeit ist von der Bewölkung und von dem öfter damit zusammenhängenden Nebel meist so sehr abhängig, daß alle drei hier berücksichtigt werden sollen.

Wie schon S. 13 mitgeteilt worden ist, drückt man den Grad der Himmelsbewölkung durch eine der 11 Stufen 0 bis 10 aus. Man denkt sich alle Wolken lückenlos zusammengeschoben und schätzt nun, wieviel Zehntel der ganzen Himmelsfläche mit Wolken bedeckt sind. So roh dieses Verfahren auf den ersten Blick erscheint, so hat langjährige Erfahrung doch gezeigt, daß die Beobachter sehr bald große Übung und gute Ergebnisse erlangen. Die Dicke der Wolken wird durch Anfügung einer 0, 1 oder 2 bezeichnet, je nachdem sie gering, mäßig oder stark ist; z. B. bedeutet 8^2, daß acht Zehntel des Himmels mit dicken Wolken bedeckt sind.

Ähnlich unterscheidet man schwachen, mäßigen und dichten Nebel, je nachdem man weiter als 1000 m oder nur 1000 bis 100 m oder weniger als 100 m weit sehen kann. Hat der Nebel nur so geringe Höhe, etwa bis zu 3 m, daß er nicht bis zum Kopf des Beobachters oder nicht bis zu den Kronen der Obstbäume reicht, so nennt man ihn Bodennebel; er liegt besonders oft über feuchten Wiesen. Endlich ist noch der Flußnebel zu erwähnen, der gewöhnlich nur über dem Fluß liegt und an den Ufern meist aufhört. Wohl zu unterscheiden vom Nebel ist der Dunst, der besonders an heißen Tagen die Luft trübt.

Daß von Wolken und Nebel die Helligkeit abhängen kann, ist ohne weiteres klar; aber wenn nach der Helligkeit zu einer bestimmten Stunde und an einem bestimmten Orte gefragt wird, so genügen Angaben über Bewölkung und Nebel, so genau sie auch sein mögen, keineswegs. Fast ausnahmslos kommen bei Helligkeitsfragen die Stunden der Morgen- oder Abenddämmerung und die Nacht in Frage, also Zeiten, in denen die volle Tageshelle nicht mehr vorhanden ist. Es kommt mithin einerseits der Stand von Sonne und Mond, andererseits das Wetter in Betracht.

Bei Helligkeitsfragen ist wie folgt vorzugehen. Zunächst wird, wenn es sich z. B. um eine Abendstunde handelt, festgestellt, ob die Sonne untergegangen war oder noch nicht; steht sie nicht mehr am Himmel, so kann sie durch die Strahlenkrümmung infolge Lichtbeugung und die dadurch ermöglichte Erleuchtung der oberen Luftschichten noch eine Zeit nach dem Untergang eine gewisse Helligkeit verbreiten. Man nennt diese Helligkeit die bürgerliche Dämmerung, solange man bei ihr Arbeiten im Freien und gröbere Hausarbeiten ohne künstliche Beleuchtung vornehmen kann. Diese Dämmerung hat in niederen Breiten geringere Dauer als in höheren; sie schwankt in Konstanz am Bodensee zwischen 35 und 47 Minuten, in Berlin zwischen 39 und 58 Minuten und in Königsberg i. Pr. zwischen 41 und 67 Minuten je nach der Jahreszeit, wobei die kleinsten Werte im März und September eintreten, der größte im Juni, während im Dezember nur ein kleinerer Höhepunkt mit dem Mittelwert obiger Grenzen erreicht wird.

Beim Monde kommt die Dämmerung nicht in Betracht, dafür aber der Wechsel seiner Lichtgestalt; denn zwischen Neumond und Vollmond liegt eine ganze Stufenleiter der Helligkeit, die wohl zu beachten ist. Da der Mond nicht, wie die Sonne, zu einer von den Vor- und Nachtagen fast unmerklich verschiedenen Stunde auf- und untergeht, sondern sich täglich etwa 50 Minuten verspätet, so kann er zu allen Stunden des Tages auf- oder untergehen, und man muß deshalb bei der Benutzung von Mondtafeln sorglich aufmerken, zumal es auch vorkommen kann, daß er an einem Tage überhaupt nicht unter- oder aufgeht.

Bei Sonne und Mond ist stets auch die geographische Lage des Ortes zu beachten und sind alle Zeitangaben auf die geographische Länge und Breite des Ortes, sowie auf die im bürgerlichen Leben seit 1893 geltende mitteleuropäische Einheitszeit umzurechnen, wie sogleich gezeigt werden wird; ebenso ist bei Fällen vor dem 1. April 1893 zu bedenken, daß damals die Zeit noch nach Ortszeit angegeben wurde.

In gleicher Weise ist bei der Entnahme von Werten aus den Sonnenscheinaufzeichnungen der selbsttätigen Sonnenscheinschreiber wohl zu berücksichtigen, daß deren Zeitangaben wahre Zeit sind, die mit der Zeitgleichung in mittlere und diese mit der Ortslänge in Einheitszeit umzurechnen sind, damit sie den allgemeinen Uhrangaben entsprechen.

Die Erde läuft in ihrer elliptischen Bahn um die Sonne nicht immer gleichschnell; da aber solchem ungleichen Laufe unsere Uhren nicht folgen können, so hat man statt dieser „wahren Zeit“ eine gleichmäßig fortschreitende Zeit, die mittlere „Zeit“ eingeführt. Beide unterscheiden sich um die Zeitgleichung, die folgende Grenzwerte erreicht:

+ 14,4	Min.	am	11. Februar
— 3,8	„	„	14. Mai
+ 6,3	„	„	25. Juli
— 16,3	„	„	16. November

Das bedeutet, daß z. B. am 11. Februar die mittlere Zeit um 14,4 Minuten später und am 16. November um 16,3 Minuten früher eintritt als die wahre, oder, daß die Sonne am 11. Februar erst um 12 Uhr 14,4 Minuten, am 16. November aber schon um 11 Uhr 43,7 Minuten genau im Süden steht. Da nun die Sonne (scheinbar) von Osten nach Westen wandert, so geht sie in Ostdeutschland früher durch die Nordsüdrichtung (Meridian) als in Westdeutschland, und zwar auf jeden geographischen Längengrad um 4 Minuten, z. B. in Breslau um 24 Minuten früher als im 6^0 westlich gelegenen Erfurt. Um ebensoviel zeigten also nach der Ortszeit die Uhren verschieden an. Diese Ortszeiten wurden am 1. April 1893 durch die mitteleuropäische Einheitszeit beseitigt. Seitdem ist 12 Uhr Mittag dann, wenn die Sonne nach mittlerer Zeit auf dem durch Görlitz gehenden 15. Längengrad östlich von Greenwich genau im Süden steht. In Tilsit, das 7^0 östlich davon liegt, tritt dieses Ereignis $7 \times 4 = 28$ Minuten früher ein, also ist dann nach der Einheitszeit erst 11 Uhr 32 Minuten; entsprechend ist im 7^0 westlich gelegenen Osnabrück beim Meridiandurchgang der Sonne schon 12 Uhr 28 Minuten Einheitszeit. Mit anderen Worten: die früher übliche Ortszeit ist in Tilsit der Einheitszeit um 28 Minuten voraus und in Osnabrück um ebensoviel zurück. Um also diesen Zeitunterschied für irgendeinen Ort zu kennen, entnimmt man einer Landkarte die geographische Länge nach Greenwich, zieht von ihr 15^0 ab und nimmt den Rest vierfach, um den Gradunterschied in Zeit zu verwandeln; ist der Rest positiv, liegt also der Ort im Westen, so geht die Ortszeit der Einheitszeit nach, sonst vor.

Danach ist also 12 Uhr mittags wahre Zeit am 11. Februar gleich 12 Uhr 14,4 Minuten mittlerer oder Ortszeit; in Tilsit ist dann

(28 Minuten weniger, also) 11 Uhr 46,4 Minuten Einheitszeit; in Osnabrück aber (28 Minuten mehr, also) 12 Uhr 42,4 Minuten.

Neben dem Sonnenschein ist bei Auskünften über die Helligkeit ferner nachzusehen, wie zur fraglichen Zeit die Bewölkung, die Niederschläge und die allgemeine Wetterlage waren. Dazu benutzt man die Monatsberichte von Nachbarbeobachtungsstationen und die Wetterkarten.

Aus dieser Aufzählung ersieht man, daß die überwiegende Zahl der Beobachter gar nicht imstande sein kann, derartige umfangreiche Forschungen anzustellen, ganz abgesehen davon, daß ihnen auch viele dieser Hilfsmittel nicht zu Gebote stehen (S. 16).

Mit der Angabe der vorstehend genannten Wetterelemente und Gestirnsstellungen ist die Aufgabe des Wetterkundigen bei Helligkeitsfragen erschöpft; denn alles übrige Wünschenswerte und Gefragte kann nur durch Ortsbesichtigung festgestellt werden, z. B. ob es auf einer Treppe noch hell genug war. Ebensowenig kann der Wetterfachmann ein Urteil darüber abgeben, ob es hell genug war, um eine Person erkennen zu können (S. 64). Denn die Möglichkeit, jemanden abends oder nachts nicht nur zu sehen, sondern auch zu erkennen, hängt von sehr vielen Umständen ab. So kann aus dem Grade der Helligkeit der Gegend im allgemeinen zur fraglichen Zeit nur durch Ortsbesichtigung festgestellt werden, ob der gleiche Grad auch am Tatort im besonderen geherrscht hat; denn der Tatort kann in einer engen oder mit Bäumen bepflanzten Straße, auf dem Hofe oder im Hause,[1]) im Walde oder in einer Schlucht liegen. Dann kommt es noch darauf an, ob die Kleidung der Person und der Hintergrund hell oder dunkel war usw. Schließlich spielt auch die Sehkraft des Wahrnehmers eine große Rolle, da er farben- oder gar nachtblind sein kann, oder aber umgekehrt, nachts besser als andere zu sehen vermag.

Helligkeitsfragen haben nicht unbeträchtlichen Anteil an der gerichtlichen Meteorologie, und deshalb konnte eine ganze Reihe Beispiele ausgewählt und mitgeteilt werden.

1. (21.) Fall. Die Oberrechnungskammer bemängelte den allzu großen Gasverbrauch in einem Gefängnis. Dessen Direktor fragte beim Wetteramt

---

[1]) Vgl. die Aufsätze über die natürliche Beleuchtung der Straße, des Hofes und des Zimmers im Zentralblatt der Bauverwaltung 1919, 38—39, 597—600; 1920, 218.

an, ob es wohl bestätigen könne, daß gerade das betreffende Jahr mehr dunkle Tage als das Vorjahr gehabt habe.

Auskunft: Nein, umgekehrt!

2. (22.) Fall. Der Mord an der verehelichten Elise Buchholz bei Grünau an der Dahme geschah am 12. September 1908 nach 7 Uhr 20 Min., wahrscheinlich zwischen 8 und $8^1/_4$ Uhr abends. Wie dunkel war es?

Auskunft: In der geographischen Breite von Grünau ging die Sonne am Mordtage um 6 Uhr 20 Minuten unter, die bürgerliche Dämmerung dauerte 40 Minuten, so daß man von 7 Uhr an im Freien ohne künstliche Beleuchtung nichts mehr ausrichten konnte. Um 7 Uhr 20 Min. war es schon völlig dunkel. Allerdings ging um $7^3/_4$ Uhr der Mond auf, der am Tage vorher voll gewesen war, aber heller konnte es kaum werden, da starke Bewölkung herrschte; freilich war es nicht ausgeschlossen, daß der Mond durch kleine Wolkenlücken einen Augenblick scheinen konnte.

3. (23.) Fall. Ein junger Mann weigerte sich, Alimente zu zahlen, da er die Kindsmutter auch mit einem von ihm nicht Erkannten im Walde nachts 11½ Uhr den Beischlaf habe vollziehen sehen.

Auskunft: Bei 13—14° Wärme war es trocken und ziemlich heiter; der Mond ging gerade unter.

4. (24.) Fall. Eine Person verunglückte dadurch schwer, daß sie in einen ausgeschachteten und unbeleuchteten Graben im Februar um 6¼ Uhr abends stürzte. Wie hell war es?

Auskunft: Das Ende der bürgerlichen Dämmerung (s. oben) trat 6 Uhr 22 Min. ein, so daß es schon recht dunkel war; dazu herrschte sehr trübes und regnerisches Wetter.

5. (25.) Fall. Am 22. März zwischen 11 und 1 Uhr verunglückte jemand in einem Laden. War es sehr dunkel?

Auskunft: Nein, denn Wolken und Sonnenschein wechselten oft.

6. (26.) Fall. Jemand hatte eine große Glasscheibe in einer Hoftür zertrümmert und behauptete, es sei so dunkel gewesen, daß man sie nicht hätte bemerken können.

Auskunft: Es herrschte noch Dämmerlicht im Freien; ob das aber für den Hof genügte, kann nur Ortsbesichtigung entscheiden.

7. (27.) Fall. Am 8. Juni zwischen 9 und 9¼ Uhr abends war eine Treppe nicht beleuchtet, als ein Unfall geschah. Der Wirt behauptete, es sei noch tageshell gewesen.

Auskunft: Es war heiterer Himmel. Die Sonne war um 8 Uhr untergegangen und die Dämmerung endete gegen 9 Uhr, so daß es im Freien dann schon recht dunkel wurde, auf der Treppe also Beleuchtung sicher notwendig war.

8. (28.) Fall. Auf einer Treppe, die durch ein Oberlicht beleuchtet wird, geschah ein Unfall. Der Wirt behauptete, es habe Schnee auf dem Oberlicht gelegen.

Auskunft: Weder am Unfalltage noch vorher gab es Schneefall. Offenbar war das Oberlicht stark verschmutzt.

9. (29.) Fall. Im Vorraum eines Hauskellers standen Bretter an der Wand, die beim Öffnen der Tür am 8. Oktober um 9½ Uhr früh umfielen und einer Frau den Mittelfußknochen brachen. Es sollte nun am 21. April um 12½ Uhr mittags eine Ortsbesichtigung stattfinden. Dann aber ist der Hof gerade am hellsten, da die Rückseite des Hauses nach Süd liegt. Welches Lichtstärkeverhältnis könnte man annähernd zwischen den beiden Zeiten annehmen?

Auskunft: Am 8. Oktober herrschte wechselnde, aber ziemlich starke Bewölkung; die Sonne hat nicht geschienen.

Die Auskunft ist unvollkommen, da gar nichts über das Lichtverhältnis gesagt wurde, was bei Beachtung des jeweiligen Sonnenstandes wohl möglich war. Daß ferner die Sonne bei wechselnder Bewölkung nicht geschienen hat, kann man wohl so sicher nicht behaupten.

10. (30.) Fall. Ein Lehrer trat um 8½ Uhr abends beim Überschreiten einer über den Stadtgraben gelegten 1,85 m breiten Steinplatte fehl, stürzte in den Graben und verletzte sich. Straßenbeleuchtung fehlte. Die Versicherungsgesellschaft, bei der die gegen Haftpflicht versicherte Ortsgemeinde Entschädigung an den Verletzten beantragte, fragte nach der Helligkeit.

Auskunft: Bis 8 Uhr Dämmerung, der Mond, im letzten Viertel, ging erst um 10 Uhr auf, und da es trübe war, mußte es um 8½ Uhr völlig dunkel gewesen sein.

11. (31.) Fall. War es noch hell genug, um an unbeleuchteter Straßenecke auf 3 m Abstand Vorgänge im Innern eines unbeleuchteten Schanklokals zu erkennen?

Auskunft: Da die Dämmerung erst in einer halben Stunde endete, war es auf der Straße noch recht hell. Weiteres kann nur Ortsbesichtigung entscheiden.

12. (32.) Fall. Wie lange konnte man am 14. März bei 30—40 m breiter Straße in einem Zimmer mit 2 m breitem Fenster 1½ m davon noch ohne Licht lesen?

Auskunft: Das Ende der Dämmerung trat um 6 Uhr 44 Min. ein; es war klar; der Mond ging um 5½ Uhr auf.

Mangelhaft bei dieser Anfrage ist, daß die Angabe des Stockwerkes, in dem das Zimmer lag, fehlt, und in der Antwort, daß die Mondphase nicht mitgeteilt ist. Außerdem hätte gesagt werden müssen, nach welcher Himmelsrichtung das Fenster schaut; denn ein Westfenster erhält abends bei klarem Himmel gewöhnlich mehr und noch länger Licht als ein Ostfenster; bei Wolken ist die Auskunft schwieriger; denn sind sie nur im Westen, so ist das Ostfenster in der Regel heller; auch können große Haufenwolken im Osten so viel Licht zurückwerfen, daß dann ebenfalls das Ostfenster heller als ein Westfenster ist.

13. (33.) Fall. Ein Mann wurde von hinten her durch einen Kraftwagen überfahren und verlangte von der Unfallversicherungsgesellschaft Entschädigung. Die Straße hätte auf der Unfallseite keine Laternen; nach mäßigem Regen sei ein Nebel entstanden, so daß er auf 50 m den Wagen nicht habe wahrnehmen können.

Auskunft: Mäßiger Regen ist gefallen; der Mond, im letzten Viertel, ging erst nach dem Unfall auf, auch hätte dichte Bewölkung ihn sowieso am Scheinen verhindert; Nebel ist nicht ausgeschlossen.

14. (34.) Fall. Ein Kraftwagen überfuhr eine Frau auf der Landstraße. Der Führer behauptete, es habe ein so starker Nebel geherrscht, daß er bei 40—50 km Fahrgeschwindigkeit trotz brennender Autolaternen den Verlauf der Fahrstraße nicht zuverlässig und sicher habe erkennen können.

Auskunft: Es herrschte nässender, dichter Nebel; ob er aber so dicht war, daß man den Verlauf der Straße auch bei Laternenlicht nicht sehen konnte, kann das Wetteramt nicht beurteilen, zumal doch zunächst die Lichtstärke der Laternen in Frage kommt.

Wenn der Wagenführer den Verlauf der Fahrstraße nicht sicher erkennen konnte, so durfte er mit mindestens 40 km Geschwindigkeit überhaupt nicht fahren.

15. (35.) Fall. Eine Straßenbahnschaffnerin war wegen Transportgefährdung und Körperverletzung angeklagt, weil sie einen Zusammenstoß mit einem andern Triebwagen fahrlässig verschuldet haben soll. Auf der eingleisigen Strecke nach Hakenfelde bei Spandau befinden sich zwei Kreuzungsstellen. An der ersten Stelle wartete sie. Es kam von H. ein anderer Triebwagen und fuhr an der Kreuzungsstelle an ihr vorbei, ohne mitzuteilen, daß noch andere Triebwagen aus H. kämen. Sie fuhr infolgedessen nach H. zu in der berechtigten Annahme, daß die Strecke frei sei. So kam es zum Zusammenstoß, zu Beschädigungen der Wagen und zu Körperverletzungen von Fahrgästen. Die Fahrerin entschuldigte sich mit dichtem Nebel, der eine Übersicht der Strecke verhindert habe. Signale gibt es auf der Strecke nicht.

Auskunft: Es herrschte im allgemeinen leichter bis mäßiger Nebel, Sichtbarkeit bei letzterem zwischen 100 und 1000 m. Da feuchte Wiesen an der Unfallstelle vorhanden sind, ist örtlicher starker Nebel keineswegs ausgeschlossen.

16. (36.) Fall. Ein Kraftwagen stieß $9^3/_4$ Uhr abends auf der Landstraße mit einem unbeleuchteten Milchwagen zusammen; der Kutscher sagte, eine Laterne anzuzünden sei noch nicht nötig gewesen, da es hell genug war.

Auskunft: Die Dämmerung endete 9 Uhr; der Mond schien nicht; es waren wenig Wolken vorhanden. Eine brennende Laterne war also sehr nötig.

17. (37.) Fall. War es nachts so hell, daß man einen Kastenwagen 50—60 m weit sehen konnte?

Auskunft: Trübe, kein Mondschein.

In den letzten Fällen genügte offenbar eine solche Helligkeit, bei der man nur die Umrisse des Wagens erkennen konnte; dabei kommt es naturgemäß sehr auf die Farbe des Wagens und des Hintergrundes an, besonders wenn sie gegensätzlich (hell-dunkel oder dunkel-hell) sind. Viel schwieriger ist es bei dem Erkennen von Personen; denn da handelt es sich nicht nur um die Umrisse, sondern um die Gesichtszüge sowie um die Art und Farbe der Kleidung. Bisweilen genügt es allerdings schon, um jemand in Verdacht zu bringen oder einer Tat zu überführen, wenn er z. B. hinkt oder sonst ein sehr auffallendes und leicht erkennbares Merkmal, wie einen schiefen Hals oder eine Krücke, hat.

Groß bringt in seinem Handbuch für Untersuchungsrichter (5. Aufl. S. 303—304) einige Angaben über die Entfernung, auf die man etwas erkennen kann, und zwar bei normalen Augen und guter Tagesbeleuchtung (die freilich je nach der Jahreszeit sehr verschieden sein kann). Danach erkennt man sehr gut Bekannte auf 40—80 m in Ausnahmefällen bis auf 150 m, wenig Bekannte auf 25—30 m, und nur einmal Gesehene auf 15 m. Das Weiße im Auge sieht man auf 25—30 m, die Augen selbst auf 70—75 m; bis 90 m unterscheidet man die einzelnen Körperteile. Bei 180 m werden die Züge unbestimmt, bei 350 m nicht mehr unterscheidbar; bei 700 m sind Bewegungen eines Menschen nicht mehr erkennbar. Im Mondlicht kann man gut Bekannte beim ersten Viertel auf 2—6 m, beim Vollmond auf 7—10 m, bisweilen auf 15 m erkennen.

18. (38.) Fall. Ein Mast der elektrischen Leitung war auf die Landstraße gestürzt und hatte einen Wagen gefährdet. War es 9 Uhr abends am 10. März so dunkel, daß man den Mast ohne Beleuchtung nicht liegen sah?

Auskunft: Die Sonne war schon vor über drei Stunden untergegangen; die Bewölkung wechselte stark; gelegentlich schwacher Regen. Der Mond konnte zeitweise durch Wolkenlücken scheinen; er stand drei Tage vor Vollmond.

19. (39.) Fall. In einem südlichen Vororte Berlins war ein Mann im November früh um 3 Uhr überfallen und beraubt worden. Eine alte Frau, die nicht schlafen konnte, war von dem Lärm ans Fenster gelockt worden und hatte einen Mann vorübereilen sehen. Die Beschreibung, die sie der Polizei gab, paßte genau, auch hinsichtlich Besonderheiten der Kleidung, auf einen in der Nähe wohnenden Assessor, den die Frau auch bei der Gegenüberstellung als den Vorbeigeeilten wiedererkennen wollte. Er befand sich überdies in der unglücklichen Lage, seine Abwesenheit vom Tatort nicht nachweisen zu können; er wohnte nämlich bei einer Witwe, die gerade in der fraglichen

Zeit verreist war, so daß er nachts allein in der Wohnung blieb, also dafür keinen Zeugen beibringen konnte. Schließlich riet ihm jemand, beim Wetteramt nach der Helligkeit zur Zeit der Tat anzufragen, um dadurch vielleicht die Unmöglichkeit des Erkanntwerdens nachzuweisen.

Auskunft: Die Sonne war noch weit vom Aufgehen, so daß die Dämmerung noch nicht begonnen hatte; der Mond stand nicht am Himmel. Nachtsüber war, wie die Wetterlage und die zweistündlichen Wolkenbeobachtungen in Potsdam lehrten, der Himmel andauernd bedeckt, so daß auch das Sternenlicht ausgeschlossen war. Außerdem herrschte leichter Nebel. Es war danach unmöglich, daß die Frau, da es überdies keine Laterne in der Nähe gab, den Mann erkennen konnte. Die Anklage gegen den Assessor wurde fallen gelassen.

Daß die Frau von dem Täter eine mit dem Assessor so gut übereinstimmende Beschreibung gab, ist wahrscheinlich darauf zurückzuführen, daß sie den Assessor öfter am Tage an ihrem Fenster vorübergehen sah und nachher bei einer vermutlich vorhandenen gewissen Ähnlichkeit des Täters mit dem Assessor die Beschreibung des Täters unwillkürlich dem im Gedächtnis haftenden äußeren Eindruck des Assessors entnahm. Es ist ja bekannt, wie leicht manche Leute, namentlich einfache Frauen, Personen lediglich auf Grund einer einzigen Ähnlichkeit wiedererkennen wollen.

20. (40.) Fall. Konnte man am 27. September nach 7 Uhr abends von einem Fenster im vierten Stock Einzelheiten eines Vorgangs auf der Straße erkennen?

Auskunft: Weder Sonne noch Mond schien; die Dämmerung war vorüber; dazu leichter Dunst. Es war also vollständig dunkel, falls nicht Laternen in der Nähe brannten.

21. (41.) Fall. Eine Frau soll früh 6 Uhr Holz von einem Holzstoß gestohlen haben. Hat man es aus 30 m Entfernung sehen können?

Auskunft: Die Sonne war noch nicht aufgegangen; auch dämmerte es noch nicht. Der Mond, drei Tage vor Vollmond, stand am Himmel, konnte aber nicht scheinen, da es bedeckt war.

22. (42.) Fall. In den ersten Tagen des Dezember früh um 7½ Uhr sollte sich ein junger Mann aus guter Familie im Berliner Tiergarten an einer Frauensperson dadurch sittlich vergangen haben, daß er 30 Schritte von ihr entfernt seine Beinkleider öffnete und ihr seinen entblößten Geschlechtsteil zeigte (Exhibitionismus). Er bestritt das und behauptete einen Irrtum in der Person, während die Beleidigte ihn mit Bestimmtheit bezeichnete. Wie hell war es an vier bestimmten Tagen, von denen einer in Betracht kam?

Auskunft: Die Dämmerung begann bald nach 7 Uhr, und die Sonne ging um 7 Uhr 50 Min. auf. Am ersten Morgen war der Himmel halbheiter; an den andern Morgen herrschte leichter Nebel.

Dreißig Schritte sind, da ein Schritt durchschnittlich 50—80 cm lang ist, rund 15—25 m. Man vergleiche nun hierzu die Angaben von Groß (S. 64) über die Höchstentfernung, auf die man jemand erkennen kann.

23. (43.) Fall. An der Landstraße sind in der Nacht vom 23. zum 24. Februar 29 jungen Birnbäumen die Kronen abgebrochen worden. Der Zeuge B. ging zwischen 11½ und 11¾ Uhr die Straße entlang nach der Stadt H. und gewahrte einen Mann, der sich an einem Baume zu schaffen machte. Beim Näherkommen von B. ging er, da er ihn anscheinend gesehen hatte, nach der andern Seite der Straße und dann weiter. Als B. an den Baum kam, bemerkte er, daß der Baum abgebrochen war, ebenso wie von da ab eine Anzahl anderer Bäume. Obwohl es ziemlich dunkel war, nahm B. an, daß der Mann, der den Rockkragen hochgeschlagen hatte, der Figur nach der ihm bekannte Angeklagte S. sein mußte. Bald danach, gegen 12 Uhr, kam der Zeuge M. dieselbe Straße entlang in gleicher Richtung und begegnete gleichfalls einem Manne mit hochgeschlagenem Rockkragen; sogleich vermutete er in diesem den ihm persönlich bekannten Angeklagten S. Er bemerkte dann auch die abgebrochenen Bäumchen. Der Zeuge B. sagte, S. wäre zuerst drei Bäume weit (= 15 m) entfernt gewesen. S. will in seiner Wohnung gewesen sein.

Auskunft: Bei stürmischem Südwestwind schnell wechselnde Bewölkung; längere Zeit bedeckter Himmel ist ebenso unwahrscheinlich wie anhaltend klarer Himmel. Der Mond war noch nicht aufgegangen.

Für die richterliche Beurteilung wäre noch zu beachten gewesen, daß beide Zeugen der nicht fernen größeren Stadt zugingen, daß sie also beide den vermutlichen Täter vor hellem Hintergrunde sahen und ihm so trotz Fehlens des Mondes wahrscheinlich an seiner Gestalt erkennen konnten.

24. (44.) Fall. Ein Schiffskoch ist am 8. November abends nach 7 Uhr bei Bremen von Bord gegangen und später als Leiche im Wasser gefunden worden. Er soll im Nebel vom Kai abgestürzt sein und den Tod durch Ertrinken gefunden haben.

Auskunft: Es hat tatsächlich Nebel mit zeitweisem Regen geherrscht.

25. (45.) Fall. Ein Dampfer hatte am 9. August gegen 4 Uhr früh eine nur 40 cm aus dem Wasser ragende Schute angerannt und beschädigt. War es stürmisch und dunkel?

Auskunft: Bei mäßigen östlichen Winden hat keine oder nur geringe Bewölkung geherrscht, die das Licht des im letzten Viertels stehenden Mondes nur wenig beeinträchtigte, so daß es weder stürmisch noch ganz dunkel war.

26. (46.) Fall. Ein Eildampfer fuhr einen Prahm in den Grund, weil er keine Signallaternen gehabt hatte. Der Eigentümer des Prahms behauptete aber, es sei zur Unfallzeit, am 12. Oktober 5½—5¾ Uhr früh, so hell gewesen, daß brennende Laternen nicht mehr nötig gewesen wären.

Auskunft: Die Dämmerung begann erst um 5 Uhr 49 Min., es herrschte ziemlich starke Bewölkung und leichter Nebel, also hätten Laternen brennen müssen.

In einer Reihe Fälle wurde nach der Helligkeit gefragt, um die Glaubwürdigkeit von Zeugen oder Beklagten festzustellen.[1])

27. (47.) Fall. In einem Verfahren wegen Meineides handelt es sich darum, was die eine Angeschuldigte am 21. März 1907 abends etwa 8½ Uhr von einem Kampfe in H. sehen konnte. Um festzustellen, was sie bei sichtbarem Mond — also in dem für sie günstigsten Falle — sehen konnte, sind am Abend des 15. Oktobers 1907 zwischen 7 und 8 Uhr Versuche angestellt worden. An diesem Tage ging die Sonne etwa eine Stunde früher unter als am 21. März. Die Mondfläche war etwas größer als am 21. März. Die Stellung des Mondes wird aber an beiden Tagen verschieden gewesen sein. In welcher Himmelsrichtung stand der Mond am 21. März 1907 abends 8, 8½ und 9 Uhr und am 15. Oktober abends 7, 7½ und 8 Uhr, und welche Höhe hatte der Mond zu diesen Zeiten? Hat die Höhe des Mondes irgendwelche Bedeutung für die Helligkeit an der fraglichen Stelle, oder muß diese bei gleicher Witterung, gleicher Zeit nach Sonnenuntergang und gleicher Mondgröße stets gleich hell sein, wenn er sie trifft, einerlei wie hoch der Mond steht? War der 15. Oktober trotz anderer Mondhöhe als Versuchstag geeignet?

Auskunft: Am 21. März 1907 war zwischen 8 und 9 Uhr annähernd erstes Viertel; ob der Mond scheinen konnte, ist fraglich, da die Nachbarstationen stark bewölkten Himmel melden. Für die übrigen Fragen muß an eine Sternwarte verwiesen werden, da sie astronomisch sind. So viel aber kann gesagt werden, daß die Helligkeit einer Fläche davon abhängt, unter welchem Winkel die Strahlen auftreffen.

28. (48.) Fall. Jemand hatte beschworen, daß es in einer Nacht so sternenhell gewesen sei, daß man eine Person auf 4—6 Schritte hat erkennen können. Der daraufhin Verurteilte behauptete, es sei trübe und dunkel gewesen, und fragte aus dem Gefängnis bei dem Wetteramt um Bestätigung dieser Behauptung an.

Auskunft: Es war trübe und regnerisch und nicht wahrscheinlich, wenn auch nicht gänzlich ausgeschlossen, daß durch kleine Wolkenlücken vereinzelt Sterne sichtbar waren. Der Mond ging erst am Morgen auf.

Mir scheint, daß hier eine Versäumnis des Richters vorliegt; denn trotz Zeugenaussagen hätte er die Frage untersuchen müssen, ob es denn überhaupt hell genug war, um jemanden zu erkennen.

29. (49.) Fall. Ein Bauer wurde beschuldigt, nachts einen Pflug gestohlen zu haben, weil eine Zeugin zwischen 11 und 12 Uhr nachts ihn auf 120 bis 130 Schritte erkannt und auch gesehen haben will, wie er 103 Schritte entfernt in sein Scheunentor ging. Es wurde am Tatorte vom Gericht in sternen-

[1]) Hierher gehört auch Fall 11 S. 38.

klarer Nacht ein Versuch gemacht, doch konnten sich zwei Personen auf 103 Schritte nicht erkennen. Wie war das Wetter in der Tatnacht?

Auskunft: Trübe und regnerisch, so daß die Zeugin durchaus unglaubwürdig war.

Solche Versuche an Ort und Stelle können selten bei einem Wetter angestellt werden, das dem zur Zeit der Tat gleicht. Es ist das meist auch nicht nötig, wenn die Versuche zunächst bei einem Wetter ausgeführt werden, das besonders günstig ist, z. B. bei vollem Mondschein, weil man dann gewöhnlich schon ein Urteil über die Möglichkeit der behaupteten Wahrnehmung gewinnt. Bisweilen aber wird doch vom Gericht wie folgt gefragt.

30. (50.) Fall. Am 9. Juli um $9^3/_4$ Uhr abends geschah ein Straßenbahnunfall. Wann ist es im Oktober ebenso dunkel, da Ortsbesichtigung vom Gericht beabsichtigt ist?

Auskunft: Am 9. Juli ging die Sonne um 8 Uhr 20 Min. unter; die Dämmerung endete $9\frac{1}{4}$ Uhr, so daß der Unfall eine halbe Stunde nach Ende der Dämmerung eingetreten war. Die Sonne geht im Oktober am 1. um rund 5 Uhr 40 Min., am 31. um 4 Uhr 30 Min. unter; da die Dämmerung dann 40 Minuten dauert, würde danach die gleiche Helligkeit am 1. Oktober um 6 Uhr 50 Min. und am 31. um 5 Uhr 40 Min. herrschen. Dabei ist zu bebeachten, daß die Bewölkung im Oktober im Durchschnitt stärker als im Juli ist und daß die Entlaubung im Herbst unter Umständen die Helligkeit beeinflussen kann.

Auch H. Groß erwähnt in seinem Handbuch für Untersuchungsrichter (5. Aufl. S. 30—39) einen ähnlichen Fall, in dem, als die wegen Totschlages im Herbst bereits seit Monaten im Gefängnis Sitzenden die Wiederaufnahme des Verfahrens verlangten, der Untersuchungsrichter sich einen Frühlingstag durch einen Astronomen bestimmen ließ, an dem die gleiche Helligkeit wie am Mordtage herrschte, und dann mit dem Staatsanwalt die Wege der Verbrecher wiederholte; es stellte sich dabei heraus, daß sowohl deren Aussagen wie die ihrer Zeugen falsch waren.

31. (51.) Fall. Ein Mann saß eines Diebstahls wegen in Haft. Die Tat geschah am 9. Mai zwischen 5 und 6 Uhr im östlichen Teile von Berlin. Der Häftling hatte die Tat bestritten und durch Zeugen bewiesen, daß er noch bei Tageshelle in einer Gastwirtschaft gesessen hat, die im Vorort lag und etwa 30 Minuten vom Tatort entfernt war. Wenn ihm nun vom Wetteramt bescheinigt werden könnte, daß es dagegen im östlichen Berlin um dieselbe Zeit schon so dunkel war, daß man in Gastwirtschaften Licht anzünden mußte, so wäre dadurch sein Alibi erbracht.

Auskunft: Es herrschte trübes Wetter, so daß die Sonne von 4½ Uhr nicht mehr schien; zwischen 5 und 6¼ Uhr wiederholt Regenschauer. Es kann also um die Zeit der Tat dunkler geworden sein, so daß man in an sich dunklen Räumen wohl Licht angezündet haben kann, wenn auch völlige Dunkelheit draußen erst um 8½ Uhr eingetreten ist.

82. (52.) Fall. War es am 29. November um 3 Uhr nachmittags noch so hell, daß man einen Dieb von einem Lattenverschlage aus über einen 20 m breiten Hof hinweg an einer Tür in einem überdachten und von einer Rückwand abgeschlossenen, fast dunkeln Gang sehen konnte?

Auskunft: Es war sehr trübe und nebelig.

In dieser Auskunft fehlt die Angabe, wann die Sonne unterging; jedenfalls stand sie schon horizontnahe.

83. (53.) Fall. Ein Fußballwettspiel auf einem Sportplatz mußte abgebrochen werden, da bei dichtem Nebel auf 15 m nichts mehr zu sehen war. Zur Rechtfertigung vor den zahlenden Zuschauern und der Verbandssportbehörde wurde um Bestätigung dieses Wetters gebeten.

Auskunft: Es herrschte so dichter Nebel, daß der Sportplatz nicht ganz übersehbar war.

84. (54.) Fall. Gab es am 10. Juni Regen und Nebel, so daß eine Freilichtaufnahme nicht möglich war? Ein Schauspieler hatte das als Grund für sein Nichterscheinen angegeben.

Auskunft: Der Himmel war zu drei Vierteln bedeckt; weder Regen noch Nebel wurde beobachtet; von 10½ Uhr bis 1 Uhr schien die Sonne.

3. Wärme und Kälte.

Über die Temperaturmessung ist bereits S. 11, 12 und 52 einiges gesagt worden. Wie dort angegeben wurde, werden die Thermometer um 7 Uhr früh, 2 Uhr nachmittags und 9 Uhr abends Ortszeit (S. 58 ff.) abgelesen, die Extremthermometer, welche die täglichen Grenztemperaturen, d. h. den höchsten und tiefsten Wärmegrad, anzeigen, nur um 9 Uhr abends, so daß ihre Angaben sich auf die jeweils vergangenen 24 Stunden beziehen; aus den vorgenannten drei Ablesungen kann man dann meist zweifelsfrei feststellen, zwischen welche dieser drei Werte jene Grenzwerte fallen. Da, wie gesagt, alle Ablesungen nach Ortszeit erfolgen, muß man bei weit östlich oder westlich gelegenen Orten auf den Unterschied gegen die Einheitszeit (s. S. 59) Rücksicht nehmen.

Aus allen solchen Angaben kann ein erfahrener Meteorologe meist ziemlich sichere Schlüsse auch auf die Wärme von Zwischenzeiten ziehen. Häufig genügen für Streitigkeiten solche Werte,

z. B. wenn es sich um das Verderben von Waren durch Hitze oder Frost handelt. Öfter aber kommt es auch auf die Wärme oder Kälte zu einer bestimmten Stunde an, und dann braucht man ununterbrochene oder mindestens stündliche Aufzeichnungen. Solche Werte liefern die Thermographen, die Wärmeschreiber. Allerdings gibt es deren in jedem Lande nur an einer beschränkten Zahl von Orten, aber sie genügen meist, um im Verein mit dreimal täglichen Beobachtungen auch für dazwischenliegende Orte durchaus zuverlässige Schlüsse auf jede Zeit ziehen zu können.

Will man die Angaben mehrerer Orte miteinander vergleichen, so muß man unbedingt nur solche Werte nehmen, die zu den gleichen Stunden nach Ortszeit, d. h. bei gleichem Sonnenstande, gewonnen worden sind. Denn da sich die Wärme im Laufe des Tages meist sehr rasch ändert, so würde man bei Werten, die nicht so abgeleitet sind, Unterschiede finden, die nicht örtlicher, sondern zeitlicher Natur sind und daher irreführen können.

Alle amtlichen Angaben von Wärme- und Kältegraden beziehen sich auf den Zustand der Luft im Schatten; denn der allein kann mit Sicherheit gemessen werden, und nur solche Werte sind untereinander vergleichbar. Wenn dagegen gelegentlich nach der Temperatur in der Sonne gefragt wird, so wird die Auskunft darüber abgelehnt, weil dieser Begriff nicht eindeutig ist. Man kann darunter zunächst zweierlei verstehen: die Temperatur der Luft in der Sonne und die Temperatur eines Gegenstandes in der Sonne. Bei ersterer denkt sich der Laie die Bestimmung gewöhnlich so, daß man ein Thermometer in die Sonne hält und es, sobald es nicht mehr steigt, abliest; solche Temperaturwerte müssen aber ganz verschieden ausfallen, je nachdem das Glas der Kugel dicker oder dünner ist oder infolge verschiedener Zusammensetzung die Wärmestrahlen mehr oder weniger verschluckt, oder je nachdem die Kugel außen rein oder unrein ist, oder je nachdem von einem nahen Gegenstand (Körper des Beobachters, Wand, Erdboden usw.) der Kugel Wärme zugestrahlt wird usw. Zu allermeist handelt es sich aber gar nicht um die Luftwärme, sondern um den Grad, auf den sich ein Gegenstand bei Besonnung erhitzt. Auch diese Frage kann vom Wetterkundigen nicht beantwortet werden, da die Erwärmung eines Gegenstandes je nach Stoff, Farbe, Oberflächenzustand, Feuchtigkeitsgrad usw. ganz verschieden hoch ausfällt; die Feststellung, wieweit die Erwärmung gehen kann oder in dem betreffenden Falle gegangen ist, muß dem Techniker anheimgegeben werden,[1]) während der Meteorologe aussagen kann, ob die Sonne geschienen hat und ob dabei der Himmel ganz klar oder leicht verschleiert war.

Neben der Lufttemperatur spielt gerichtlich noch die des Erdbodens, vor allem bei dem später (S. 165) behandelten Glatteis, eine wichtige Rolle. Sie wird ebenfalls mit Thermometern gemessen, die bei geringen Tiefen (bis etwa ½ m) dauernd eingegraben und bei größeren Tiefen mit einer Schutzhülle herausnehmbar eingesetzt werden. In ähnlicher Weise verfährt man auch bei der Messung der Wasserwärme.

Manche Besonderheiten werden bei den Beispielen erörtert werden. Um die Fälle übersichtlich anzuordnen, werden zuerst solche mitgeteilt, bei denen die Wärme und dann solche, bei denen die Kälte in Betracht kam, und bei beiden Gruppen werden zunächst die Fälle behandelt, die Menschen betreffen, dann Waren, die durch Wärme oder Kälte gelitten haben, und je zum Schluß allerlei andere Beispiele.

a) Wärme.

1. (55.) Fall. Ein Lehrer hatte den Ortsschulinspektor (Pfarrer) bei dem Kreisschulinspektor verklagt, weil er nicht gestattet habe, daß an einem bestimmten Tage der Schulunterricht nachmittags ausfiele, obwohl vormittags 26° R in der Sonne und nachmittags sogar 40° R geherrscht haben. Der Ortsschulinspektor habe gesagt, die um 10 Uhr vormittags vorschriftsmäßig erforderlichen 20° R wären noch nicht erreicht gewesen.

Auskunft: Die Luftwärme im Schatten war unter 25° C (20° R).

Wie schon vorher erörtert wurde, kann die Temperatur in der Sonne keinen Rechtswert haben und im vorliegenden Falle erst recht nicht, weil das Thermometer des Lehrers sicherlich dicht vor einem Fenster angebracht war und dort bei Besonnung leicht einen Stand erreichen konnte, den man auf keinen Fall der Beurteilung,

---

[1]) Es sei hier auf ein einfaches Verfahren, das auch vom Gericht leicht angeordnet werden kann, aufmerksam gemacht; der Physiker und Meteorologe von Bezold hat es vor Jahrzehnten erdacht, um die Erwärmung von Ölbildern in der Pinakothek zu München bei Besonnung zu messen. Er drückte auf die Bilder kleine Kügelchen leicht schmelzbarer Stoffe, deren Schmelzpunkt bekannt war, z. B. Butter 31—34°, Walrat 49°, Stearin 50°, Paraffin 54°, Wachs 64° usw., und konnte nach ihrem Abschmelzen feststellen, welche Temperatur das Ölbild mindestens hatte.

ob der Unterricht ausfallen soll, zugrunde legen durfte. Der Stand wird auch um so höher, je mehr durch einen Hausflügel oder Zaun oder dergleichen der Windzutritt gehemmt ist.

2. (56.) Fall. Ein Steinekarrer erlitt einen Schlaganfall und beantragte Rente, weil große Hitze gewesen sei.

Auskunft: Nur 19 °; also muß eine andere Ursache vorgelegen haben.

3. (57.) Fall. Vor dem Schiedsgericht bei der Unfallversicherung klagt ein Arbeiter auf Rente, weil er beim Auskellern von Fässern infolge des abwechselnden Aufenthalts auf dem warmen Hofe und in dem kühleren Keller eine Augenentzündung bekommen habe.

Auskunft: 7 Uhr früh 11 °, 2 Uhr nachmittags 18 °, 9 Uhr abends 15 °; es war also nur mäßig warm. In Frage kommt aber, ob er durch die Arbeit in Schweiß geriet, wodurch der Gegensatz zwischen draußen und drinnen verstärkt würde.

4. (58.) Fall. Eine Sendung leicht verderblicher Ware kam im März von Oberitalien verdorben in Berlin an. Wurde das Wetter unvermutet warm oder hätte man solche Wärme erwarten können, fragt die Versicherungsgesellschaft.

Auskunft: Es wurde so warm, wie man es um diese Jahreszeit nicht erwarten konnte.

5. (59.) Fall. Eine Sendung Schweineköpfe und beine kam verdorben an.

Auskunft: Höchste Tageswärme 23—26 ° in dieser Zeit.

6. (60.) Fall. Eine Frau war auf dem Markt von der Polizei aufgeschrieben worden, weil sie verdorbenes Gänsefleisch verkauft hatte. Sie behauptete sehr große Hitze.

Auskunft: Höchste Wärme nur 20 °.

7. (61.) Fall. Ein Wildschwein war im Walde angeschossen und verendet gefunden und an einen Wildhändler als gut verkauft worden. Doch stellte es sich bald als verdorben heraus. Der Verkäufer behauptete, es sei in der fraglichen Nacht 0 ° gewesen, das Wild also gut. Der Käufer aber meinte, es seien wenigstens 8—10 ° Wärme gewesen.

Auskunft: 10—15 ° Wärme.

8. (62.) Fall. Frisches Gänseklein soll dadurch verdorben sein, daß es ein Arbeiter des Gemüsehändlers in dem von ihm und seiner Frau bewohnten Schlafzimmer in einem zugedeckten Topf nachts aufbewahrt hatte.

Auskunft: 13—15 ° Wärme außen.

Welche Wärme im Zimmer war, läßt sich vom Wetterfachmann und nach seiner Auskunft gar nicht beurteilen; denn es kommt doch darauf an, ob vorher die Sonne hineinscheinen konnte oder ob warme Räume (Küche) darunter- oder danebenlagen.

9. (63.) Fall. Käse vom Allgäu nach Westfalen kam so an, daß er durch die Fugen der Kiste gelaufen war. Angeblich herrschte dauernd große Hitze.

Auskunft: Höchstwärme 27 °, aber nur ganz vorübergehend, sonst kühler.

10. (64.) Fall. War vom 30. Juli bis 1. August so große Hitze, daß 132 Zentner Himbeeren, die in großen etwa je 20 Zentner enthaltenden Fässern von Werder a. H. nach Königsberg i. Pr. gesandt wurden, einen Gewichtsverlust von $4^3/_4$ Zentner haben konnten?

Auskunft: Die Wärme lag mit 10—20° stets um mehrere Grade unter der normalen. Da auch Verdunstung vorliegen kann, so wurde noch mitgeteilt, daß die Luftfeuchtigkeit normal war, also nicht besonders große Verdunstung verursacht haben konnte.

11. (65.) Fall. Zwei Faß Moselwein kamen, wie Käufer behauptete, verdorben an, da in den Tagen der Versendung allzu große Hitze geherrscht habe.

Auskunft: Kühles, unternormales, nur am letzten Tage etwas übernormales Wetter.

Also offenbar ein Betrugsversuch des Käufers.

12. (66.) Fall. Öl in Fässern zeigte bei der Ankunft Mindergewicht. Die Entschädigungsforderung wurde vom Käufer zurückgewiesen, da durch große Hitze die Fässer undicht geworden seien.

Auskunft: Die Höchstwärme betrug an den Reisetagen 20—31°.

Diese Auskunft genügt aber nicht; denn in diesem Falle kam es auch darauf an, ob an den Tagen die Sonne schien und so die Güterwagen stark erhitzen konnte, wodurch es innen dann viel heißer als draußen im Schatten war. Die zeitweise hohe Wärme (bis 31°!) läßt annehmen, daß die Sonne viel geschienen hat.

13. (67.) Fall. Von der Eisenbahnverwaltung wurde eine Entschädigung dafür verlangt, daß ein Glasballon mit Branntwein gesprungen und ein Teil ausgelaufen war. Die Bahnverwaltung behauptete, der Branntwein habe sich durch Hitze so stark ausgedehnt, daß er den Glasballon gesprengt habe.

Auskunft: Am ersten Tage betrug die Höchstwärme 32,4°, am zweiten nur 23,5°.

Alkohol dehnt sich bei je 10° Erwärmung um rund 2 % seines Raumes aus. Enthält der Glasballon 30 Liter und war er bei 12° gefüllt, so hatte er sich bis 32° um 0,6 Liter ausgedehnt; da aber Branntwein gewöhnlich nur 30% Alkohol enthält, so beträgt, weil sich Wasser weniger ausdehnt, die Raumzunahme nur etwa 0,2 bis 0,3 Liter. Ob sie zum Sprengen des Glasballons genügt, vermag ich nicht zu sagen; aber sollte nicht eher der Pfropfen herausgehen?

14. (68.) Fall. War 1904 so große Hitze, daß die Brunnen auf dem Lande versiegten, und hatte sie Einfluß auf den Wasserstand in der Erde bis zu 21 m Bohrung?

Auskunft: Die erste Frage wird bejaht; für die zweite wird an die zuständige geologische Landesanstalt verwiesen.

Die Fragen sind insofern nicht richtiggestellt, als nicht die Hitze, sondern die Dürre, also der Regenmangel, in erster Linie am Versagen der Brunnen schuld war; die Hitze hat erst an zweiter Stelle durch Steigerung der Verdunstung dazu beigetragen. Die erste Antwort ist deshalb auch nicht ganz richtig gegeben worden, indem die Frage einfach beantwortet wurde; es hätte auf die schiefe Fragestellung aufmerksam gemacht werden müssen.

15. (69.) Fall. Haben die Wärmeschwankungen in der Zeit vom 1. Oktober bis 5. Dezember auf die bei Ausführung eines Daches verwendete Zinkeinfassung solchen Einfluß haben können, daß dadurch eine Lösung des hinter der Zinkeinfassung angebrachten Mörtelverstriches herbeigeführt sein kann?

Auskunft: Es wurden für jeden Tag die Grenztemperaturen mitgeteilt, aber ausdrücklich darauf hingewiesen, daß sie sich nur auf die Luft im Schatten beziehen, nicht aber denjenigen Wärmegraden entsprechen, die ein fester Körper durch Ein- und Ausstrahlung annehmen kann. Sie hängen in höchst verwickelter Weise von der Beschaffenheit und Lage des Körpers, von der Art seiner Anbringung, von der Luftbewegung und von der Bewölkung ab. Die endgültige Beantwortung der Frage ist Sache des Technikers.

b) Kälte, auch Kühle.

1. (70.) Fall. Ein Dachdeckergeselle war durch das Umrühren des heißen Asphaltes im Kessel stark erhitzt; er wurde plötzlich abberufen, um 200 bis 500 Schritte entfernt ein Dach zu besichtigen. Dabei will er sich erkältet haben und erblindet sein. Die Berufsgenossenschaft, bei der er eine Rente beantragte, behauptete, es sei warm und schön gewesen.

Auskunft: Die Wärme war 1—2 ° unternormal; es war, da der 1. Mai in Frage kam, also kühl, wie der Kläger behauptet hatte.

2. (71.) Fall. Ein Zimmergeselle führte die Schwächung seiner Sehkraft darauf zusück, daß er sich am 6. und 7. Juli beim Fußbodenaufreißen in einem Umbau infolge der übermäßigen Hitze stark erhitzt und darauf plötzlich erkältet habe.

Auskunft: Höchstwärme 23,5 ° am 6. und 17,3 ° am 7. Juli. An beiden Tagen herrschte starke Bewölkung und mäßiger bis starker Wind. Am 6. um 2 Uhr fiel die Temperatur bei einem Gewitterregen von 22 auf 17 °.

3. (72.) Fall. Ein Arbeiter will beim Dungstreuen die Finger erfroren haben.

Auskunft: — 17 °.

4. (73.) Fall. Ein Kutscher erfror beide Hände.

Auskunft: — 5 ° früh, dann kälter bis — 15 ° abends.

5. (74.) Fall. Ein Arbeiter erfror bei der Fahrt über Land drei Zehen.

Auskunft: — 14 ° bis — 18 °. Die Kälte trat aber nicht plötzlich ein, sondern bestand schon vorher, so daß wohl Vorsorge hätte getroffen werden können.

6. (75.) Fall. Ein Arbeiter hatte den linken Fuß erfroren und verlangte Rente. Er hätte bei Frost und nassen Füßen Kohlen schaufeln müssen.

Auskunft: Es war strenger Frost.

7. (76.) Fall. Ein Arbeiter will die Finger beim Holzaufladen erfroren haben. Die landwirtschaftliche Berufsgenossenschaft nahm aber an, daß es vor oder nach dieser Arbeit geschehen sei, d. h. bei einer nicht bei ihr versicherten Tätigkeit.

Auskunft: — 9° bis — 14° vor, bei und nach der Arbeit.

8. (77.) Fall. Ein Arbeiter starb am Herzschlage. Die Berufsgenossenschaft fragte zur Beurteilung der Todesursache wegen etwaiger Hinterbliebenenrente, wie die Temperatur war.

Auskunft: — 1½°.

9. (78.) Fall. Eine Leiche lag vom 9.—12. Dezember, wo sie gefunden wurde, in ungeheiztem Zimmer. Zur Ermittlung der Todesart wurde gefragt, ob sie in diesen Tagen gefrieren konnte.

Auskunft: + 5°.

10. (79.) Fall. Ein Kind von zwei Jahren wurde im Walde tot aufgefunden. Nach ärztlichem Gutachten war es erfroren. Die Mutter wurde wegen Kindesaussetzung mit tödlichem Ausgange angeklagt.

Auskunft: Frost zwischen 0° und — 6° und leichter Schneefall.

11. (80.) Fall. Am 29. April wurde ein Kind sofort nach der Geburt nachts zwischen 2 und 3 Uhr in einer Tüte in den Müllkasten ausgesetzt. Es wurde von der Mutter offenbar erwartet, daß andere Leute Müll darauf werfen und es so ersticken würden. Der Arzt stellte fest, daß das Kind bald gestorben war, und zwar vermutlich an Lungenentzündung. Strafverschärfend würde es sein, wenn es in der Nacht kalt war.

Auskunft: Um	2	3	4	5	6	7	8	9	10	Uhr früh
	18°	18°	18°	17°	17°	19°	20°	23°	25°.	

Diese Auskunft genügt zwar insofern, als aus den hohen Graden hervorgeht, daß es in der Nacht nicht kühl war. Zur genauen Beurteilung aber der Frage, ob das noch sehr warme, neugeborene Kind sich nicht doch erkälten konnte, hätte gesagt werden müssen, ob diese Temperaturen außerhalb oder innerhalb des Ortes gemessen worden sind; denn in ersterem Falle wäre zu berücksichtigen, daß zwischen Außen- und Innenstadt ein Unterschied von mehreren Graden, zumal bei heiterem Himmel und Windstille, bestehen kann. Hing das Thermometer merklich höher als der Müllkasten, so konnte es bei solchem Wetter häufig oben höher als unten stehen.

12. (81.) Fall. Ein junger Mann hatte am 6. Januar einen Knaben aus einem Teich, der zugefroren war, gerettet. Um eine staatliche Anerkennung (Rettungsmedaille) für ihn zu erwirken, fragte der Landrat, wie war die Temperatur vor dem 6. und am 6. und wie stark war das Eis.

Auskunft: Vom 11.—16. und vom 20.—29. Dezember des Vorjahres herrschte Frost, so daß der Erdboden unter 0° abgekühlt war; dann war es am Tage bis zu 7° warm, aber nachts meist unter 0°, ebenso am 6. Während jener beiden Frostzeiten konnte sich eine Eisdecke bilden, die bis zum 6. etwas abschmolz und am 6. wohl nur dünn war.

Wäre die Eisdecke sehr stark, also tragfähig gewesen, so konnte die Rettung des Knaben ohne große Lebensgefahr des jungen Mannes ausgeführt werden, und dann würde die Auszeichnung nicht erteilt worden sein. Nach obiger Auskunft bestand aber sicherlich für den Retter Lebensgefahr.

13. (82.) Fall. Ein Ziegelbrenner ertrank am 25. Januar beim Wege über die zugefrorene Havel, und die Witwe forderte Rente. Am 16. soll Tauwetter eingetreten sein. Bis zum 20. hatte eine Brauerei dort geeist; dann sollen die abgeeisten Stellen wieder schwach zugefroren sein, wodurch sich der Arbeiter wohl täuschen ließ.

Auskunft: Die Lufttemperatur lag am 16. bis 19. mittags wohl etwas über, nachts aber unter Null; vom 20. bis 24. herrschte Frost zwischen — 1° und — 8°; am 25. war früh — 9°, mittags + 1°. Wassertemperaturen werden dort nicht bestimmt, wohl aber die Wärme der obersten Bodenschicht im nahen Potsdam; deren Temperatur lag vom 16.—19. mittags etwas über, vom 20.—25. unter 0°. Vom 16.—25. fielen ab und zu Schneeflocken.

Offenbar war die Brauerei haftbar; denn nach § 29 Nr. 2 des Feld- und Forstpolizeigesetzes vom 1. April 1880 ist strafbar, wer es unterläßt, Öffnungen, die er in Eisflächen gemacht hat, durch deutliche Zeichen zur Warnung vor Annäherung zu verwahren (vgl. auch Strafgesetzbuch für das Deutsche Reich § 367,12). Vermutlich handelte es sich hier um einen sog. „Eisweg", der im Winter bei tragfähiger Eisdecke an die Stelle einer Fähre oder Furt tritt.

14. (83.) Fall. Auf das Betreiben seiner Frau denunzierte den Ehemann das Kindermädchen wegen wiederholter unsittlicher Berührung, und er wurde bestraft. Das Wiederaufnahme-Verfahren, das der Inhaftierte betrieb, wurde auf Grund der uneidlichen Aussage der Frau und ihres Geliebten abgewiesen, da beide behaupteten, vom 1. bis 18. Februar täglich mit ihm auf der Eisbahn gewesen zu sein. Tatsächlich sei die Eisbahn aber spätestens schon am 10. wegen Tauwetters geschlossen worden. Der Besitzer kann sich angeblich nicht mehr besinnen, wann sie geschlossen wurde. Wie war das Wetter vom 1. bis 18. Februar?

Auskunft: Bis zum 3. und vom 7. ab über 0°, vom 4.—6. bis zu — 11°. (Vgl. hierzu die Ausführungen S. 193.)

15. (84.) Fall. Am 9. November fiel jemand in einen ausgeworfenen Graben und verunglückte. Der haftpflichtige Bauunternehmer behauptete, es sei mehrere Wochen lang solcher Frost gewesen, daß die Erde gefroren war und der Graben nicht hat zugeworfen werden können.

Auskunft: Vom 20.—24. Oktober und vom 2.—9. November herrschte Frost, dazwischen aber Tauwetter, so daß der Graben Ende Oktober wohl hätte zugeworfen werden können.

16. (85.) Fall. Am 16. November zwischen 4 und 4½ Uhr ist in einer Scheune in dem Dorfe B. Feuer entstanden, das der Angeschuldigte angelegt haben soll. Er räumt ein, kurz zuvor hinter der Scheune gewesen zu sein, will aber nur Obst gesucht haben. Tatsächlich fanden sich im Garten, der nicht von Gebäuden umschlossen ist, einige nicht mehr frische Spuren, die der Angeschuldigte als von ihm herrührend bezeichnete. Am Abend hat Frost geherrscht. Ob das Erdreich bereits am Nachmittage gefroren war, hat sich bisher nicht mit Sicherheit feststellen lassen. Der zuständige Gendarm ist etwa ¾ Stunden nach Ausbruch des Feuers auf der Brandstelle erschienen und ist der Ansicht, daß der Boden bereits derartig gefroren war, daß das Pferd nicht durchtrat. War nun der Erdboden gegen 4 Uhr nachmittags bereits so gefroren gewesen, daß deutliche Abdrücke eines mit Stiefeln bekleideten Männerfußes darin nicht mehr zurückblieben? Das Gartenland ist nicht gerade schwerer Boden.

Auskunft: Da Frost vorher längere Zeit herrschte, war der Boden schon früh sicherlich gefroren; auch am 16. selbst wurde der Gefrierpunkt nicht überschritten. Niederschläge fielen nicht. Wie fest der Boden gefroren war, kann vom Wetteramt nicht angegeben werden.

Es folgen nun Beispiele, bei denen Ware beim Versenden durch Kälte gelitten hatte oder haben sollte.

17. (86.) Fall. Nach der Auskunft über die Lufttemperatur von Mitte Februar bis Mitte April soll beurteilt werden, ob junge Karpfen, sog. Karpfensamen, wegen Überfüllung des Behälters bereits vor dem 15. April oder erst nachher abgestorben sind. Die Fische hätten bis zum 15. April vom Käufer abgenommen werden sollen, wurden es aber nicht und kamen um.

Auskunft: Meist kühl, nur einzelne Tage mäßig (bis 14°) warm.

Während bei der Versendung von lebenden Tieren die Vorsichtsmaßregeln nicht einheitlich festgesetzt werden, teils weil solche Versendung immerhin seltener und verschiedenartiger als die von toter Ware ist; teils weil lebende Ware im allgemeinen gegen Frost und Hitze weniger empfindlich ist; teils weil vielen wertvolleren Tiersendungen Begleiter beigegeben werden. Bei der Versendung durch die Eisenbahn kommt § 459, 5 und 6 des Handelsgesetzbuches vom 10. Mai 1897 in Betracht. Bei toter Ware gibt es dagegen eine ganze Reihe von den Handelskammern festgesetzter Vorschriften für den Wetterschutz, die auch häufig in den Kaufvertrag aufgenommen werden; denn nur dann hat § 447 des Bürgerlichen Gesetzbuches Geltung; es heißt darin:

„Hat der Käufer eine besondere Anweisung über die Art der Versendung erteilt und weicht der Verkäufer ohne dringenden Grund von der Anweisung ab, so ist der Verkäufer dem Käufer für den daraus entstehenden Schaden verantwortlich."

So heißt es in den Berliner Handelsgebräuchen für den Handel mit Kartoffeln, Rüben usw., daß diese Feldfrüchte im allgemeinen bei frostfreiem Wetter, allenfalls bei höchstens —2° verladen werden dürfen. Bei den Vorschriften für den Obst-, Gemüse- und Südfruchthandel vom Jahre 1918 lautet § 9:

„Frostverpackung. Vom 1. November bis 15. März muß jede Wagenladung Obst, Gemüse oder Südfrüchte mit Langstroh oder dergleichen vor Frost geschützt werden. Der Verkäufer kann für die Frostverpackung 15 ℳ für die Wagenladung in Rechnung stellen. Bei der Gewichtsberechnung der Ware sind hierfür 200 kg abzuziehen."

Das gilt für den Verkäufer. Für den Spediteur heißt es in den ebenso vereinbarten „Handelsgebräuchen im Verkehr mit den Spediteuren Groß-Berlins" vom Jahre 1917:

„§ 32. Für die zur Erhaltung des Gutes etwa erforderlichen Maßnahmen haftet der Lagerhalter nur auf Grund besonderen schriftlichen Antrages . . ., so bei Schäden, die durch Frost, Hitze oder andere atmosphärische Einflüsse zurückzuführen sind."

Auf einige andere Punkte wird bei den folgenden Beispielen noch eingegangen werden. Jeder aber, der aus einem Handelsgeschäft „einem andern zur Sorgfalt verpflichtet ist, hat für die Sorgfalt eines ordentlichen Kaufmannes einzustehen" (§§ 347 und 429 des Handelsgesetzbuches für das Deutsche Reich vom 10. Mai 1897).

18. (87.) Fall. Kartoffeln kamen erfroren an. War es kaufmännisch unsachgemäß, in jenen Tagen Kartoffeln in einem einfachen Faß ohne Strohverpackung zu versenden?

Auskunft: Die Lufttemperatur lag dauernd zwischen 0° und — 10°.

19. (88.) Fall. Kartoffeln kamen erfroren an. Abnahme wurde verweigert. Für die Entscheidung, sagte der Rechtsanwalt, ist es wichtig, festzustellen, ob es dem Kläger als Fahrlässigkeit angerechnet werden kann, daß er Vorkehrungen zum Schutze gegen Kälte unterließ, ob er also bei Anwendung der Sorgfalt eines ordentlichen Kaufmannes mit der Möglichkeit des Eintrittes von Frost in solcher Stärke rechnen mußte, daß die Kartoffeln bei der Beförderung durch die Kälte Schaden leiden konnten.

Auskunft: Es herrschte schon Frostwetter beim Aufladen.

Die Frage, ob mit der Möglichkeit des Frostes zu rechnen war, scheidet sich strenggenommen in zwei, nämlich einerseits, ob man erfahrungsgemäß in dieser Zeit Frost erwarten mußte, und anderseits, ob die augenblickliche Wetterlage Frost in den nächsten Tagen in Aussicht stellte. Ersteres ist eine Klimafrage, die bei uns für die eigentlichen Wintermonate Dezember, Januar und Februar unbedingt, für November und März bedingt zu bejahen ist. In solchen Gegenden, wo bereits im Oktober und auch noch im April oft Frost eintreten kann, wird ausgedehnterer Kartoffelbau und -versand kaum getrieben. Die zweite Frage gehört in das Gebiet der Wettervorhersage, könnte also für den Verkäufer nur insofern in Betracht kommen, als er sich bei der nächsten Wetterdienststelle (S. 19) erkundigen sollte. Indessen wird ihm das nur dann nützen, wenn die ganze Beförderung in zwei bis höchstens drei Tagen beendet ist; denn auf eine längere Zeit kann niemand das Wetter mit praktisch brauchbarer Gewißheit vorhersagen; diejenigen Außenseiter, die es doch unternehmen, suchen sich gegen Fehlschläge stets dadurch zu decken, daß sie eine Verfrühung oder Verspätung um einen oder mehrere Tage durch verstärkten oder abgeschwächten Mondeinfluß und dergleichen bequeme Ausreden erklären.

20. (89.) Fall. 4 Bahnwagen Saatkartoffeln kamen vollständig erfroren an, und deshalb wurde die Annahme verweigert. Der wegen Zahlung verklagte Käufer sagte, sie müßten bereits bei Frost verladen worden sein, denn selbst bei strengstem Frost leiden die Kartoffeln nicht derart, daß auch die in der Mitte liegenden erfrieren.

Auskunft: An allen vier Tagen war beim Verladen strenger Frost.

21. (90.) Fall. L. kaufte am 3. November von H. 200 Zentner Kartoffeln und bestellte den Eisenbahnwagen zum 5. Am Morgen des 5. wurden die Säcke mit Kartoffeln auf 4 Arbeitswagen geladen, um zur Bahn gefahren zu werden. Da die Bahnverwaltung den Wagen erst am 6. stellte, wurden die Kartoffeln auf den 4 Wagen mit Planen und Strohbunden (3½ Zentner) zugedeckt. Am 6. nachmittags wurden sie auf der Bahn verladen. Dann ließ der Käufer wegen eines Ferngespräches den Güterwagen eine halbe Stunde lang offen und deckte dann erst die Säcke mit Stroh zu. In der Nacht zum 7. trat strenger Frost ein, wodurch die Kartoffeln erfroren. Der Käufer weigerte sich, zu zahlen, da die Kartoffeln schon auf dem Hofe des Verkäufers und auf dem Wege zum Bahnhof erfroren seien.

Auskunft: Am 3.—5. November mittags bis + 4°, nachts bis — 3°; am 6. mittags + 2°, dann Sinken des Thermometers bis auf — 10° in der Nacht; am 7. mittags 0°.

Während der Eisenbahnwagen noch offen stand, trat also schon Frost ein; der Frost in der Nacht zum 6. wird kaum geschadet haben.

22. (91.) Fall. Bei einer Bahnsendung gefüllter Korbflaschen kam ein Teil zersprungen und ausgelaufen an. Die Bahnverwaltung behauptet, daß strenger Frost schuld sei.

Auskunft: Nein, denn nur an einem Tage wurde leichter Frost (bis -2^{0}) beobachtet.

Durch Frost werden die Flaschen nur dann gesprengt, wenn Wasser oder eine wässerige Lösung darin ist; denn fast allein Wasser hat die Eigenschaft, daß es sich bei der Abkühlung bis zu $+4^{0}$ zusammenzieht, dann aber wieder ausdehnt. So nimmt ein Liter Wasser bei der Abkühlung von $+4^{0}$ auf 0^{0} um 0,93 ccm an Raum zu, eine Korbflasche von rund 50 Liter also um 4,65 ccm und bei Abkühlung bis auf -10^{0} um 9,3 ccm. Erstarrt es aber zu Eis — und das wird es sofort, da es im fahrenden Eisenbahnwagen nicht diejenige Ruhe hat, bei der es selbst noch bei -13^{0} flüssig bleiben kann —, so dehnt es sich rasch um etwa 9% aus, d. h. aus 50 Liter werden 54,5 Liter; nimmt man die Korbflasche als Kugel an, so würde sie bei 50 Liter einen Durchmesser von 45,7 cm, bei 54,5 Liter aber von 47 cm haben. Eine solche Ausdehnung um mehr als 1 cm wird das Glas meist nicht aushalten und springen.

23. (92.) Fall. Ein Kanal durchschnitt einen See, dessen Besitzer eine Entschädigung auch für den ihm entgehenden Gewinn aus der Abeisung verlangte. Die Kanalverwaltung bestritt die Möglichkeit der Eisgewinnung, zumal der See hohe Ufer mit hohen Bäumen habe und daher so geschützt liege, daß sich dort Eis schwerer gebildet hätte als auf einem frei dem Winde ausgesetzten See. War der See in jedem Winter zur Eisgewinnung auszunutzen, wenn die nötigen Einrichtungen (Maschinen, Schuppen, Hilfskräfte) vorhanden waren?

Auskunft: Die Möglichkeit der Eisgewinnung bestand in jedem Winter, zumal gerade in einem geschützt liegenden See die Eisbildung durch Ruhe des Wassers und Sammlung der durch Ausstrahlung abgekühlten Luft günstiger ist als auf einem durch Wind bewegten Wasser.

24. (93.) Fall. War im Jahre 1890 bereits in den ersten Dezembertagen am Rhein Frostwetter, so daß die baldige Hinderung der Schiffahrt und das Sinken des Wasserstandes vorauszusehen war?

Auskunft: Vom 25. November bis 2. Dezember war Frost, vom 3. bis 6. Dezember 0^{0} und vom 7.—19. strenger Frost.

25. (94.) Fall. War das Wetter so, daß die Netze binnen acht Tagen so einfrieren konnten, daß die Schiffahrt eingestellt werden mußte?

Auskunft: Kein Frost vom fraglichen Tage ab. Vielleicht hielt sich eine

Eisdecke noch von der vorangegangenen Frostzeit her, doch kann darüber nur die zuständige Wasserbehörde Auskunft geben.

Derartige Anfragen werden oft gestellt. Gewöhnlich handelt es sich darum, daß Schiffe mit ihren Ladungen eingefroren sind und die Lieferung deshalb sehr verzögert wurde. Der Besitzer der Ladung ging dann klagend gegen den Schiffer vor, indem er annahm, daß dieser den Frost und die Eisbildung hätte vorhersehen und dann schneller fahren können, z. B. durch Annahme eines Schleppers, oder aber rechtzeitig einen Umschlaghafen aufsuchen sollte, wo die Ware bei Eisbildung der Bahn übergeben werden konnte.

Wenn im 93. Fall von dem zu erwartenden Sinken des Wasserstandes gesprochen wurde, so erklärt sich das durch die Bildung einer Eisdecke; denn einerseits wird dadurch eine große Wassermasse gebunden, die nun nicht abfließen kann, und anderseits der Raum für das darunter noch fließende Wasser so beschränkt, daß weiter unten der Wasserstand sinken muß.

Hinsichtlich der Frage, ob der Schiffer das Frostwetter hätte vorher erkennen können, verweise ich auf die Erörterungen zum 88. Fall (S. 79).

26. (95.) Fall. War die Spree in Berlin am 9. und 16. Januar, besonders zwischen dem Reichstagsufer und dem Schiffbauerdamm, mit Eis bedeckt oder war mindestens so viel Treibeis vorhanden, daß es der Schiffahrt hinderlich war?

Auskunft: Vom 19. Dezember bis zum 1. Januar war strenger Frost, dann Tauwetter. Es war somit nicht ausgeschlossen, daß am 9. und 16. noch Treibeis, stellenweise vielleicht noch eine Eisdecke war.

27. (96.) Fall. Herrschte auf der Elbe bei W. bis zum 22. Januar milde Witterung und waren am 22. selbst 9° Wärme? Trat dann plötzlich und unvorhergesehen ein derartiger Wettersturz ein, daß strenger Frost herrschte? War dabei die Eisbildung derart, daß die Gefahr des Einfrierens für die Kähne entstand?

Auskunft: Bis zum 20. lag die Temperatur nicht unter 0°, aber doch so dicht darüber, daß + 9° ausgeschlossen sind. Am 21. um 7 Uhr früh wurden — 2°, abends schon — 13° beobachtet, am 22. — 14° und am 23. sogar — 16°. Die Gefahr des Einfrierens bestand am 22. sicherlich.

28. (97.) Fall. Bei Flößerei war Streit wegen der nicht rechtzeitigen Lieferung des Holzes entstanden, und es wurde gefragt, wann die Bedingung des „erst offenen Wassers" eingetreten ist.

Auskunft: Da die Eisdecke auf Flüssen und Kanälen nicht Gegenstand des Arbeitskreises der Wetterbehörde ist, so wurde an die Wasserbehörde verwiesen.

Unter obiger Bedingung ist zu verstehen, daß nach dem Kaufvertrag das Anflößen bei dem ersten offenen Wasser erfolgen soll. Dieser Eisaufgang hat in den von der Berliner Handelskammer festgesetzten „Handelsgebräuchen im Holzhandel" vom Jahre 1918 noch eine weitere Bedeutung; dort heißt es:

„Die Feststellung der Gesundheit des Holzes hat am Ablieferungsort zu erfolgen, und zwar bei im Wasser liegenden Floßhölzern längstens innerhalb 6 Wochen vom Tage der Ablieferung an, bei Floßhölzern, die im Eise liegen, innerhalb 6 Wochen nach Eisaufgang, spätestens jedoch am nächsten 1. Mai."

29. (98.) Fall. In einem See wurde großes Fischsterben beobachtet, vermutlich durch Mangel an Sauerstoff, weil der See lange eine Eisdecke getragen hatte und es versäumt worden war, durch Löcher Luft dem Wasser und den Fischen zuzuführen. Der See sollte einen halben Monat hindurch eine 25 bis 30 cm dicke Eisdecke getragen haben.

Auskunft: In der ersten Monatshälfte war so strenger Frost, daß sich eine starke Eisdecke bilden konnte; nachher war der Frost gelinder, ging aber nicht in Tauwetter über, so daß sich die Eisdecke eher noch verstärken konnte. Wie dick sie war, vermag das Wetteramt nicht zu beurteilen, aber vielleicht kann das zuständige Wasserbauamt Auskunft geben.

30. (99.) Fall. In einem kleinen Orte waren die Straßenrinnen zugefroren. Um der Polizeistrafe für das Nichtoffenhalten zu entgehen, mußten die Straßenanlieger nachweisen, daß anhaltender Frost geherrscht habe, denn nur dann sind sie nach der Ortsvorschrift nicht verpflichtet, die Rinnen aufzuhacken.

Auskunft: An 9 Tagen hintereinander betrug die niedrigste Tagestemperatur unter 0 °, so daß der Boden stark abgekühlt war und sich eine Eisdecke auf dem Rinnwasser halten konnte.

31. (100.) Fall. Zwei schwere Dampfpflüge durchfuhren nachts eine Landstraße und sollen das Pflaster beschädigt haben. Die Besitzer bestritten das und behaupteten, daß der Boden durch Frost fest geworden sei.

Auskunft: Bis zu dem der betreffenden Nacht vorangehenden Morgen herrschte ziemlich starker Frost, und am Tage stieg die Luftwärme nur wenig über 0 °, so daß der Boden sehr wahrscheinlich noch fest gefroren war.

32. (101.) Fall. War zu Anfang November schon Frostwetter eingetreten, so daß Umpflügen von 600 Morgen Acker mit dem Dampfpflug nicht mehr möglich war?

Auskunft: Nur am 5. — 2 °, sonst über 0 °.

Sehr häufig sind Anfragen, ob Frost geherrscht habe, da Bauarbeiten nicht rechtzeitig ausgeführt wurden. Zum Teil handelt es sich da um Fälle, in denen sich der Bauunternehmer geschädigt fühlt; öfter aber wird auch der Versuch gemacht, durch die Behauptung, der Maurer- oder Zimmermeister habe ohne Zwang an einigen Tagen nicht arbeiten lassen, entweder die vereinbarte Bausumme herabzudrücken oder einen mehr oder weniger großen Teil einer Vertragsstrafe zu erlangen. Vereinzelt will sich sogar der Bauunternehmer, namentlich wenn er in Geldschwierigkeiten geraten ist, unter einem sich auf solche angebliche Versäumnis stützenden Vorwande ganz seinen Verpflichtungen entziehen. Dieser Fall trat einmal in Berlin ein, wo der Unternehmer behauptete, der Maurermeister habe an verschiedenen Tagen ohne Grund nicht arbeiten lassen, und deshalb könne er ohne Zahlung vom ganzen Vertrage zurücktreten; beide wandten sich an das Wetteramt, das nach den Aufzeichnungen seiner Beobachter angab, es habe an all den fraglichen Tagen mehr als 4° Frost geherrscht. Maurerarbeiten können nämlich nur bis zu —4° hergestellt werden, weil schon unter —5° „die zur Erhärtung des Mörtels notwendigen chemischen Reaktionen nicht mehr eintreten; hier bedarf es daher, wenn man nicht vorzieht, mit den Mauerarbeiten auszusetzen, einer Erwärmung des Anmachewassers und der Steine".[1]) Deshalb steht in den neuesten Baupolizeiverordnungen, z. B. in § 21, 2 derjenigen für die Vororte von Berlin vom 30. Januar 1912 (mit Zusatz vom 10. Mai 1918), daß Mauerarbeiten im Freien bei einer Kälte von mehr als 4° C nicht ausgeführt werden dürfen. Unter normalen Verhältnissen ist es sogar üblich, nur bis zu 0° zu mauern.

In dem Runderlaß des preußischen Ministers der öffentlichen Arbeiten vom 24. Mai 1907 über Eisenbeton bei Hochbauten heißt es auszugsweise:

„§ 9. 1. Bei Frostwetter darf nur in solchen Fällen gearbeitet werden, wo schädliche Einwirkungen des Frostes durch geeignete Maßnahmen ausgeschlossen sind. Gefrorene Baustoffe dürfen nicht verwendet werden.

2. Nach längeren Frostzeiten darf beim Eintritt milderer Witterung die Arbeit erst wieder aufgenommen werden, nachdem die Zustimmung der Baupolizeibehörde dazu eingeholt ist.

§ 10. 1. Bis zur genügenden Erhärtung des Betons sind die Bauteile gegen die Einwirkungen des Frostes zu schützen.

5. Tritt während der Erhärtungsdauer Frost ein, so sind mit Rücksicht darauf, daß die Erhärtung des Betons durch den Frost verzögert wird, die Erhärtungsfristen um die Dauer der Frostzeit zu verlängern.

§ 11. Über den Gang der Arbeiten ist ein Tagebuch zu führen. Frosttage

---

[1]) M. Förster, Baumaterialienkunde, Leipzig 1903—12, S. 660. Nach Auskunft des preußischen Staatlichen Materialprüfungsamtes ist es auch üblich, dem Mörtel oder Beton Soda zuzusetzen.

sind darin unter Angabe der Kältegrade und der Stunde ihrer Messung besonders zu vermerken."

Hierzu ist noch zu bemerken, daß der Begriff Frostwetter mehrdeutig ist; denn es kann darunter verstanden werden, daß die Temperatur dauernd, auch mittags, unter 0° liegen soll, oder aber nur, daß sie täglich wenigstens zeitweise (in der Regel ist es im Winter morgens der Fall) unter 0° sinkt. Vermutlich ist ersteres anzunehmen.

Nicht unbedenklich endlich ist die Bestimmung in § 11, daß der Bauunternehmer selbst die Kältegrade bestimmen soll. An sich erscheint das sehr einfach, indem ein Thermometer aufgehängt und täglich abgelesen wird. Da aber die Temperatur der Luft gerade im Winter, wo die kalte und mithin schwere Luft sich unten lagert, oft von unten nach oben hin schnell zunimmt, so kann das Thermometer je nach der Höhe über dem Erdboden um mehrere Grade verschieden anzeigen. Da ferner nicht vorgeschrieben ist, daß immer zu derselben Tagesstunde abgelesen werde, so kann man bei dem vormittags oft raschen Anstieg ebenfalls verschiedene Grade erhalten. Am besten wäre es, wenn vorgeschrieben würde, daß das Thermometer an einem Pfahl 1 (oder 2) m vor dem Bau in 1,50 m Höhe aufgehängt und täglich um 8 Uhr früh abzulesen ist.

83. (102.) Fall. Ein wegen Bauschaden verklagter Unternehmer behauptete, der Winter sei so streng gewesen, daß es unmöglich gewesen sei, in einem Neubau das Dach durch Unterstreichen der Ziegel und Herstellung der Anschlüsse an Schornsteine zu dichten.

Auskunft: Es gab im Dezember 2½, im Januar 2 Wochen und im Februar 1 Woche mit Frost (es wurden die Tage mit Frost und seine Stärke mitgeteilt).

84. (103.) Fall. Konnte in der Zeit zwischen 11. und 14. April in einem offenen Neubau neu hergestellter Wandputz abfrieren?

Auskunft: Die niedrigsten Temperaturen betrugen am 11. — 2,4°, am 12. — 2°, am 13. — 4,4° und am 14. + 2,1°.

85. (104.) Fall. Ein Haus zeigte Risse, und der Besitzer gab dem nahen Bergbau schuld. Der Bergwerksbesitzer aber meinte, Ursache sei die mangelnde Frostsicherheit der Grundmauern; sie reichten zwar meist über 1 m tief, aber an der Nordseite, also an der Hauptfrostseite, nur 80—90 cm. Darauf sei der Schaden zurückzuführen. Geht der Frost tiefer als ½ m?

Auskunft: Der Bodenfrost dringt in dortiger Gegend selten tiefer als 80 cm.

86. (105.) Fall. In einem Lagerkeller platzte ein Rohr und beschädigte viel Ware. Der Wirt, der eine Entschädigung zahlen sollte, verweigerte sie, indem er strengen Frost als Ursache angab.

Auskunft: Die Temperatur schwankte zwischen + 4° und — 4°.

Die Angaben beziehen sich auf die Temperatur der Außenluft. Im Keller ist es erfahrungsgemäß noch wärmer, so daß nur ein ganz mäßiger Frost im Keller geherrscht haben kann, jedoch nur dann, wenn das Kellerfenster geschlossen war. War es offen, so ist die Frostgefahr größer gewesen; denn die Angaben der Lufttemperatur beziehen sich auf mindestens 2 m Höhe über dem Erdboden, während es im Winter bei windstillem, klarem Wetter unten an dem Erdboden um mehrere Grade kälter sein kann. Die Frostgefahr wird aber dadurch wieder verringert, daß im Wasser oder Hausabflußrohr die Flüssigkeit sehr selten stillsteht, höchstens in den späten Nachtstunden, und das Gefrieren durch die Bewegung sehr verzögert oder ganz aufgehoben wird.

37. (106.) Fall. Am 4. Januar platzte in einer Wohnung das Rohr der Wasserleitung, und die Wohnung wurde so überschwemmt und beschädigt, daß sie geräumt werden mußte. Der Mieter verklagte den Wirt, der behauptete, es habe eine lange Zeit strengen Frostes vorher geherrscht.

Auskunft: Schon seit mehr als einer Woche lag die Lufttemperatur zwischen — 5 ° und — 11 °.

Da die Wasserrohre häufig in der Wand zwischen dem ungeheizten Treppenhause und der Küche liegen, ist die Möglichkeit des Einfrierens besonders in der Nacht bei Ruhe in der Wasserentnahme (s. vorige Bemerkung) groß. Ob schwaches Laufenlassen des Wassers im obersten Stockwerk während der frostgefährlichen Nachtstunden das Einfrieren und damit Kosten verhüten kann, wäre zu prüfen.

38. (107.) Fall. Ein Mieter hatte den Heizkörper in einem unbenutzten Zimmer längere Zeit abgesperrt. Dann zeigte dieser Risse, die der Wirt auf Frost während der Absperrzeit zurückführte; er verlangte Schadenersatz. Der Mieter behauptete, es sei kein Frost gewesen.

Auskunft: Die Außentemperatur schwankte zwischen — 8 ° und — 22 °

39. (108.) Fall. In einem Hause war die Warmwasserheizungsanlage im Keller eingefroren. Der Wirt beschuldigte den Pförtner, er habe das Fenster offen gelassen und dadurch sei das Einfrieren möglich gewesen. Der Pförtner gab zu, das Fenster nicht geschlossen zu haben, aber es sei kein Frost gewesen.

Auskunft: — 4 ° bis — 6 °.

40. (109.) Fall. Zwei Hausbesitzer hatten ihre Häuser getauscht. Der eine verklagte dann den andern, daß er ihn über die hohen Kosten der Zentralheizung falsch unterrichtet habe; der andere wandte dagegen ein, daß der Winter 1908/09 ausnahmsweise streng gewesen sei. Wie kalt war dieser Winter?

Auskunft: Große Kälte, bis — 16 °, trat zwar nur einmal ein; da aber schon die erste Hälfte des Novembers und auch noch der März viele kalte Tage hatte, muß der Winter als unternormal gelten.

41. (110.) Fall. Ein Hauswirt wurde verklagt, weil er die Zentralheizung im Frühling zu früh eingestellt hätte.

Auskunft: Es wurden die Grenztemperaturen für die letzten Wochen mitgeteilt.

Zu beachten war noch, daß bei der sehr großen Bewölkung die Sonne selten scheinen konnte und deshalb für die natürliche Erwärmung nicht in Betracht kam.

Nach verschiedenen gerichtlichen Entscheidungen, so des Kammergerichts von 1909 (2 U 7445), muß der Hauswirt bei Zentralheizung von 7½ Uhr früh bis 12 Uhr nachts die Wohnräume auf 15° R (19° C) halten. Die sog. Heizperiode, d. h. die Zeit, in der geheizt werden muß, wenn es in den Räumen dauernd 15° nicht gab, reichte früher gewöhnlich vom 1. Oktober bis 30. April, jetzt wird Anfang und Ende von der Kohlenstelle jeweils festgesetzt. In höher gelegenen Orten muß diese Zeit naturgemäß länger sein als in der Ebene, wo der Winter kürzer ist.

4. Wasserdampfgehalt der Luft (Luftfeuchtigkeit).

Über die Maßeinheiten der Luftfeuchtigkeit ist bereits S. 13 einiges gesagt worden; S. 30 wurde auch schon darauf hingewiesen, daß besonders in Landwirtskreisen der Ausdruck Luftfeuchtigkeit statt Niederschlag gebraucht wird. Während man aber diesen Niederschlag unmittelbar sehen kann, ist man bei dem, was der Wetterkundige Feuchtigkeit nennt, nur darauf angewiesen, nach der Wirkung zu urteilen; denn wir verstehen darunter den Wasserdampfgehalt der Luft, den man nicht ohne weiteres sehen kann, sondern nur dann, wenn er Nebel bildet. Er wechselt je nach dem Wetter. Meerwind ist stets feuchter als Landwind.

Es gibt nun eine große Zahl von Stoffen, die den Wasserdampf der Luft in mehr oder weniger großer Menge aufsaugen, ohne sich jedoch mit ihm chemisch zu verbinden, und dann seine Anwesenheit durch besondere Eigenschaften zeigen; man nennt sie hygroskopische Stoffe. So werden bekanntlich alle Haare in feuchter Luft weicher, weshalb z. B. die Bartform „Es ist erreicht“ bei nebligem Wetter schnell dahinschwand.

Feuchte Luft ist aus gleichem Grunde auch manchen Waren, wie Salz, Zucker, Wolle, Leder, Tapeten, Bücher usw. gefährlich: jene zerfließen, diese schimmeln. Durch höhere Feuchtigkeit werden manche Waren, z. B. alle Webstoffe schwerer, und deshalb bestehen im Woll-, Seide- und Federnhandel sog. Konditionieranstalten, die den Feuchtigkeitsgehalt der Ware bestimmen und danach das wahre Handelsgewicht festsetzen.

Den Feuchtigkeitsgehalt der Luft kann man auf viele verschiedene Weisen messen; nur die zwei verbreitetsten seien genannt, nämlich mit Hygrometer und Psychrometer. Das Hygrometer besteht aus einem (oder mehreren) entfetteten Frauenhaar, das oben befestigt und unten um die Achse eines Zeigers gewickelt ist, der vor einer Skala von 0 bis 100% spielt. Je höher die Feuchtigkeit ist, um so mehr füllen sich die Haarzellen mit Wasserdampf und strecken das Haar; der Zeiger geht dann nach 100% zu und gibt bei 100 an, daß die Luft ganz mit Wasserdampf gesättigt ist. Steigt die Luftwärme, so geht der Zeiger von 100% weg, weil wärmere Luft eine größere Menge Feuchtigkeit aufnehmen kann. Da das Haar seine Länge allmählich ändert, muß das Haarhygrometer oft geprüft werden. Das Psychrometer ist zuverlässiger, aber auch schwieriger zu bedienen; es besteht aus zwei Thermometern, von deren einem die Kugel dünn mit Musselin umwickelt und dann befeuchtet wird. Durch die Verdunstung wird der Kugel Wärme entzogen, und das Quecksilber sinkt eine Weile. Sobald es stillsteht, liest man den Stand an beiden Thermometern ab und erhält mit diesen beiden Graden aus einer Tafel die absolute und relative Feuchtigkeit.

1. (111.) Fall. In einem Archivneubau soll Zentralheizung angebracht werden; der Direktor fürchtet, daß dadurch fortwährend feuchte Luft durch Fenster und Mauer von außen eingesogen werde und die Urkunden leiden müssen.

Auskunft: Die Beantwortung sollte ein Heiztechniker geben. Erfahrungsgemäß wird durch die Zentralheizung die Luft eher zu trocken.

Die Annahme des Direktors beruhte auf der irrigen Vorstellung, daß die eingedrungene feuchte Luft ihren Wasserdampfgehalt innen absetze und dann trockener entweiche; tatsächlich wird aber die Luft durch die Erwärmung in den Stand gesetzt, noch mehr Wasserdampf aufzunehmen, wodurch sie trockener empfunden wird als kalte Luft mit der gleichen und selbst größeren Menge Wasserdampf.

Die Trockenheit ist in Archiven und Büchereien wohl ebenso zu fürchten wie die Feuchtigkeit; denn viele Lederbände werden durch jene so brüchig, daß die Rücken oft gebrauchter Bücher ganz zerreißen; ähnliches dürfte auch für Urkunden auf Pergament gelten.

Daß die Feuchtigkeit auch gerichtliche Bedeutung erlangen kann, kommt zwar sehr selten, aber gelegentlich doch vor. So fragte einmal ein Gerichtsarzt nach der Feuchtigkeit in zwei Monaten, um danach die Feuchtigkeit einer Wohnung in einem Streitfall zu beurteilen. Ein ähnlicher Fall, bei dem aber noch andere Wetterelemente in Betracht kamen, wird später (S. 161) behandelt werden.

2. (112.) Fall. Wies die Luft am 22.—24. November auf der Strecke Köln—Krautscheid, am 24.—25. auf der Strecke Krautscheid—Sinn und endlich am 25.—27. auf der Strecke Sinn—Frankfurt a. M. besonders hohen Feuchtigkeitsgehalt auf, infolgedessen die in einem Eisenbahnwagen vorhandenen Bleisuperoxyd-Rückstände vermöge ihrer hygroskopischen Eigenschaft eine Benässung des Wagenbodens verursachen konnten?

Auskunft: Die Feuchtigkeit betrug zwischen 70 und 100 %, war also hoch; es regnete oft fein bei schwachem SW- bis NW-Wind.

Der Wetterkundige hat sich in der Auskunft mit Recht auf das Wetter beschränkt, während der Richter auch fragen mußte, ob denn Bleisuperoxyd auch wirklich hygroskopisch ist, und das ist nicht der Fall. Vermutlich handelte es sich um ein Bleisuperoxyd, das Chlorkalzium noch enthielt, wie dies bei dem von den Farbenfabriken mit Chlorkalk regenerierten Bleisuperoxyd der Fall ist. Rückstände sind hier offenbar gleichbedeutend mit Resten. Regen kommt unmittelbar nicht in Betracht, da solche Chemikalien in geschlossenen Güterwagen versandt werden.

3. (113.) Fall. Ein Bäckermeister in Berlin gab die in der Woche eingenommenen Brotkarten bei der Mehlkontrollstelle sehr feucht ab: auf 1156 g Karten kamen 103 g Wasser. Er wurde des Betruges angeklagt, da er wußte, daß die eingelieferten Karten nicht gezählt, sondern gewogen wurden, und er auf diese Weise eine größere Mehlmenge überwiesen zu erhalten hoffte. Er behauptete, die Luft sei sehr feucht gewesen und es habe viel geregnet, so daß die Kunden ihm die Karten schon naß übergeben hätten.

Auskunft: An einem Tage der Woche nur Regentropfen, an einem zweiten leichter Schneefall, sonst trocken. Die Feuchtigkeit war meist unternormal.

Danach war es also ganz ausgeschlossen, daß die Karten um 11 % an Gewicht zugenommen hätten. In der Auskunft fehlte die Angabe über die Luftfeuchtigkeit; erstere war also mangelhaft, wenn auch nur nach dem Regen gefragt wurde.

5. Niederschlag (Regen, Schnee usw.).

Wird feuchte Luft so weit abgekühlt, daß sie bei der betreffenden Temperatur gerade gesättigt ist, so bildet sich Nebel, in der Höhe eine Wolke. Bei weiterer Abkühlung kann die Luft so viel Wasserdampf nicht halten und scheidet den überschüssigen Teil als Niederschlag aus: bei Temperaturen über 0° als Regen, darunter als Schnee, Hagel oder Graupeln.

Gemessen wird der Niederschlag mit dem Regenmesser, einem senkrechten Blechzylinder; er trägt oben einen scharfkantigen Messingring von genau bestimmtem Durchmesser, unten einen Trichteransatz, durch den das hineingefallene Wasser in eine Sammelflasche geleitet wird. Jeden Morgen um 7 Uhr wird das gesammelte Wasser in einem so geteilten Meßglase gemessen, daß man sofort ablesen kann, wieviel Millimeter hoch das Niederschlagswasser auf der Erdoberfläche gestanden haben würde, wenn nichts abflösse, versickerte oder verdunstete. Die Menge wird in vielen Ländern dem Messungstage zugeschrieben; sie bezieht sich also stets auf die jeweils letzten 24 Stunden. In den Auskünften wird darauf immer dann hingewiesen, wenn es für den Fall wichtig erscheint.

Über die Schneemessung vergleiche S. 13.

Zur Bewertung der in den Auskünften der Wetterämter enthaltenden Niederschlagshöhen sei noch mitgeteilt, daß 1 mm Regenhöhe gleich 1 Liter Wasser auf je 1 qm ist. Eine Menge von 0,1 mm also 0,1 Liter je Quadratmeter, ist erforderlich, um die Platten des Bürgersteiges gerade gleichmäßig feucht zu machen, und entspricht 1 cbm Regen auf 1 ha und 100 cbm auf 1 qkm. In Berlin z. B. gibt es im vieljährigen Durchschnitt alljährlich rund 165 Tage mit meßbarem Niederschlag, darunter 107 Tage mit mehr als 1 mm Niederschlag und hiervon wieder 37 Tage, die mehr als 5 mm aufweisen; mit andern Worten: 78 unter je 100 Tagen haben nur bis 5 mm und bloß 22 mehr. Über 10 mm haben nur 8%, und Mengen von über 50 mm fallen in je 25 Jahren höchstens zweimal.

Wenn auch die Messungen meist nur einmal am Tage ausgeführt werden, so wird die Zeit, wann die Niederschläge gefallen sind, von vielen Beobachtern genau genug angegeben, um den Anfragen zu genügen. Außerdem stehen aber noch an einer Reihe von Stationen selbstschreibende Regenmesser (Schreibregenmesser, Pluviographen), die während der frostfreien Zeit den Regenfall fortlaufend aufschreiben.

Bei der großen örtlichen Verschiedenheit des Regens anzugeben, wieviel an einem bestimmten Orte gefallen ist, erscheint vermessen und ist es auch, wenn der einzelne Beobachter aus seinen Aufzeichnungen auf den Regenfall in der weiteren Umgebung schließt und solche Werte dem Gericht mitteilt. Nur die bei einer Wetterbehörde einlaufenden zahlreichen Aufzeichnungen im Verein mit den Wetterkarten und der Erfahrung der Beamten ermöglicht es doch meist, einen brauchbaren Wert mitzuteilen. In den selteneren Zweifelsfällen wird der gewissenhafte Beamte den geringeren Wert seiner Auskunft oder sogar die Unmöglichkeit angeben, einen auch nur wahrscheinlichen Wert nennen zu können.

Die Zahl der Fälle, in denen eine Auskunft über Niederschläge gewünscht wird, ist, wie schon S. 28 gezeigt wurde, außerordentlich groß; doch kommt eine erhebliche Zahl auf die Zusammenstellung vieljähriger Beobachtungswerte für Wasserbaubehörden zu Untersuchungen über die Wasserführung der ihnen unterstehenden Gewässer. Trotzdem bleibt noch ein so stattlicher Rest, daß hier eine große Mannigfaltigkeit an Beispielen geboten werden kann.

1. (114.) Fall. Die Rechnung eines Gerichtsarztes für Droschkenfahrten wurde von der Gerichtskasse beanstandet, weil angeblich das Wetter Droschkenfahrten nicht erforderte. Der Arzt bat das Wetteramt um Bestätigung schlechten Wetters an den fraglichen Tagen.

Auskunft: Von den gefragten 12 Tagen regnete es nur an einem!

2. (115.) Fall. Eine Gerichtskasse beanstandete eine Reiserechnung, weil eine weitere Chaussee benutzt worden war statt des näheren Landweges, der angeblich durch Regen unfahrbar geworden war.

Auskunft: Oft Regen vorher und am Reisetage.

3. (116.) Fall. Die Oberrechnungskammer beanstandete die Rechnung über den Wasserverbrauch eines Landgerichts. War es so heiß und trocken im Sommer, daß die Gartenanlagen zum Sprengen mehr Wasser als sonst erforderten?

Auskunft: Der Mai war zu trocken und der August zu naß, aber die übrigen Monate normal; der Mai, Juni und Juli waren um 1—2° zu warm.

Diese Auskunft genügt nicht, da lediglich die Monatsmengen beachtet sind; sie können aber entweder an nur wenigen Tagen gefallen sein, wodurch bei der inzwischen herrschenden Trockenheit der große Wasserverbrauch gerechtfertigt wäre, während man bei vielen kleinen Regenfällen seltener sprengen mußte. Der Wasserbedarf der Pflanzen und damit das Sprengen hängt aber auch mit dem Grundwasserstande zusammen und geht nicht der Niederschlagsmenge parallel, da er durch Anzapfungen (Brunnen) immer wieder unregelmäßig gesenkt wird.

a) Regen.

4. (117.) Fall. In einer Mordsache war es wichtig, festzustellen, ob es am Mordtage abends zwischen 7 und 9 Uhr geregnet hatte. Bei dem Angeschuldigten war am andern Morgen eine dicke Wolljacke feucht vorgefunden worden, die anscheinend am Abend vorher in der Stunde des Mordes naßgeregnet und dann während der Nacht im Wagenschuppen etwas übertrocknet war. Der Angeschuldigte hatte von seinem Gehöft bis zur Mordstelle rund 10 Minuten zu gehen; ebensoviel beanspruchte der Rückweg.

Auskunft: Aus den Angaben der dem Tatort nächstgelegenen Beobachtungsstationen kann man zwar mit Wahrscheinlichkeit, aber doch nicht mit völliger Sicherheit schließen, daß es in der fraglichen Zeit am Tatort geregnet hat, und zwar nur mäßig stark.

5. (118.) Fall. Eine Frau wurde der Brandstiftung beschuldigt; sie behauptete aber, sie habe zu der Zeit Wäsche aufgehängt. Zeugen sagen dagegen aus, es hätte so starker Regen und Nebel geherrscht, daß es nicht angezeigt war, Wäsche im Freien trocknen zu lassen.

Auskunft: Es fiel schwacher Regen, dann mittelstarker Nebel und Reif.

6. (119.) Fall. Ein Kaufmann wollte sich von seiner Frau scheiden lassen, da er Beweise ihrer Untreue gefunden zu haben glaubte; dazu kam noch folgender Vorfall. Er besaß außer einem Hauptgeschäft noch ein Nebengeschäft im Vorort; allmonatlich fuhr er an bestimmten Tagen dorthin, um den Geschäftsgang und die Kasse zu prüfen. Nun wurde ihm hinterbracht, daß seine Frau immer an diesen Tagen einen Herrn in seiner Wohnung besucht habe. Die Frau bestritt es und behauptete, sie habe an jenen Tagen das Kind im offenen Kinderwagen spazierengefahren.

Auskunft: An allen Tagen regnete es.

7. (120.) Fall. Ist eine Landstraße durch Regen so naß geworden, daß einer dort Überfallenen die Kleider durch nasse Erde beschmutzt werden konnten? Mußte ihr weißer Unterrock erst bei weiterem Regenwetter mit Erde beschmutzt gewesen sein?

Auskunft: Es fiel ein Gewitterregen, so daß die Straße sehr naß wurde.

8. (121.) Fall. Ein Mann wurde durch einen großen Hund umgerannt und brach den Oberschenkel. Der Hundebesitzer sagte, Regen habe das Pflaster so glatt gemacht, daß der Mann dadurch gefallen sei.

Auskunft: Kein Regen, sondern heiterer Himmel.

9. (122.) Fall. Nach einem Zusammenstoß von Straßenbahn und Arbeitsfuhrwerk behauptete der Fahrer der Straßenbahn, die Schienen seien so naß und schlüpfrig gewesen, daß er nicht rechtzeitig habe bremsen können.

Auskunft: Nur Tau früh, der rasch verdunstete, sonst trocken, auch an den Vortagen.

10. (123.) Fall. Ein Mädchen wurde von einer Elektromobildroschke überfahren. Nach den Polizeivorschriften soll ein solcher Wagen bei voller Fahrt auf 6—8 m zum Stehen zu bringen sein. Das geht aber nur bei ganz trockenem Wetter. Deshalb müsse, wie der Verteidiger meint, Regen gefallen sein.

Auskunft: Nein, es war trocken.

Für eine Großstadtstraße kann diese Auskunft nicht genügen; denn jene wird gerade bei trockenem Wetter oft gesprengt, so daß sie dadurch nasser als durch Regen sein kann.

11. (124.) Fall. Ein Hausdiener eines Geschäfts verunglückte, als er eine Karre mit Postpaketen über eine dreistufige, mit einem Laufbrett überdeckte Treppe hinunterbeförderte, in der Weise, daß er auf dem durch Regen nassen und schlüpfrigen Brett ausrutschte und auf den Rücken fiel. Das Datum war strittig.

Auskunft: Die täglichen Niederschlagsmengen wurden mitgeteilt, woraus sich ergibt, daß es an mehreren Tagen so geregnet hatte, wie angegeben.

12. (125.) Fall. Ein Knabe verunglückte beim Turnen. Der Vater behauptete, daß der Boden durch Regen klitschig geworden sei, und dann dürfe nicht geturnt werden.

Auskunft: Am Tage selbst und auch bis drei Tage vorher war es trocken; nur am vierten Tage vorher hatte es schwach geregnet.

13. (126.) Fall. Im Berliner Zoologischen Garten wurde ein Knabe durch einen umstürzenden Warengeber (Automaten) schwer verletzt. Ist nun der Automat mutwillig durch den Knaben umgerissen worden oder hatte Regen den Kiesuntergrund so aufgeweicht, daß der Automat weniger standfest war?

Auskunft: An zehn vorangegangenen Tagen und am Tage selbst sind insgesamt nur einmal 0,2 mm Regen gefallen, und zwar mehrere Tage vor dem Unfall; sonst war es völlig trocken.

14. (127.) Fall. Ein Eisenbahnschaffner war an Tuberkulose vor dem Erreichen des pensionsfähigen Dienstalters gestorben. Die Witwe behauptete, er habe sich im Dienst durch Regen am 16.—19. August erkältet und sei dadurch tödlich erkrankt.

Auskunft: Am 16. und 19. hat es nachmittags ziemlich stark geregnet, sonst nicht.

15. (128.) Fall. Ein Zettelverteiler ist an zwei Tagen untätig gewesen, weil es nach seiner Behauptung geregnet habe. Da ihm der Lohn verweigert wurde, klagte er.

Auskunft: Wiederholt Gewitter und starker Regen an jedem Tage.

16. (129.) Fall. Eine Druckerei von Ansichtskarten sandte einen Photographen nach der Schweiz, um dort Aufnahmen zu machen. Er lieferte aber zwei Wochen lang keine Bilder, weil es geregnet habe.

Auskunft: Das Wetteramt erklärte sich für die Schweiz als nicht für zuständig und verwies an das dortige Amt.

17. (130.) Fall. Ein Ortsvorsteher war zu einer Verhandlung viel zu spät erschienen. Als ihm später der Landrat Vorwürfe machte, behauptete er, die Wege seien durch starken Regen grundlos gewesen, so daß er $2\frac{1}{2}$ Stunden gefahren sei; der Bauer aber, der ihn gefahren hatte, sagte, sie seien nur dreiviertel Stunden unterwegs gewesen und der Ortsvorsteher sei zu spät aufgebrochen.

Auskunft: Nur schwacher Regen, der keinen Weg grundlos machen kann.

18. (131.) Fall. Ein Droschkenkutscher sollte den Tarif für eine Fahrt überschritten haben; er behauptete aber, daß er wegen plötzlichen Regens die Droschke habe zubauen müssen und er die Zeit dafür angerechnet habe.

Auskunft: Kein Regen, sondern andauernd Sonnenschein.

Der anfragende Rechtsanwalt bat um die Auskunft, „weil die Berliner Gerichte bei einfachen Übertretungen in der Regel nicht in einen langweiligen Beweis eintreten".

19. (132.) Fall. Eine Besitzertafel eines Wagens war so beschmutzt, daß man sie nicht lesen konnte. Gegen die Polizeistrafe behauptete der Besitzer, es sei Schneewetter und ein sehr schmutziger Weg gewesen.

Auskunft: Es herrschte vollkommen trockenes Wetter bei 0°.

20. (133.) Fall. Die Erkennungsnummer eines Kraftwagens war durch Schmutz unleserlich, weshalb Polizeistrafe auferlegt wurde. Der Fahrer schützte Regenwetter und einen Schmutzsee auf der Landstraße vor.

Auskunft: Sechs Tage vorher waren stets warm und trocken mit Sonnenschein; nur am siebenten Tage und noch weiter vorher gab es öfter Regen.

Hier hätte auch noch der Wind und die Feuchtigkeit berücksichtigt werden sollen, da davon das Abtrocknen des Weges sehr abhängt.

21. (134.) Fall. Ein Kraftwagenbesitzer wurde beschuldigt, das vordere Kennzeichen des Wagens absichtlich unkenntlich gemacht zu haben; während er regnerisches Schmutzwetter behauptete.

Auskunft: Tagelang vorher fiel nur feiner Regen bei hoher Wärme, so daß er gleich verdampfte.

Es soll bei Kraftfahrern, wenn sie besonders schnell fahren wollen, und auch bei Kutschern sehr beliebt sein, die Nummer oder das Wagenschild durch Straßenschmutz unkenntlich zu machen, damit sie nicht erkannt oder aufgeschrieben werden können. Sie gebrauchen dann immer die Ausrede, es sei Schmutzwetter gewesen, und ahnen nicht, daß es Wetterämter gibt, die ihre strafbaren Versuche leicht aufdecken können.

22. (135.) Fall. Ein Kläger behauptete, der Beklagte habe ihm den Zugang zu seiner Wiese, auf der gemähtes Gras lag, während mehrerer Wochen widerrechtlich gesperrt; als er ihm endlich den Zugang freigab, sei das Heu durch den andauernden Regen während der Sperrzeit verfault.

Auskunft: Es hat öfter stark bis sehr stark geregnet, so daß die Normalmenge für diese Zeit um ein Viertel überschritten worden ist.

23. (136.) Fall. Unterhalb des Balkons drang in eine Wohnung durch die Decke Wasser und beschädigte Möbel. Der Mieter verklagte den über ihm Wohnenden, da er den Abfluß des Balkons nicht offen gehalten habe; dieser aber bestritt es und behauptete, es habe ungewöhnlich stark geregnet.

Auskunft: Nur 8—10 mm, also wie alljährlich öfter zu erwarten ist (S. 89).

24. (137.) Fall. Die Schriftstellerin M. hatte in einem Zeitungsaufsatz die Mißwirtschaft in einem Gartenlokal beschrieben. Der Gastwirt verklagte sie, weil durch den Aufsatz der Besuch seines Lokals im Sommer 1912 zurückgegangen sei. Sie aber sagte, daß für den Rückgang neben der Mißwirtschaft das schlechte Wetter schuld sei. Zum Vergleich wird gefragt, wie waren die Regenverhältnisse im Sommer 1911 und 1912.

Auskunft: Der Sommer 1911 war ungewöhnlich trocken, im Jahre 1912 erreichte der Juli und September die Normalmenge nicht ganz, aber der August war sehr naß.

In den bisherigen Beispielen war der Mensch unmittelbar oder mittelbar die Hauptsache; in den folgenden handelt es sich zunächst um Ware, die durch den Regen gelitten haben soll, und sodann um solche, deren Lieferung durch Regen verzögert oder verhindert worden sein soll.

25. (138.) Fall. Ein Temperagemälde wurde naß abgeliefert.

Auskunft: Nur feiner Nebelregen fiel.

26. (139.) Fall. Ein Gemälde des Erzherzogs Franz Ferdinand im Werte von 12000 Franken war auf der Fahrt Haag—Wien durch Nässe beschädigt worden. Das österreichische Wetteramt fragte für die deutsche Strecke Emmerich—Gera beim preußischen nach Regen während der Fahrt an.

27. (140.) Fall. Theaterdekorationen kamen von Berlin in Frankfurt a. M. trotz Bedeckung mit Planen völlig durchnäßt an. Die Versicherungsgesellschaft lehnte es ab, den Schaden von 800 ℳ zu tragen, bevor endgültig festgestellt ist, daß die Sendung durch einen Wolkenbruch gelitten hat. Bei schwächerem Regen läge mangelnde Sorgfalt in der Verpackung vor.

Auskunft: Es fiel ein sehr starker Regen von 14—18 mm, der aber keineswegs als Wolkenbruch anzusehen, sondern alljährlich einige Male zu erwarten sei.

28. (141.) Fall. Ein Teppich der Berliner Garnisonkirche wurde mit der Bahn zur Ausbesserung nach Elberfeld gesandt und kam angenäßt an. Da die Verladung vom Güterschuppen in den Bahnwagen unter einem Vordach geschah, ist hier eine Nässung ausgeschlossen. Es bleiben somit übrig der Weg zum Güterschuppen, der Bahnweg und die Ausladung.

Auskunft: Bei der Fahrt zum Güterschuppen war es trocken; auf der Bahnfahrt hat es stellenweise 1—12 mm geregnet; beim Ausladen war es wieder trocken.

29. (142.) Fall. Stühle wurden bei der Versendung mit der Bahn angenäßt. Der Absender forderte Schadenersatz von der Eisenbahn, weil die Stühle trotz ununterbrochenen Regens ausgeladen worden seien, wogegen die Bahnverwaltung behauptete, daß es beim Ausladen zuerst nicht geregnet habe.

Auskunft: Es hat ununterbrochen geregnet und gerade bei Beginn des Ausladens besonders stark.

30. (143.) Fall. Eine Ladung von Papierabfällen im Gewicht von 15690 kg wurde von Berlin nach Karlsruhe gesandt. Sie kam um 960 kg leichter an. Die zum Schadenersatz verklagte Bahn behauptete, daß es beim Verladen geregnet habe und so das Mehrgewicht zu erklären sei; unterwegs sei die unbedeckte Ladung durch den Luftzug beim Fahren getrocknet. Ein Diebstahl läge also nicht vor. Der Versender bestritt das und wollte mehr abgesandt haben.

Auskunft: Beim Verladen und Wiegen hat es nicht geregnet.

Hier und weiter unten sind Beispiele mitgeteilt, in denen die verklagte Behörde vom Wetteramt unrecht bekam — ein Beweis, wie streng sachlich die Auskünfte auch von Behörde gegen Behörde gegeben werden.

31. (144.) Fall. Eine Ladung Weizen hatte bei der Ankunft sehr an Gewicht verloren. War das Wetter unterwegs so trocken, daß der Verlust durch Austrocknen erklärt werden kann?

Auskunft: Abgesehen von einem Tage mit mäßigem Regen war es stets warm und trocken.

Es hätte hier auch noch die Luftfeuchtigkeit beachtet werden müssen (vgl. Fall 326 und 343).

32. (145.) Fall. In einem offenen Güterwagen wurde Ton versandt, kam aber an Gewicht verringert an. Hatte es vom 2.—8. Oktober so geregnet, daß der Ton weich wurde und durch etwaige Ritzen des Wagenbodens sickern konnte?

Auskunft: Am 6.—8. Oktober fiel Regen, sonst war es trocken.

Offenbar sollte die Bahnverwaltung für den Verlust deshalb haftbar gemacht werden, weil sie einen Wagen mit undichtem Boden gestellt hatte.

33. (146.) Fall. In Hamburg wurden der Eisenbahn 80 Wollballen zur Durchfuhr über Oderberg nach Ungarn übergeben. Bei der Gewichtsprüfung in Oderberg stimmte noch die Hamburger Wägung, aber es fehlte ein Ballen. Es fragte sich nun: lag in Hamburg ein Irrtum bei der Zählung der Ballen vor, was aber durchaus bestritten wurde, oder hat die Wolle unterwegs entweder durch Aufsaugen sehr feuchter Luft oder künstlich durch Wasserzusatz so viel an Gewicht gewonnen, daß der Verlust des gestohlenen Ballens ausgeglichen wurde?

Auskunft: Es wurden für denjenigen Teil der Strecke, auf dem die Sendung jeweils war, die Niederschlagsmessungen und die Feuchtigkeitswerte mitgeteilt, woraus aber kein sicherer Schluß gezogen werden konnte, ob das Ersatzgewicht natürlichem oder künstlichem Wasserzusatz zugeschrieben werden muß.

84. (147.) Fall. Bei polizeilicher Prüfung von Milch ergab sich ein Wasserzusatz von 10—15 %. Der Milchhändler behauptete, daß es stark geregnet und die Fässer oben undicht seien, wodurch soviel Wasser hineingelaufen sei.

Auskunft: Nur leichter Schneefall, der 0,5 mm Wasser ergab, bei 0 °.

Bei den hölzernen Milchfässern wird das Füll- und Schöpfloch in dem einen Boden durch einen runden Deckel geschlossen, und gewöhnlich wird zwischen Deckel und Lochrand eine Schicht Stroh zur Dichtung eingeklemmt. Hier konnte also das Wasser durchgedrungen sein. Die Milchfässer sind innen etwa 40 cm hoch. War das Faß nahezu voll gewesen und durch das Wasser ganz voll geworden, so hätte bei 10—15 % Wasserzusatz eine 4—2,7 cm oder 40—27 mm hohe Wasserschicht zugekommen sein müssen, und es hätte mithin 40—27 mm Regen oder Schnee gefallen sein müssen, während es doch nur 0,5 mm waren!

85. (148.) Fall. Eiserne Ketten kamen rostig an. Der Absender behauptete, es sei unterwegs sehr feucht gewesen und habe auch geregnet.

Auskunft: Weder Nebel noch Regen gab es.

86. (149.) Fall. Maschinenteile in Kisten kamen verrostet an. Der Besitzer sagte, die Zollrevision habe im Regen stattgefunden, was von der Zollverwaltung bestritten wurde.

Auskunft: An der Zollstelle hat es bei der mehrtägigen Revision fast täglich geregnet.

87. (150.) Fall. Eine Kahnladung Torf wurde nicht erst getrocknet und dann versendet, sondern gleich frisch gestochen geliefert. Wegen allzu großer Nässe wurde die Annahme verweigert. Der Absender behauptete, es hätte beim Verladen außerordentlich stark geregnet.

Auskunft: Nur an einem Tage fielen 4 mm und an einem andern 2 mm, sonst war es trocken.

Während bei den vorstehenden Beispielen die Ware unterwegs durch Regen mehr oder weniger gelitten hatte oder haben sollte, werden nun Beispiele mitgeteilt, in denen Ware angeblich wegen Regenwetter nicht rechtzeitig geliefert wurde.

88. (151.) Fall. Ein Schiffer hatte angeblich Bretter zu langsam verladen und zu spät angefahren; er sollte deshalb eine Verzugsstrafe zahlen. Er behauptete aber, es habe geregnet und „bei Regen werden Bretter nach Geschäftsbrauch nicht verladen".

Auskunft: Ja, es hat oft geregnet.

39. (152.) Fall. Hat es vom 2.—7. derartig geregnet, daß 50000 kg Hafer nicht ins gemietete Schiff geladen werden konnten?

Auskunft: Am 2. und 7. hat es außerordentlich stark geregnet (17 und 36 mm), am 5. mäßig (3 mm), am 3. und 6. wenig und am 4. gar nicht.

40. (153.) Fall. Ein Schiffer übernahm eine Eisenbahnladung von 172503 kg Rohzucker in 1711 Säcken in Bromberg. Beim Nachwiegen im Steueramte Neufahrwasser fehlten 309 kg. Der Schiffer sagte, es hätte beim Umladen in Bromberg heftig zu regnen angefangen, so daß er das Laden schließlich habe einstellen müssen. Die drei oder vier letzten Wagen mit etwa 150 Sack hätten von 11 Uhr vormittags bis 4 Uhr nachmittags in strömendem Regen gestanden und seien dann erst zurückgebracht worden (wohl unter das Dach des Güterschuppens). Erst am folgenden Morgen seien sie wieder angefahren worden, aber noch naß gewesen; so seien sie verladen worden.

Auskunft: Ja, von 2 Uhr 53 Min. bis 3 Uhr 28 Min. hat es stark (etwa 6 mm) geregnet.

Diebstähle von Zucker bei Bahn- und Schiffsfrachten kommen stets vor und werden in der Regel mit Auslaugen durch Regen erklärt; aber die Diebe haben nicht mit den Wetterstationen gerechnet, die durch ihre Aufzeichnungen sie leicht entlarven können. Anderseits wird aber manchmal auch ein unberechtigter Verdacht, wie im letzten Beispiel, beseitigt, und die Wetterangaben tragen so zur Ehrenrettung bei. Von gesetzlichen Vorschriften kommt hier und bei manchen späteren Fällen folgende Bestimmung aus dem Handelsgesetzbuch in Betracht:

„§ 460, 1. Bei Gütern, die nach ihrer natürlichen Beschaffenheit bei der Beförderung regelmäßig einen Gewichtsverlust erleiden, ist die Haftpflicht der Eisenbahn für Gewichtsverluste bis zu den aus der Eisenbahnverkehrsordnung sich ergebenden Normalsätzen ausgeschlossen."

Diese Normalsätze betragen nach § 87, 1 der Eisenbahn-Verkehrsordnung 2 v. H. bei flüssigen, bei feuchten und bei gewissen trockenen, 1 v. H. bei allen übrigen trockenen Gütern der vorstehend bezeichneten Art.

41. (154.) Fall. Konnte Beklagter das vom Kläger gekaufte Stroh in bestimmter Zeit pressen, wie Kläger behauptete, oder war er durch Regen gehindert, wie Verklagter sagte?

Auskunft: An der Hälfte aller Tage hat es geregnet, und zwar so, daß immer nur ein bis drei trockene Tage dazwischenlagen.

42. (155.) Fall. Eine Firma hatte sich verpflichtet, 18 Wagen Torf sofort laufend zu liefern. Sie hat am 6. September zwei Kleinbahnwagen mit Torf geliefert, es dann aber mit der Begründung eingestellt, daß infolge Regenwetters eine Weiterlieferung unmöglich sei. Herrschte bei der Verklagten in K. von Mitte Juli bis Ende August andauernd starkes Regenwetter, so daß der in dieser Zeit hergestellte Torf nicht trocknen konnte, oder herrschte im Anfang September bis Mitte Oktober andauernd starkes Regenwetter, so daß der Verklagten — vorausgesetzt, daß bis dahin genügend Torf getrocknet war — nach dem 6. September eine Weiterlieferung von trocknem Torf nicht möglich war?

Auskunft: Mitte bis Ende Juli war es zu naß, im August normal, im September viel zu trocken, ebenso in der ersten Oktoberhälfte, denn in beiden Zeitabschnitten fiel weniger als die Hälfte der Normalmenge (vgl. Fall 116).

43. (156.) Fall. Eine Gartenmöbelfabrik hatte einem Gastwirt die bestellten Tische und Stühle nicht rechtzeitig geliefert, und er verlangte Schadenersatz, weil er trotz schönen Wetters kein Gartengeschäft machen konnte.

Auskunft: Die ganze fragliche Zeit hindurch war es ungewöhnlich trocken und schön.

44. (157.) Fall. Ein Lebensmittelamt fragte nach dem Wetter im Frühsommer 1915, um festzustellen, ob die Landwirte der Provinz Brandenburg in dieser Zeit weniger Milch abliefern konnten, weil sie durch Trockenheit weniger Futter für das Milchvieh geerntet haben wollten als sonst. Lag Trockenheit vor, so hatten sie das Recht, höhere Milchpreise zu verlangen.

Auskunft: Ja, der Frühsommer war dort trocken, der Mai sogar ungewöhnlich, da kaum ein Drittel der Normalmenge gefallen war.

Außer der Lieferung von Waren kann, wie eben schon im 154. Fall zugleich gezeigt wurde, auch die Ausführung von Arbeiten, z. B. bei Bauten verzögert oder gehindert werden, wofür nachstehend eine Reihe von Beispielen mitgeteilt wird.

45. (158.) Fall. Ein Bau war nicht rechtzeitig fertiggestellt worden, und der Bauunternehmer schob die Schuld auf den vielen Regen in der fraglichen Zeit.

Auskunft: Es wurden die Regenaufzeichnungen des Ortes mitgeteilt.

Bemerkenswert bei dieser Anfrage war, daß nach der Zahl der Regentage gefragt wurde, und zwar mit der Erläuterung, daß ein Regentag im Bauwesen ein Tag ist, an dem es von 6 Uhr früh bis 6 Uhr abends mehr als drei Stunden lang regnet (vgl. S. 13).

46. (159.) Fall. Um einen Neubau zwei Wochen vor der gesetzlichen Zeit in Gebrauch zu nehmen können, wurde um den Nachweis gebeten, daß in den letzten Monaten und auch in den letzten zwei Wochen trocknes Wetter geherrscht hatte.

Auskunft: Fast täglich fiel Schnee oder Regen!

Nach § 39, 2 der Baupolizeiordnung für den Stadtkreis Berlin — und ähnliche Bestimmungen gelten auch sonst in Preußen — „darf der Gebrauchsabnahmeschein in der Regel nicht früher als sechs Monate nach Ausfertigung des Rohbauabnahmescheins erteilt werden". Doch ist nach § 41, 1 ein Nachlaß in dieser Frist möglich, der bis zu einem Monat gewährt wird, wenn das Wetter gut war. Berücksichtigt man die Auskunft, so muß man sich über die Einfalt oder die Unverfrorenheit des Anfragers baß wundern.

47. (160.) Fall. War es im März bis Juni so trocken, daß ein Bau, der im März im Rohbau polizeilich abgenommen worden war, im Juni gedielt werden konnte?

Auskunft: Alle vier Monate waren etwas zu trocken.

48. (161.) Fall. Eine Firma sollte ein Dach decken, tat es aber nicht in der vereinbarten Frist, da angeblich Regen gehindert habe.

Auskunft: Öfter schwacher bis mäßiger Regen und Schnee.

49. (162.) Fall. Die Heuernte wurde nicht rechtzeitig eingebracht, so daß das Heu verdarb. Der Gutsinspektor, der eine Entschädigung zahlen sollte, behauptete, es habe immerzu geregnet.

Auskunft: Ja, sehr oft hat es geregnet.

50. (163.) Fall. Eine Wasserbeschaffungsanlage war von der ausführenden Firma auch für trockene Jahre gewährleistet worden, obwohl dabei Bodenschichten benutzt wurden, deren Ergiebigkeit von den Niederschlägen noch wesentlich beeinflußt wurden. Als die Anlage aber doch versagte, wies die verklagte Firma darauf hin, daß die beiden letzten Jahre viel zu trocken gewesen seien und deshalb jede Anlage versagen mußte. Der bei dem Ausschreiben der Anlage seinerzeit unterlegene Mitbewerber behauptete aber, daß die beiden Jahre naß gewesen seien.

Auskunft: Das erste Jahr war normal, das zweite Jahr viel zu trocken.

Im allgemeinen werden Brunnen so tief geführt, daß sie lediglich von tieferen Wasserhorizonten gespeist werden, namentlich dann, wenn es auf Trinkwassergewinnung ankommt; denn so oberflächliches Grundwasser, wie in diesem Fall, ist nicht immer einwandfrei. Hier aber handelte es sich vermutlich nur um Wasser für gewerbliche Zwecke, bei denen weniger die Güte als die Menge in Betracht kam.

51. (164.) Fall. Die Dämme von Stauteichen waren gebrochen. Der Teichbesitzer behauptete, daß ungewöhnlich starker Regen die Teiche so rasch gefüllt habe, daß die Auslässe zur Senkung des Wasserspiegels nicht genügten und die Dämme den Druck nicht aushalten konnten.

Auskunft: Es fielen in den Tagen vorher mehrmals 25—40 mm Regen.

Das waren Wassermassen, deren größte an die Grenze der höheren Gewalt heranreichte. Wenn aber auch keine der Mengen diese Grenze überschritten hatte, so muß man bedenken, daß bei Aufeinanderfolge mehrerer solcher Mengen doch von höherer Gewalt gesprochen werden kann; denn diese Folge so großer Mengen muß als das für den Begriff der höheren Gewalt bezeichnende Ungewöhnliche der Erscheinung angesehen werden. Jeder folgende starke Regen findet einen immer weniger aufnahmefähigen Stauteich vor, da das Wasser nicht schnell genug abgelassen werden konnte. So kann auch nach jedem Regen der durchtränkte Erdboden einen bald folgenden kaum noch aufnehmen und wird einen immer größeren Anteil der Gesamtmenge zum Ablaufen bringen. Die alte Faustregel, daß vom Regenwasser $1/3$ abfließt, $1/3$ einsickert und $1/3$ verdunstet, ist nie sicher nachgewiesen worden, aber sie könnte überhaupt nur auf trockenem, sandigem Boden gelten; denn nasser oder lehmiger Boden kann nur wenig zum Einsickern aufnehmen, während viel abfließen muß. In Städten, wo der Boden meist gepflastert oder mit Bauten bestanden ist, kann so gut wie nichts einsickern. Hier wird das Grundwasser kaum einen merklichen Zusammenhang mit der Regenmenge zeigen.[1])

52. (165.) Fall. In dem Keller eines Neubaus zeigte sich Wasser, das der Bauherr für Grundwasser erklärte; er verklagte den Baumeister wegen undichter Grundmauern. Dieser behauptete, sehr starker Regen sei schuld.

Auskunft: Wolkenloser Himmel und Sonnenschein, aber kein Regen.

53. (166.) Fall. Während Baggerungen an der Trave riß der Erdboden eines Grundstücks und ein Teil des Uferlandes schob sich später in den Fluß. Bei dem Entschädigungsprozeß entstand die Frage: Waren die Baggerungen oder starker Regen vor, bei und nach ihnen die Ursache?

Auskunft: In der fraglichen Zeit fielen keine großen Regenmengen, also kamen nur die Baggerungen in Betracht.

54. (167.) Fall. In G. stürzte am 16. oder 17. Juli ein kellerähnlicher, ungemauerter Gang ein und verletzte einen Arbeiter, der deswegen von seiner Berufsgenossenschaft eine Rente verlangte. Er behauptete, der Einsturz sei durch starken Regen verursacht. Um das zu prüfen oder festzustellen, ob Fahrlässigkeit des Verletzten vorlag, wurde nach dem Wetter gefragt.

Auskunft: An den zwei Tagen fielen in dortiger Gegend viele Gewitter-

---

[1]) Über das Grundwasser vgl. man die Veröffentlichungen der Landesanstalt für Gewässerkunde, der Geologischen Landesanstalt und das Werk von P. Krusch, Gerichts- und Verwaltungsgeologie. Stuttgart, F. Enke, 1916, S. 305 ff.

regen; wenn auch deren Verteilung ungleich und am Unfallorte selbst keine Regenmeßstelle war, so kann doch mit genügender Sicherheit geschlossen werden, daß es am Unfallorte stark bis sehr stark geregnet hatte — sogar 40 mm sind nicht unwahrscheinlich.

55. (168.) Fall. In einem Keller trat eine Überschwemmung ein. Allerdings war das Wasserabflußrohr des Hauses, das hindurchging, schadhaft, aber die Überschwemmung war durch die Menge des Verbrauchswassers des Hauses nicht erklärbar, so daß die Vermutung gehegt wurde, daß durch sehr starken Regen ein Rückstau vom Straßenrohr in das Hausrohr stattfand.

Auskunft: Diese Möglichkeit bestand, da 29 mm gefallen waren.

56. (169.) Fall. Eine Baugesellschaft klagte gegen den Bauunternehmer, weil ihr die Einrichtungen zur Abführung der Niederschläge nicht richtig berechnet erschienen. Sie fragte deshalb nach Gewitter- und Platzregen, und zwar nicht nur nach deren jeweiliger Gesamtmenge, sondern auch nach der minutlichen und sekundlichen Durchschnitts- und Höchstmenge.

Auskunft: Die gewünschten Werte wurden mitgeteilt, da in dem betreffenden Orte ein Schreibregenmesser steht.

57. (170.) Fall. Am 31. Mai 1913 ging ein schwerer Gewitterregen über den Norden von Berlin nieder, wobei auch einzelne Keller überschwemmt wurden. Ein Hausbesitzer wollte den Magistrat verklagen, weil er nicht für genügende Wasserabführung durch die Kanalisation gesorgt hätte, und fragte, ob der Regen ein außergewöhnliches Naturereignis gewesen wäre.

Auskunft: Der stärkste Regen im Norden Berlins wurde im Humboldthain mit 36,8 mm gemessen und fiel in zwei Güssen von 15 und 30 Minuten. Als außergewöhnlich ist er nicht zu bezeichnen.

Wie noch in dem Abschnitt „Höhere Gewalt" gezeigt wird, darf man die Frage, ob ein Regen außergewöhnlich war, nicht lediglich nach der Menge beurteilen. Mengen von 36 mm und mehr sind schon öfter gefallen, aber es kommt erstens darauf an, wie oft, und zweitens, in welcher Zeit sie fielen; denn die gleiche Menge, in 24 Stunden oder in nur 1 Stunde gefallen, wird ganz verschiedene Wirkungen haben, nämlich im ersten Fall als starker Landregen abfließen, im zweiten aber kleine oder größere Überschwemmungen erzeugen. Hier fiel der Regen insgesamt in nur 45 Minuten und war damit außerordentlich stark. An der 1,1 km nördlich gelegenen Pumpstation in der Bellermannstraße wurden nur 25,6 mm gemessen, ein Betrag, der fast alljährlich vorkommt; aber an der 2,4 km östlich gelegenen Pumpstation in der Carmen-Sylva-Straße fielen 44,7 mm und davon nicht weniger als 38,9 mm in nur 33 Minuten, also 1,18 mm je Minute. Diese Menge bleibt hinter den durchschnittlich allergrößten Mengen nur so wenig zurück, daß sie ihnen beizuzählen ist und damit unter den Begriff der höheren Gewalt fällt. Es kam also bei diesem Prozeß ganz darauf an, ob das geschädigte Haus der einen oder anderen Meßstelle nahe lag, um Entschädigungsansprüche begründen oder abweisen zu können.

58. (171.) Fall. Durch ein schadhaftes Dach drang am 9. und 11. eines Monats so viel Regen bis in eine Wohnung darunter, daß Möbel verdarben. Auf einen Entschädigungsanspruch des Mieters behauptete der Wirt, es habe nicht am 9. und 11., sondern am 10., und zwar so stark geregnet, daß der Dachdecker nicht arbeiten konnte.

Auskunft: Am 9. und 11. sind Gewitterregen gefallen, während es am 10., wie der Mieter behauptet hatte, trocken gewesen war.

59. (172.) Fall. Auf dem flachen Dache einer Weberei hatte sich so viel Regenwasser angesammelt, daß es angeblich wegen ungenügender Weite des Abflußrohres durch das Dach drang und Warenvorräte der Weberei beschädigte. Der Besitzer des Raumes, den die Weberei gemietet hatte, hielt sich nicht für haftpflichtig, weil an dem fraglichen Tage ein ganz außergewöhnlich heftiges Hagelwetter niedergegangen sei und den Abfluß des Wassers durch die Hagelkörner verhindert habe. Über dem Abflußrohre befand sich nämlich ein Drahtkorb, der verhindern sollte, daß das Abflußrohr durch Laub und sonstige Gegenstände verstopft würde. Selbst bei den stärksten Regenfällen hätte sich bisher ein Mißstand nicht gezeigt.

Auskunft: In 25 Minuten fielen 12 mm und Hagelkörner „wie Vogeleier". Drei Wochen später fielen in 40 Minuten 16 mm und mäßig starker Hagel.

Zum Beweise, daß sich bisher kein Mißstand gezeigt hatte, wurde nämlich noch nach dem ebenfalls sehr starken Regenfall, der drei Wochen später eintrat, gefragt. Bei dem ersten Regen fielen 12 mm und Hagel wie Vogeleier, d. h. etwa 2 cm lange und 1—1½ cm breite Eisstücke; sie haben schätzungsweise 1 mm Schmelzwasser geliefert, da Hagel kaum je so dicht fällt, daß Korn an Korn liegt. Danach gingen also 13 mm in 25 Minuten hernieder oder 0,52 mm in jeder Minute, bei dem zweiten, drei Wochen später, aber kaum 17 mm in 40 Minuten oder 0,425 mm in jeder Minute; in je 10 Minuten hatte mithin das Rohr im ersten Falle 5,2 mm und im zweiten 4,2 mm oder 5,2 und 4,2 Liter von jedem Quadratmeter Dachfläche abzuführen. Zur Beurteilung der Streitfrage war zu untersuchen, ob das Drahtgitter rein, der Durchgang des Wassers also unbehindert war, und zu beachten, daß sich gerade am Abflußrohr wegen der tieferen Lage der Einflußöffnung Hagelkörner sammeln konnten; aneinanderliegende Eisstücke können dann leicht zusammenfrieren und so für das Wasser einen Sperrklumpen bilden.

Während es sich in den letzten Beispielen darum handelte, daß

Schäden durch Niederschläge mehr zufällig eintraten, wurde in den zunächst folgenden Fällen die Zuführung von Nässe und in den späteren die Entziehung von Wasser von den Klägern auf bestimmte Arbeiten der Verklagten zurückgeführt, wogegen diese eine Zu- oder Abnahme der Niederschläge einwandten.

60. (173.) Fall. Der Besitzer unterhalb eines Ansiedlungsgutes in Posen verlangte vom Staat eine Entschädigung für eine Mehrzuführung von Wasser durch eine Dränanlage mit Grabenregulierung auf dem fiskalischen Besitz. Er verwertete bei seiner Beweisführung zwei Überschwemmungen. „Obgleich durch Zeugenaussagen festgestellt ist, daß damals sehr starke Niederschläge gefallen sind, ist der Beweis, daß diese weit über das Gewöhnliche hinausgingen, nicht leicht zu erbringen, und es liegt die Gefahr vor, daß der Fiskus für das Ungewöhnliche dieser meteorologischen Erscheinung verantwortlich gemacht wird.“

Auskunft: Die Niederschläge der fraglichen Zeit wurden mitgeteilt. Es ging daraus hervor, daß die erste Überschwemmung nur durch Schneeschmelze, die zweite durch sehr starke, aber nicht ungewöhnliche Regengüsse entstanden ist.

Reizend ist hier der Schlußsatz der Anfrage, „daß der Fiskus für das Ungewöhnliche dieser meteorologischen Erscheinung verantwortlich gemacht wird“. Diese Gefahr besteht überhaupt nicht, und sie wird es so lange nicht, als wir das Wetter nicht zu beeinflussen vermögen; erst wenn das der Fall sein sollte, könnte das Zuviel oder Zuwenig bei Regen und Sonnenschein usw. Gegenstand eines gerichtlichen Streites werden. Bis dahin aber hat es noch gute Weile — leider und glücklicherweise! Vermutlich liegt aber hier nur eine falsche Fassung vor, so daß es wohl heißen sollte: es liegt die Gefahr vor, daß der Fiskus trotz des Ungewöhnlichen dieser Erscheinung für die Folgen doch verantwortlich gemacht wird. Der Unterlieger kann sich übrigens bei einer Dränanlage des Oberliegers wegen Mehrzuführung von Wasser im allgemeinen nicht beklagen; es sei denn, daß diese Mehrzuführung erheblich ist oder daß es sich nicht um die Vorflut, d. h. nicht um „oberirdisch außerhalb eines Wasserlaufes abfließendes Wasser“, sondern etwa um Quellwasser oder um künstlich, z. B. zur Wiesenbewässerung, herangeführtes Wasser handelt. Es gilt hier § 330 des preußischen Wassergesetzes:

„Kann der Eigentümer eines Grundstückes das oberirdisch außerhalb eines Wasserlaufes abfließende Wasser durch Anlagen auf seinem Grund und Boden nicht oder nur mit unverhältnismäßigen Kosten abführen, so ist er berechtigt, von den Eigentümern der tiefer liegenden Grundstücke die Aufnahme des Wassers ohne Entschädigung zu verlangen. Können aber diese Eigentümer das Wasser nicht oder nur mit erheblichen Kosten weiter ableiten, so sind sie zur Aufnahme nur gegen Entschädigung und nur dann verpflichtet, wenn der Vorteil für den Eigentümer des höher liegenden Grundstückes erheblich größer ist als ihr Schaden."

Auf diesen Paragraphen paßt auch das folgende Beispiel.

61. (174.) Fall. Ein Ackerbesitzer verlangte für Verluste an Feldfrüchten eine Entschädigung von seiner Gemeinde, da sie einen Graben an seinem Acker habe zuwerfen lassen und so die Möglichkeit der Überschwemmung seines Ackers infolge mangelnden Abflusses hervorgerufen habe. Von der Gemeinde wurde geltend gemacht, daß es jetzt mehr regne als früher, wogegen der Kläger einwandte, in einem früheren Sommer habe es mehr und öfter geregnet, ohne daß es zu einer Überschwemmung gekommen wäre, weil damals noch der Graben bestanden hatte.

Auskunft: In dem fraglichen Sommer hat es tatsächlich mehr und öfter geregnet als im letzten Sommer.

62. (175.) Fall. Ländereien in der Umgebung eines Stausees standen drei Monate lang unter Wasser. Die Unterlieger behaupteten, es sei zuviel Wasser aus dem See abgelassen worden, während die Anlieger den Besitzer verklagten, daß er zuviel Wasser gestaut habe. Der Verklagte dagegen sagte, daß es viel geregnet habe.

Auskunft: Der erste Monat war zu trocken, aber der zweite und dritte zu naß.

Aus der sonderbaren Tatsache, daß Unterlieger und Anlieger zugleich, aber aus ganz entgegengesetzten Gründen, den Seebesitzer für die gleiche Erscheinung (Überschwemmung) an verschiedenen Stellen der Gegend haftbar machen wollten, kann nur gefolgert werden, daß eine von dem Wasserstande unabhängige, also allgemeine Ursache vorgelegen haben müsse, und die ist hier nur in einem Übermaß von Niederschlägen zu suchen, falls nicht das Wasser von einer noch höher gelegenen Gegend gekommen war. Die Unterlieger können sich auf § 100 des preußischen Wassergesetzes berufen, der zu Anfang lautet:

„Es ist verboten, unbefugt die aufgestauten Wassermassen plötzlich abzulassen, wenn dadurch für fremde Grundstücke oder Anlagen Gefahren oder Nachteile entstehen ...",

und die Anlieger auf § 101:

„Das Wasser darf bei Stauanlagen nicht über die durch die Staumarke festgesetzte Höhe aufgestaut werden."

Der § 101 ist auch auf den folgenden Fall anzuwenden.

63. (176.) Fall. Drei Zeugen hatten beeidet: die Überschwemmung von Wiesen sei darauf zurückzuführen gewesen, daß der Müller seinen Teich überstaut habe. Der Müller aber behauptete, es habe viel geregnet. Das Gericht fand sich dann veranlaßt, gegen die drei Zeugen eine Voruntersuchung wegen wissentlichen Meineids zu eröffnen und fragte nach den Niederschlägen.

Auskunft: Im ersten Zeitabschnitt hat es sehr wenig geregnet, im zweiten zweimal 6 mm und im dritten einmal 12 mm, aber auch sonst noch ziemlich beträchtlich im zweiten und dritten Abschnitt.

Zu diesen nicht geringen Regenmengen kann aber weiteres Wasser von Regenfällen flußaufwärts und von der Schneeschmelze zugeführt worden sein, wodurch das Überstauen erklärlich sein würde.

64. (177.) Fall. Durch Erhöhung einer Seite des Überschwemmungsbettes (des Umfluters) eines Flusses und dadurch bewirkter Einengung wird angeblich der Fluß bei Hochwasser gegen das andere Ufer gedrängt und soll dadurch eine Mühle geschädigt haben. Der Sachverständige wünschte die Niederschlagsmengen und die Höhe der Schneedecke für eine bestimmte Hochwasserzeit zu kennen.

65. (178.) Fall. Anlieger des Oder-Spree-Kanals klagten bald nach seiner Anlage auf Schadenersatz für feuchtgewordene Wiesen durch Drängwasser. Die Kanalverwaltung gab diese Schädigung zum Teil zu, schob aber zum andern Teil dem Regen die Schuld zu. Gefragt wurde nach den Regenmengen der letzten sechs Jahre.

Bei diesen beiden Fällen ist die gegebene Auskunft nicht mitgeteilt, da es sich um umfangreichere Tabellen handelte und die Beurteilung der Fälle weniger wichtig ist als der Gegenstand des Streites. Auch später wird gelegentlich so verfahren werden. Unter Drängwasser im letzten Beispiel ist das Wasser zu verstehen, das durch die Deiche des Kanals dringt. Da der Oder-Spree-Kanal in den Jahren 1887—1891 erbaut wurde und bei neuen Kanälen das Drängwasser größer als bei älteren ist, weil bei diesen die Deiche sich gesetzt und gedichtet haben, so ist es verständlich, daß bereits im Jahre 1893 obige Klage entstand und zum Teil auch von der Verwaltung als berechtigt anerkannt wurde. Ganz ähnlich lagen die Verhältnisse an einer Strecke des Kanals, die erst 1913 umgebaut worden war, wo folgende Klage entstand:

66. (179.) Fall. Dem Oder-Spree-Kanal benachbarte Luche verwässerten in den Jahren 1915 und 1916. Die Grundbesitzer sagten, das Grundwasser sei wegen Undichte der Kanalwände höher geworden und träte in den Luchen zutage. Die Kanalverwaltung gab diese Möglichkeit für das Jahr 1914 noch zu, nicht aber für 1915 oder 1916; da sei der Regen schuld.

Auskunft: Diese beiden Jahre waren tatsächlich zu naß, besonders 1916.

Bei dieser Auskunft wurden nicht nur die Regenmengen gewünscht, sondern für dieselbe Zeit auch das Sättigungsdefizit oder, wenn es nicht berechnet vorlag, die Temperatur und die relative Feuchtigkeit. Unter Sättigungsdefizit versteht man diejenigen Wasserdämpfe, die der Luft bis zur vollen Sättigung noch fehlen. Wenn also beobachtet worden ist, daß die absolute Feuchtigkeit (S. 13) 4,3 g (oder mm Druck) beträgt und zur vollen Sättigung der Luft 5,7 g nötig sind, so ist 5,7 — 4,3 = 1,4 g das Sättigungsdefizit. Vielfach wird angenommen, man habe darin ein Maß für die Geschwindigkeit der Verdunstung, doch ist das nur sehr bedingt richtig, da auch die Kenntnis der Wärmeverhältnisse nötig ist.

67. (180.) Fall. Ein Anlieger einer neuen Eisenbahnstrecke klagte wegen Hochwasserbeschädigung seines Ackers gegen die Verwaltung. Sie hätte die Seitengräben der Bahn nicht ordnungsmäßig unterhalten und die Durchlässe in diesen Gräben in einer Wegekreuzung in Schienenhöhe zu klein angelegt, so daß bei einem Hochwasser im März das von den Bergen herabgekommene Schnee- und Regenwasser sich oberhalb der Wegekreuzung hätte aufstauen, die Bahn quer überströmen und seinen Acker überfluten und verwüsten müssen. Wie groß waren die Schnee- und Regenmengen und wie groß der Wasserwert des Schnees? Das Niederschlagsgebiet ist nur klein, so daß die Abflußmengen gleichzeitig mit oder unmittelbar nach dem Regen oder der Schneeschmelze als an der Prozeßstelle angekommen anzunehmen sind. Wie war die Temperatur, um beurteilen zu können, ob zu Beginn des Regenwetters der Boden noch hart gefroren war oder nicht.

Auskunft: Nur kleine Mengen bis 3 mm fielen. Eine dünne Schneedecke, bis 4 cm Höhe, lag nur in den ersten zwei Tagen, und ihr Wasserwert betrug 2,6 mm bei 2 cm Höhe. Die Temperatur sank nachts noch um 3—6° unter den Gefrierpunkt, stieg aber mittags um ebensoviel darüber.

68. (181.) Fall. Infolge Anschüttungen bei einer Wegeverlegung an einem Bahnhof durch den Eisenbahnfiskus sollten Wassermengen in einen Keller gedrungen sein und Schaden verursacht haben. Die verklagte Bahnverwaltung behauptete, es habe so stark wie seit Menschengedenken nicht geregnet. Infolge des wolkenbruchartigen Regens seien auch sonst zahlreiche Grundstücke und Keller im Orte sowie die ganze Bahnhofsanlage überflutet worden.

Auskunft: Es war ein Gewitter, bei dem höchstens 20 mm gefallen sind; also war es kein Wolkenbruch, und es konnte höhere Gewalt nicht eingewendet werden, wenn auch Überschwemmung eingetreten war.

69. (182.) Fall. Wassertümpel sollten sich durch Senkungen infolge Bergbaus gebildet haben, während die Bergverwaltung als Ursache häufigen starken Regen angab.

Auskunft: Es wurden die Monatsmengen für die letzten Jahre mitgeteilt.

Es hätten aber auch die Regentage mitgeteilt werden sollen.

70. (183.) Fall. Ein Gutsbesitzer verklagte die Eisenbahn wegen Versumpfung seines Geländes durch zeitweises Überfließen eines Bahnhofsbrunnens. Die Bahnverwaltung meinte, es habe oft geregnet, und außerdem hätte das Gelände des Gutsbesitzers zu geringe Vorflut zum Flusse hin.

Auskunft: Es hat in der Tat mehr und öfter als im Vorjahre geregnet.

Unter Vorflut (vgl. auch S. 103) ist hier die freie Abflußmöglichkeit des Regen- und Schneeschmelzwassers zu verstehen.

Nach diesen Beispielen mit Wasserzuführung folgen einige, in denen über Wasserentziehung geklagt wird. Solche Klagen werden besonders dann oft erhoben, wenn entweder eine sehr lange Trockenzeit gewesen war oder wenn kürzere mehrfach hintereinander auftraten; entsprechend ist es bei den Klagen über Nässe. Die so nahe liegende natürliche Ursache wurde nicht beachtet, lieber eine andere angegeben, wodurch man sogar vielleicht noch eine Entschädigung herausquetschen konnte. Solches Heranholen fernliegender Erklärungen wurde auch im Weltkriege oft beobachtet. Wenn es z. B. einmal längere Zeit hindurch oft geregnet hatte, so wurde bei den Wetterämtern angefragt, ob das nicht von dem vielen Schießen herkäme, und war es wochenlang trocken, so wurde auch dafür das Schießen schuldbar gemacht!

71. (184.) Fall. Auf einem großen Ackerstück war dräniert worden. Drei Mühlen, die etwas unterhalb liegen, sollten dadurch zuwenig Wasser erhalten. Der Grundbesitzer aber meinte, es regne jetzt weniger als in den Vorjahren.

Auskunft: Es wurden für eine große Reihe von Jahren die Monatsmengen des Niederschlages mitgeteilt, um vergleichen zu können.

72. (185.) Fall. Anlieger des Kaiser-Wilhelms-Kanals beklagten sich darüber, daß durch den Kanal ihre Brunnen so gesenkt seien, daß sie jetzt mühsamer und weniger Wasser gäben. Die Kanalverwaltung behauptete aber, es habe weniger geregnet und dadurch sei der Grundwasserstand niedriger.

Auskunft: Die fraglichen Monate waren meist reichlich zu naß.

Dieser Fall ist ein Gegenstück zu Nr. 178 und 179. Für sie alle und die folgenden Beispiele kommt zunächst § 905 des Bürgerlichen Gesetzbuches in Betracht:

„§ 905. Das Recht des Eigentümers eines Grundstückes erstreckt sich auf den Raum über der Oberfläche und auf den Erdkörper unter der Oberfläche.

Der Eigentümer kann jedoch Einwirkungen nicht verbieten, die in solcher Höhe oder Tiefe vorgenommen werden, daß er an der Ausschließung kein Interesse hat",

sodann die oben (S. 104) angeführten §§ 100 und 101 des preußischen Wassergesetzes und auch § 41 ebenda:

„§ 41. Durch die Benutzung des Wasserlaufs darf:

1. . . .

2. der Wasserstand nicht derart verändert werden, daß . . . fremde Grundstücke beschädigt werden."

Da der Kanal an jedem Ende Schleusen hat, wird der Wasserstand bei der Benutzung des Kanals verändert. Eigentlich hätte ein Einspruch des Eigentümers vor der Erbauung erfolgen müssen, wobei er sich auf § 907 des Bürgerlichen Gesetzbuches berufen konnte:

„§ 907. Der Eigentümer eines Grundstücks kann verlangen, daß auf den Nachbargrundstücken nicht Anlagen hergestellt oder gehalten werden, von denen mit Sicherheit vorauszusehen ist, daß ihr Bestand oder ihre Benutzung eine unzulässige Einwirkung auf sein Grundstück zur Folge hat . . ."

Zunächst entsteht allerdings die Schwierigkeit, ob die unzulässige Einwirkung mit „Sicherheit" vorauszusehen war, und sodann konnte der Eigentümer doch höchstens eine Entschädigung verlangen, nicht aber die Anlage des Kanals verhindern, da der Staatsnutzen hier vorgeht (S. 135).

73. (186.) Fall. Einem quellenlosen Landteich, aus dem Fabriken das Speisewasser für die Kessel und den sonstigen Betrieb entnahmen, sollte durch den Einschnitt einer neuen Bahn das Wasser zum Teil entzogen, der Wasserspiegel also gesenkt werden. Die Bahnverwaltung behauptete aber, daß es nur weniger geregnet habe. Wie waren die Regenverhältnisse der letzten sechs Sommer?

Auskunft: Der erste, vierte und sechste Sommer war trocken, aber der dritte und fünfte naß und der zweite normal.

74. (187.) Fall. Die Eisenbahn entnahm für eine Lokomotiv-Wasserstation Wasser einem See. Die Anlieger verklagten sie, weil sie zuviel entnahm, was die Verwaltung bestritt und große Trockenheit behauptete.

Auskunft: Die Monatsmengen für eine lange Reihe von Jahren wurden mitgeteilt.

75. (188.) Fall. Durch Bergbau sollte, wie eine Fabrik 1897 dem Wetteramt mitteilte, den Zuflüssen ihrer Weiher zuviel Wasser entzogen werden, und zwar seit mehr als dreißig Jahren. Da die Fabrik dadurch weniger und geringwertigere Waren erzeugen konnte, verlangte sie Entschädigung für den ganzen Zeitraum. Der verklagte Bergfiskus gab die Minderung der Wassermenge nach 1871 zu, bestritt sie aber vorher. Der Prozeß begann bereits 1883!

Auskunft: Die Monatsmengen des Niederschlages für 1855—1896 wurden mitgeteilt, woraus hervorging, daß vor 1871 die Jahre meist naß waren, mit Ausnahme der trockeneren Jahre 1861—1865; nach 1871 wechselten sie aber sehr.

76. (189.) Fall. Als um 1890 infolge drohenden Ersaufens einiger Gruben der Mansfelder Kupferschiefer bauenden Gesellschaft der Salzige See bei Eisleben als Wasserzuführer ausgepumpt worden war, wurde von den Anliegern behauptet, daß nun die Niederschläge zurückgehen müßten, denn es wäre keine verdunstende Wasserfläche mehr da. Das preußische Landeswetteramt hatte 1893 aber ein Gutachten dahin erstattet, daß eine derartige Besorgnis unbegründet wäre; höchstens würde die Luftfeuchtigkeit des Ufergeländes ein wenig geringer. Demgemäß wurde die Entschädigung der Anlieger bemessen. Mehr als zwei Jahrzehnte später wurde auf Grund eines Vortrages in dortigen landwirtschaftlichen Kreisen der Versuch gemacht, obige Behauptung durch Hinweis auf die Niederschlagsbeobachtungen in Halle a. d. S. und Eisleben zur Grundlage einer neuen Entschädigungsforderung zu machen. Das preußische Landeswetteramt wurde wieder zu einer Äußerung aufgefordert.

Auskunft: Es wurde nachgewiesen,[1]) daß jener Vortragende zum Teil falsche, und zwar zu niedrige Werte benutzt und andere ganz unkritisch verwertet hatte; es sei auch nicht einzusehen, warum sich die Niederschläge in Eisleben durch die Trockenlegung des Sees vermindert haben sollen, wo doch Eisleben auf der Wind- und Regenseite des Sees liege, während man eine Abnahme doch höchstens auf der Ostseite des Sees erwarten könne; endlich sei durch zahlreiche Untersuchungen am Spreewald, an großen Seen, breiten Strömen und sogar bei der Trockenlegung von fast $2\frac{1}{2}$ Millionen Hektar der Pripjetsümpfe in Rußland (der Salzige See war nur 860 ha groß) nachgewiesen worden, daß eine Verminderung der Niederschläge in der Nachbarschaft nicht eingetreten sei.

77. (190.) Fall. Durch Bergbau soll eine Quelle seit 1885 an Ergiebigkeit nachgelassen haben. Wie waren 1885—1914 die Niederschlagsmengen?

Auskunft: Die Monatsmengen wurden mitgeteilt.

Nach § 54 des Allgemeinen Berggesetzes für die preußischen Staaten vom 24. Juni 1865 ist der Bergwerksbesitzer berechtigt, fremden Grundstücken Wasser zu entziehen, wofern nicht dadurch „gemeinschädliche Einwirkungen" (§ 196) entstehen, d. h. solche, bei denen der der Gesamtheit durch den Bergbau erwachsende Nutzen wesentlich durch seinen Schaden überwogen wird. Trotz jener Berechtigung ist aber der Besitzer nach § 148 verpflichtet,

„für allen Schaden, welcher dem Grundeigentume oder dessen Zubehörungen durch den unterirdisch oder mittels Tagebaus geführten Betrieb des Berg-

[1]) Vgl. G. Hellmann in der Meteorologischen Zeitschrift 1915, S. 307—311.

werks zugefügt wird, vollständige Entschädigung zu leisten, ob der Betrieb unter dem beschädigten Grundstücke stattgefunden hat oder nicht, ob die Beschädigung von dem Bergwerksbesitzer verschuldet ist, und ob sie vorausgesehen werden konnte oder nicht".

Wie hier, so kann bei der Quelle auch nur der geschädigte Besitzer der Quelle klagen, wenn er durch die Verminderung des Wassers in seinem Betriebe Schaden erlitten hat. Ist der Schaden hierbei aber nicht nachweisbar, sondern handelte es sich nur um eine Abnahme des Wassers in dem durch die Quelle gespeisten Abfluß, so ist eine Klage aussichtslos; denn auch durch das Quellengesetz vom 14. Mai 1908 sind nicht alle beliebigen Quellen geschützt, sondern nur Heilquellen (§ 1) und auch nur solche, „deren Erhaltung aus überwiegenden Gründen des öffentlichen Wohles notwendig erscheint".

b) Schnee.

1. (191.) Fall. Auf dem Bahnsteig fiel jemand hin und verletzte sich. Die verklagte Bahnverwaltung behauptete, es habe geschneit, und durch das Schneetreiben sei Glätte entstanden.

Auskunft: Es fiel kein Schnee.

2. (192.) Fall. Bei einem Unfall abends um 8 Uhr wurde gefragt, ob Schnee mit Regen gefallen und der Boden mit Matsch bedeckt war (sog. Matschwetter) oder aber Wetter gewesen ist, bei dem man sehr leicht unter den Stiefelsohlen glatte Bestandteile von Schnee ins Haus getragen haben konnte.

Auskunft: Von 9¾ Uhr früh bis 7 Uhr abends schneite es so, daß, obwohl nachmittags bereits leichtes Tauwetter bis + 1½ ° eingetreten war, am nächsten Morgen der Schnee noch 1 cm hoch lag.

Hiernach ist die Bezeichnung Matsch und Matschwetter gerichtsfähig. Vgl. S. 167.

3. (193.) Fall. Zwei Knaben sagten aus, ein dritter Knabe habe eine Fensterscheibe mit Schneebällen eingeworfen. Der Vater dieses Knaben aber bestritt das, denn es habe damals kein Schnee gelegen, wogegen die beiden Knaben sagten, es sei bei dem ersten größeren Schneefall geschehen, aber den Tag könnten sie nicht genauer angeben. Wann war der erste größere Schneefall?

Auskunft: Bei dem ersten Schneefall fiel auch Regen; bei dem zweiten, dessen Monatstag angegeben wurde, bildete sich eine 15 cm hohe Schneedecke bei einer Temperatur dicht über 0 °.

Die Angabe der Temperatur ist notwendig, da der Schnee dicht um 0° herum gut „bäckt" und sich zum Schneeball formen läßt. Die Schneekristalle werden durch den Druck wenigstens teilweise flüssig und etwas biegsam; sie legen sich hart aneinander und frieren zusammen, sobald der Druck nachläßt (Regelation). Bei tieferer Temperatur genügt aber der Druck der Hand nicht mehr, und dann kann man auch keine Schneebälle machen; daß die Kristalle dann hart sind, hört man am Knirschen beim Gehen und Fahren.

4. (194.) Fall. Auf einem Hofe entstand eine Schlägerei, wobei der Kläger mit einem Schneeschieber geschlagen wurde. Um zu beweisen, daß der Schläger absichtlich über ihn hergefallen sei und sich darauf vorbereitet habe, behauptete er, es habe kein Schnee gelegen, so daß der Schläger den Schieber nicht schon in der Hand gehabt haben konnte, wie dieser sagte.

Auskunft: Es lag an ungefegten Stellen eine Schneedecke von 3 cm Höhe.

Diese Einschränkung „an ungefegten Stellen“ darf nie vergessen werden; denn an den Wettermeßstellen wird die Schneehöhe gewöhnlich nur an Plätzen gemessen, wo der Schnee noch unberührt lagert. Dazu wählt man Orte aus, die so windgeschützt sind, daß der Wind den gefallenen Schnee weder aufwirbelt, noch ihn zusammenweht. Außerdem wird an verschiedenen Meßstellen auch die Höhe des Neuschnees bestimmt, indem auf einem früh rein gefegten Brett die Höhe des dann gefallenen Schnees am nächsten Morgen oder im Laufe des Tages selbst festgestellt wird.

Eine große Rolle spielt die Schneedecke in gerichtlichen Streitigkeiten, weil in ihr Fuß und Wagen eine Spur hinterlassen und diese Spur entweder durch die Richtung, die sie weist, bedeutungsvoll werden kann, oder, namentlich bei Gangspuren, durch die Möglichkeit, aus ihrer Form die Persönlichkeit festzustellen. Wie der Untersuchungsrichter dabei vorgehen muß, lehrt ja Groß in seinem Handbuch[1]) und ebenso A. Niceforo in seiner „Kriminalpolizei“ S. 113 ganz eingehend. Von den Schneespuren sagt Groß (5. Aufl., S. 636), nachdem er von Spuren im lehmigen Boden gesprochen hat: „Ähnliche Änderungen finden auch bei Spuren im Schnee statt, wenn sie wiederholtem, oberflächlichem Abschmelzen und Wiederfrieren ausgesetzt waren. Solche Schneespuren sehen überhaupt oft sehr seltsam aus. Sind sie z. B. bei geringer Kälte entstanden, so wird der Schnee unter der Sohle und unter dem

[1]) Wenn Groß darin nur vom Physiker und nicht vom Meteorologen als Sachverständigen spricht, so kommt das daher, daß damals in seinem Wirkungsorte Graz die Meteorologie an der Universität nicht vertreten war. Um so lieber nahm er im Jahre 1911 meinen Aufsatz (vgl. S. 204, 7) für sein Archiv.

Absatz besonders zusammengedrückt, so daß er dort bei folgender Kälte eisartig zusammenfriert. Geht dann der Schnee weg, so zergehen diese eisigen Stücke langsamer, und die Formen (wie ein Stück Sohle und ein Stück Absatz gestaltet) bleiben noch eine Zeitlang liegen, wennschon aller anderer Schnee verschwunden ist. Die Art, wie eine Spur gefroren, vereist oder bereift ist, kann unter Umständen für ihr Alter maßgebend sein.“ Zu erwähnen ist noch, daß auf bereiftem und selbst nur betautem Boden früh auch Fußspuren entstehen können, die aber bei höher steigender Sonne verschwinden.

Auch für Zinken, d. h. Zeichen, wird die Schneedecke besonders von Zigeunern, Bettlern und Verbrechern benutzt, um nachkommenden Genossen ihren Weg oder den von Polizisten usw. anzugeben.

5. (195.) Fall. Ein Mann war wegen Diebstahls am 27. Januar verurteilt worden. Nun war schon am 19. Januar in derselben Straße ebenfalls gestohlen worden, und man beschuldigte den Verhafteten auch dieser früheren Tat, weil dessen Schuh nach Aussage des Gendarmen in eine am 28. gemessene Spur paßte. Die Fußspur wurde nach Entfernung der Schneedecke im hartgefrorenen Boden gefunden. Ein Entlastungszeuge, der bekundete, daß der Verhaftete bis zum 25. in einer fernen Stadt gewesen sei, wurde vom Gericht als nicht glaubwürdig angesehen, da er wegen Kuppelei vorbestraft war. Das Wetteramt hatte schon früher mitgeteilt, daß am Spätabend des 19. noch 1—2° Wärme gewesen seien, dann aber leichter Frost eingetreten und der Boden gefroren sei. Später fiel Schnee. Die Schwester des Verurteilten wünschte wegen Wiederaufnahme des Verfahrens eine Auskunft, ob eine in weicher Erde hinterlassene Spur bei Frost sich zehn Tage genau in ihrer Form, auch wenn erst eine Schneedecke zu entfernen war, hat halten können, oder ob sie nicht durch Wind und Wetter Risse und Brüche erhalten und dadurch unkenntlich geworden sein konnte.

Auskunft: Das Wetteramt erklärte sich für diese Fragen nicht für zuständig.

6. (196.) Fall. War so starker Regen, daß Fußspuren im Walde und auf benachbarten Straßen verwischt werden mußten, oder lag Schnee so hoch, daß sie trotz Regens noch erkennbar bleiben konnten?

Auskunft: Am ersten Tage fiel auf eine hohe Schneedecke mittelstarker Regen mit Schneeflocken, am zweiten Tage bei + 1° bis + 2° vormittags Schnee, dann etwas Regen, aber trotzdem lag nachher der Schnee immer noch so hoch, daß Fußspuren geblieben sein müssen; höchstens kann der letzte Schnee die Spuren zugedeckt und verwischt haben, doch vermag darüber das Wetteramt kein Urteil abgeben.

7. (197.) Fall. In einer Strafsache behauptete ein Zeuge, die Erde sei so feucht gewesen, daß eine Stiefelspur, die am Morgen entstanden war, noch am Abend genau zum Einpassen des Stiefels vorhanden gewesen wäre. Der Angeklagte aber erwiderte, es sei bis dahin trocken gewesen.

Auskunft: Zwei Tage vorher fielen geringere Regen, dann war es trocken bis zum fraglichen Abend, an dem ein Gewitterregen herniederging.

Dieser Fall wird hier eingereiht, weil er zu den Erörterungen über Fußspuren gehört, wenn auch nur nasser Boden und nicht Schnee in Betracht kam.

Bei dieser Auskunft hätte noch der Wind und die Feuchtigkeit berücksichtigt werden sollen; denn davon hing es ab, ob der Boden von den ersten Regenfällen her noch naß genug war; auch hätte angegeben werden sollen, ob Tau war oder ob er hätte möglich sein können.

8. (198.) Fall. Ein Mann war wegen Kieferndiebstahl auf die Aussage des Försters hin verurteilt worden. Der Förster hatte bekundet, daß er am 6. Januar von der Stelle aus, wo etwa 80 Stück 5—7 m langes Stangenholz von Unbefugten abgehauen und fortgebracht worden waren, die Spur eines zweispännigen Wagens gesehen habe. Das Datum wußte er nicht mehr genau; ein Zeuge sagte, daß der Diebstahl am 3. Januar verübt worden sei. In dem Antrage auf Wiederaufnahme des Verfahrens behauptete der Verurteilte, es sei am 3. großes Schneetreiben gewesen und deshalb ausgeschlossen, daß am 6. noch etwas von der Wagenspur zu sehen gewesen wäre.

Auskunft: Am 3. früh lag der Schnee 24 cm hoch, am Vormittage fiel noch mäßiger Schnee, der aber die Schneedecke um weniger als 1 cm verstärkte. Es wehte lebhafter Ostwind. Am 4. schien die Sonne bei Windstille.

Danach war die Angabe des Verurteilten von großem Schneetreiben nicht ganz unrichtig, aber nur für das freie Feld geltend; denn im Walde mußte der Wind so abgeschwächt werden, daß von Schneetreiben nicht die Rede gewesen sein kann. Die Wagenspur aber konnte bei 24 cm hoher Schneelage, wo sie sicherlich tief eingeschnitten war, auch lebhafter Ostwind nicht ganz zuwehen.

9. (199.) Fall. Bei einer Anklage wegen Wilddieberei kam es darauf an, festzustellen, ob Schnee an den Tagen vor der Tat gefallen war, so daß am Tage der Tat selbst schon früh eine Schneedecke lag.

Auskunft: Am Tage vor der Tat fiel genügend Schnee, um eine merkliche Schneedecke hervorzurufen.

10. (200.) Fall. Wegen eines Verbrechens war ein Mann nur daraufhin zu Zuchthausstrafe verurteilt worden, weil ein Zeuge beschworen hatte, er habe im Schnee Fußspuren vom Tatorte nach dem Hause des Beklagten hin gesehen. Der Verurteilte fühlte sich unschuldig und machte deshalb verschiedene Versuche zur Wiederaufnahme des Verfahrens; das glückte ihm erst, nachdem er aus dem Zuchthause heraus vom Wetteramt eine Auskunft erbeten hatte, ob denn damals überhaupt Schnee gelegen habe; nach seiner Erinnerung sei das nicht der Fall gewesen.

Auskunft: Es hat am Morgen der Tat kein Schnee gelegen; zwar war vorher gelegentlich feiner Schnee gefallen, der aber durch Regen und milden Wind stets gleich wieder geschmolzen wurde.

Hier liegt offenbar eine schwere Versäumnis des Richters vor, indem er nicht selbst bei dem Wetteramt Erkundigungen über die Schneedecke eingeholt hatte, sondern lediglich auf eine Zeugenaussage hin annahm, eine solche sei vorhanden gewesen.

11. (201.) Fall. Ein Förster hatte Holz verkauft, das in 1 m hohen Stößen lag. Der Käufer beanstandete es später und behauptete, er habe die Güte des Holzes nicht prüfen können, weil es durch Schnee überdeckt gewesen sei.

Auskunft: Es hat wohl Schnee gelegen, aber nicht so viel, daß 1 m hohe Holzstöße verdeckt worden wären.

12. (202.) Fall. Die preußische Eisenbahnverwaltung wurde wegen Überschreitung der Lieferfrist einer Sendung aus Rußland verklagt; sie wandte ein, daß die Verzögerung schon in Rußland, und zwar durch große Schneeverwehungen der dortigen Eisenbahn eingetreten sei.

Auskunft: Die russischen Wetterkarten meldeten, daß tatsächlich heftige Schneestürme und Bahnverwehungen vorgekommen waren.

Solche Anfragen kamen bis zum Weltkriege öfter, und sie wurden, obwohl für Rußland eigentlich das Petersburger Wetteramt (S. 20) zuständig ist, der Zeitersparnis halber tunlichst aus den russischen Wetterkarten beantwortet; in Zweifelsfällen wurde natürlich dorthin verwiesen.

13. (203.) Fall. Zur Entscheidung der Frage, ob die der verklagten Firma von der klägerischen Firma bestimmte, vom 15.—29. November laufende Frist zum Abfahren von über 150 Tonnen Eisensachen ausreichend bemessen war, oder ob sich in dieser Frist die Abfuhr wegen der damals in Berlin herrschenden Schneeverhältnisse nicht bewältigen ließ, wurde nach den Schneeverhältnissen gefragt.

Auskunft: An ungefegten Stellen betrug die Höhe der Schneedecke am 15. November früh 20 cm, am 16.—19. November 26 cm, am 20. noch 20 cm und verschwand bis zum 24. völlig; am 15. und 18. schneite es, besonders stark am 15.

14. (204.) Fall. Ein Pferd war gefallen und mußte getötet werden. Der Kutscher behauptete, es habe so viel Schnee gelegen, daß sich unter den Hufen Schneestollen gebildet hätten, wodurch das Pferd ausgeglitten sei. Hat überhaupt Schnee gelegen?

Auskunft: Ja.

6. Gewitter.

Obwohl das Gewitter eine gewaltige Erscheinung ist, zeigt es in der gerichtlichen Meteorologie nicht eine entsprechende Bedeutung. Der Gründe sind mehrere: erstens ist das Gewitter immerhin selten, in Berlin z. B. gibt es jährlich durchschnittlich kaum 15 Tage mit Gewittern, von denen noch dazu 12 nur auf die vier Monate Mai bis August kommen, so daß acht Monate fast gewitterfrei sind; zweitens sind Personen bei Gewittern meist in Häusern, also weit weniger blitzgefährdet; drittens werden Gebäude nicht allzuhäufig vom Blitz getroffen und vor allem nicht immer zündend, also weniger schadenbringend; viertens haben sich die Berufsgenossenschaften und Versicherungsgesellschaften durch die Gutachten der Sachverständigen immer mehr genötigt gesehen, Versicherungsgelder auch da zu bewilligen, wo sie sie früher oft verweigert hatten, und dadurch werden viele Streitfälle schon ohne wetteramtliche Auskünfte erledigt. Endlich kommt es bei Streitigkeiten über die Wirkungen von Gewittern nicht stets auf elektrische Entladungen an, sondern öfter auch auf starken Gewitterregen, und eine Anzahl solcher Fälle wurde deshalb teils schon im vorigen Abschnitt behandelt, teils soll sie im Abschnitt „Höhere Gewalt" (S. 202) erörtert werden.

Anderseits hat das Gewitter durch die Größe des Schadens, den es an Menschen und an Sachen anrichten kann, doch auch wieder in der gerichtlichen und berufsgenossenschaftlichen Praxis wiederholt eine solche Rolle gespielt, daß es angezeigt erscheint, etwas näher auf die für die Beurteilung wichtigsten Punkte einzugehen; zum Teil werden sie aber auch aus den Auskünften hervorgehen. Es kommt dabei nicht darauf an, welche Anschauungen über die Natur des Gewitters und die Entstehung der zur Blitzbildung notwendigen elektrischen Spannung zwischen Wolken und Erde jeweils in der Meteorologie herrschen.[1]) Es genügt vollkommen, zu wissen, daß der Blitz der Ausgleich dieser Spannung ist.

Bei gutem Wetter ist die Erde negativ, die Luft und die Wolken meist positiv elektrisch geladen, wogegen es bei Regen oft um-

[1]) Zur weiteren Kenntnis verweise ich auf meine Artikel „Gewitter" und „Blitzgefahr" in Meyers großem Konversationslexikon (6. Aufl.) und auf J. Hann, Lehrbuch der Meteorologie, 3. Aufl., Leipzig 1915, S. 649 und 738.

gekehrt ist. Hat nun die Spannung zwischen Erde und Wolken eine solche Größe erreicht, daß die dazwischenliegende Luft, die im allgemeinen zwar wenig leitend ist, es aber durch Wasserdampf und Regen wird, durchschlagen werden kann, so entsteht der Blitz. Er geht in der Regel von der Wolke zur Erde; ist aber während des Gewitters nach Entladungen die Erde positiv und die Wolke negativ elektrisch, so kann der Blitz von der Erde nach oben gehen, und man nennt ihn dann Rückschlag. Blitz und Rückschlag können töten; denn die Stomstärke kann bis etwa zu 20000 Ampere ansteigen. Der Blitz sucht sich naturgemäß den ihm günstigsten Weg, und deshalb ist in dem noch zu erwähnenden Gutachten mit Recht die Stelle, die er getroffen hat, als besonders blitzgefährdet bezeichnet; denn andernfalls würde der Blitz eine andere Stelle aufgesucht haben. Dabei kann man aber nicht immer von nur einer Stelle sprechen; denn da sich der Linienblitz oft verzweigt, so vermag er gleichzeitig zwei oder mehrere bis um Hunderte von Metern auseinanderliegende Orte zu treffen. Welche Orte er bevorzugt, wird aus den Auskünften und den Gutachten hervorgehen. In der Nähe nicht durch Blitzableiter geschützter hoher Gegenstände (Türme, Masten, Bäume) ist der Mensch stets gefährdet, ebenso wenn er selbst auf dem Felde die höchste Erhebung bildet. Der Glaube, daß gewisse Baumarten vom Blitz nicht getroffen werden und man sich bei Gewittern unter solche Bäume stellen darf, ist durchaus irrig; man kann nur sagen, daß einzelne Baumarten weniger oft als andere getroffen werden. Ich habe zur Warnung einen weitverbreiteten Vers darüber wie folgt berichtigt:

Das Nadelholz, Eiche, nebst Pappel und Weiden,
Sowie noch den Birnbaum mußt durchaus du meiden;
Bei Hainbuche, Hasel, Kastanie und Buchen,
Bei Erlen auch magst du Regenschutz suchen;
Doch hast du dein Leben nur etwas gern,
So halte dich auch von diesen fern —
Besonders wenn einer einzeln steht,
Weil dorthin am liebsten der Blitzweg geht.

Blitzableiter schützen nur dann, wenn sie sachgemäß angelegt und regelmäßig auf gute Leitfähigkeit geprüft werden. Versicherungsgesellschaften ermäßigen deshalb die Gebühr für Gebäude, wenn Blitzableiter vorhanden sind.

Die Blitze teilt man oft nach ihrer Wirkung in zündende und nichtzündende (sog. kalte Schläge) ein; jene sind meist schwächer und langsam, diese stark und rasch. Damit ist aber wenig über die verschiedenen Arten der Wirkungen gesagt; solcher gibt es viele, z. B. mechanisches Zerstören, Sprengen der Zellen der Pflanzen, Zünden, Schmelzen von Metallen, Betäuben, Verletzen und Töten von Menschen und Tieren usw. Menschen werden in Preußen jährlich 4—6 getötet, und zwar fast stets im Freien, dagegen in Städten in hundert Jahren kaum einer!

Da vom Blitz meist Arbeiter im Freien betroffen werden, so sind die Fragen, ob sie dort einer erhöhten Blitzgefahr ausgesetzt sind und ob ein Betriebsunfall vorliegt, für die Berufsgenossenschaften und Versicherungsbehörden von besonderer Bedeutung geworden. Ich gebe deshalb nach den Monatsblättern für Arbeiterversicherung 1908 einen längeren Auszug aus einer Entscheidung des Oberlandesgerichtes Zweibrücken vom 26. November 1907 über diese Fragen:

„Damit ein Unfall, den ein Versicherter erleidet, als ein entschädigungspflichtiger Betriebsunfall gelte, genügt es nicht, daß die Schädigung zur Zeit und am Orte des Betriebs eintritt, sondern sie muß vor allem ursächlich mit dem Betriebe zusammenhängen. Nicht allgemein anerkannt wird die ursächliche Bedeutung des Betriebs für einen bei der Betriebsarbeit eintretenden Unfall, der aus einer sog. Gefahr des gemeinen Lebens entspringt. Darunter versteht man eine solche Gefahr, welche an der betreffenden Stelle und zu der betreffenden Zeit auch für jede andere, nicht im Betriebe beschäftigte Person in gleichem Maße wie für die verunglückte bestanden hätte, und welcher diese auch anderswo außerhalb der Grenzen des Betriebs und zu anderer Zeit hätte erliegen können. Namentlich gilt dies von Unfällen, die durch die Einwirkung höherer Gewalt, durch Naturereignisse, außergewöhnliche Witterungsverhältnisse u. dgl. hervorgerufen werden. Nur dann wird dem Betriebe die Ursache beigemessen, wenn der Versicherte an der Betriebsstätte der allgemeinen Gefahr in höherem Maße ausgesetzt war, als er es an den andern Orten gewesen sein würde.

Demgemäß wurde früher bei Körperschädigungen durch Blitzschläge in jedem einzelnen Falle untersucht, ob an der Unfallstelle eine erhöhte Blitzgefahr vorgelegen hatte. Es wurde festzustellen gesucht, ob etwa in der vom Blitze getroffenen Person oder in ihrer Umgebung besondere Verhältnisse begründet waren, die den Blitz gerade dahin gezogen, die also der Wolkenelektrizität einerseits und der Erdelektrizität anderseits einen besonders geeigneten Weg zu ihrer Vereinigung dargeboten hatten. Es wurde nachgeforscht, ob etwa der Untergrund an der Unfallstelle feucht war, ob sich an der Unfallstelle oder in ihrer unmittelbaren Nähe ein Wasserlauf oder ein Teich befand, ob dort ein über die Umgebung hinausragender Gegenstand, z. B. ein Baum, vorhanden war, ob die verletzte Person vielleicht selbst auf eine weitere Entfernung hin den höchsten Punkt gebildet oder ob sie etwa eisernes oder eisenbeschlagenes Arbeitsgerät bei sich getragen hatte. Wurde ein derartiger Umstand ermittelt, so wurde eine erhöhte Blitzgefahr bejaht; gelang es aber nicht, einen solchen Umstand aufzudecken, so wurde sie verneint. Im letzteren Falle nahm man an, daß der Blitz nur zufällig gerade an der Unfallstelle eingeschlagen war und ebensogut jede andere Stelle derselben Gegend hätte treffen können, und es wurde in dem Blitzschlage lediglich eine Gefahr des täglichen Lebens gesehen. Nach den bisherigen über die Blitzgefahr gesammelten wissenschaftlichen Erfahrungen und statistischen Feststellungen fehlte es dem Reichsversicherungsamt insbesondere an ausreichenden Anhaltspunkten dafür, daß etwa die im Freien befindlichen Personen schon durch diesen Aufenthalt einer erhöhten Blitzgefahr ausgesetzt seien.

Neuerdings aber hat das Reichsversicherungsamt auf Grund von Gutachten hervorragender Meteorologen, die in der Wissenschaft einen besonderen Ruf genießen, eine andere Auffassung über den Nachweis einer erhöhten Blitzgefahr gewonnen und in der Rechtsprechung zum Ausdrucke gebracht. Das Ergebnis der umfangreichen Beobachtungen und Erfahrungen, welche die Wissenschaft der Wetterkunde gesammelt hat, ist namentlich niedergelegt in zwei vom Reichsversicherungsamt eingezogenen Gutachten; das eine ist durch den Abteilungsvorsteher im Königlichen Meteorologischen Institute zu Berlin, Geheimen Regierungsrat Dr. Aßmann, erstattet und mit der Rekursentscheidung 2045, Amtliche Nachrichten des Reichsversicherungsamts 1904, S. 408, veröffentlicht; das andere ist durch den Direktor des meteorologischen Landesdienstes für Elsaß-Lothringen, Prof. Dr. Hergesell zu Straßburg, abgegeben und in den Amtlichen Nachrichten des Reichsversicherungsamts 1905, S. 290, abgedruckt. Nach dem letzteren Gutachten bedarf es jetzt im einzelnen Falle keiner Untersuchung mehr, ob gewisse Umstände den Blitz gerade nach der Unfallstelle gezogen haben, und welche Umstände dies gewesen sind. Denn es ist in ‚jedem einzelnen Falle anzunehmen, daß immer da, wo der Blitz einschlägt, ein den Blitz anziehender besonderer Tatbestand vorgelegen hat, und daß demgemäß die Blitzgefahr gerade an jener Stelle größer gewesen ist als an andern Orten. Die Erkennung der Ursachen, welche das Auftreten des Blitzes in bestimmten Fällen herbeigeführt haben, ist zwar vielfach, besonders nachträglich, sehr schwer, da viele Umstände zusammenkommen, welche die Blitzbahn beeinflussen. Lassen sich die Ursachen für die Richtung des Blitzes nach der getroffenen Stelle also auch nicht mehr feststellen, so berechtigt dies doch nicht dazu, zu bestreiten oder zu bezweifeln, daß gerade an dieser Stelle verschiedene Umstände für das Einschlagen des Blitzes zusammengetroffen sind, daß also die getroffene Person der Blitzgefahr in erhöhtem Maße ausgesetzt war.‘ ‚Die Blitzrichtung folgt‘ eben ‚vom naturwissenschaftlichen Standpunkt aus nicht dem Zufalle, sondern ist bestimmten Naturgesetzen unterworfen‘. Ihn ähnlicher Weise äußert sich ein anderer

Sachverständiger, der Prof. Hoppe an der Bergakademie zu Clausthal, in einer Abhandlung: ‚Der Blitz — Blitzwege und Blitzwirkungen — Blitzgefahr und Blitzschutz‘, wo z. B. gesagt ist: ‚Im Blitzstrahle gleicht sich die Elektrizität der Wolke mit derjenigen der Erde nicht ohne Wahl an beliebiger Stelle aus‘; ‚es muß heißen: nicht ohne Wahl zuckt der Strahl‘. ‚In der Natur folgt jede Erscheinung bestimmten Gesetzen; Willkür nur vermutet der Mensch, wo ihm die Erfahrung fehlt, seine Beobachtungen, Kenntnisse und Überlegungen unzureichend sind, kurz, wo die Abhängigkeit der bei der Erscheinung auftretenden Größen ihm unklar ist.‘ Wären nicht gerade an der Unfallstelle die naturgesetzlichen Bedingungen für das Einschlagen des Blitzes zusammengetroffen, so würde der Blitz sich eine andere Bahn gesucht haben, wo die Bedingungen gegeben waren. Der Blitz ist nichts anderes als sich entladende oder ausstrahlende Elektrizität, der einschlagende Blitz ein überspringender elektrischer Funke. Die Elektrizität wird aber nur durch dazu geeignete, sog. leitende Körper weitergetragen, und nur auf solche springt sie über. Wie man die Elektrizität durch gewisse Vorkehrungen ausgleichen, mehr oder weniger stark leiten oder von gewissen Punkten ganz abhalten, auf andere aber überspringen lassen kann, so kann man durch geeignete Einrichtungen auch die sich entgegenstehende Erd- und Wolkenelektrizität ineinander überleiten, zur Ausgleichung bringen und die zu stark angesammelte, überspringende Elektrizität, das ist den Blitz, auffangen und in eine bestimmte Richtung ablenken. Hierin besteht das Wesen und der Zweck der Blitzableiter. Die Anbringung von solchen hätte keinen Sinn, wenn die Blitzrichtung vom Zufall abhinge. Des weiteren hat die Wissenschaft festgestellt, daß die Blitzgefahr für Personen im Freien größer ist als in geschlossenen Räumen. In den letzteren sind sie zum Teil schon deshalb weniger gefährdet, weil eine nicht unerhebliche Anzahl von Gebäuden mit Blitzableitern versehen ist. Wenn die Räume nicht derartig geschützt sind, so werden die darin sich aufhaltenden Personen aus dem Grunde vom Blitze weniger getroffen, weil der in das Gebäude einschlagende Blitz oftmals von diesem und seinen einzelnen Teilen, namentlich von seiner nassen Oberfläche und dem darin gebrauchten Eisenwerk, aufgefangen und abgeleitet wird. Sie sind, wie Prof. Dr. Hergesell ausführt, ‚im allgemeinen durch den Blitz nur dann gefährdet, wenn sie sich in der Nähe der in diesen Gebäuden befindlichen metallischen Leitungen, wie Wasser- und Gasleitungen usw., befinden‘. Demgegenüber geben die Personen im Freien unzweifelhaft häufiger Veranlassung zur unmittelbaren Bildung der Blitzbahn. ‚Es muß verneint werden,‘ so äußert sich Prof. Dr. Aßmann am Schlusse seines bezeichneten Gutachtens, ‚daß die Wissenschaft die Blitzgefährdung einer im Freien befindlichen Person nicht höher bewerte als die einer im geschlossenen Raume befindlichen.‘ Man kann jetzt ‚mit Bestimmtheit behaupten, daß eine derartige Anschauung den allgemein als richtig anerkannten Lehren der modernen Wissenschaft direkt widerspricht. Beweise für die Richtigkeit der letzteren liefert übrigens die Blitzstatistik‘. Erfahrungsgemäß ist die Zahl der im Freien vom Blitze getroffenen Personen schon an sich größer als die Zahl derjenigen Personen, die in geschlossenen Räumen, und namentlich derjenigen, die in städtischen Gebäuden erschlagen werden, in welche der Blitz verhältnismäßig selten einschlägt. Der Vergleich fällt für die im Freien befindlichen Personen aber noch erheblich ungünstiger aus, wenn man erwägt, daß zur Zeit eines Gewitters sich viel weniger Personen im Freien als in geschlossenen Räumen aufhalten. Demzufolge sind vom Reichsversicherungsamt neuerdings ebenso, wie es z. B. vom Königlich Bayerischen und vom Großherzoglich Hessischen Landesversicherungsamte bereits früher geschehen ist, die durch Blitzschläge hervorgerufenen Körperschädigungen derjenigen Personen, die infolge ihrer Betriebstätigkeit im Freien sich aufzuhalten gezwungen sind, schlechthin für Betriebsunfälle erklärt worden. Namentlich ist dies bei landwirtschaftlichen Arbeitern der Fall gewesen, denen nach der täglichen Erfahrung der bei weitem größte Teil der durch Blitzschläge verunglückten Personen angehört.

In der neuesten Rechtsprechung hat das Reichsversicherungsamt auch die Unterscheidung zwischen Blitzunfällen im Freien und solchen in geschlossenen Räumen nicht mehr für gerechtfertigt erachtet. In diesbezüglichen Rekursentscheidungen ist z. B. ungefähr folgendes ausgeführt: Die Darlegungen des Prof. Dr. Hergesell beziehen sich ebenso auf Blitzschläge im Freien wie auf solche in geschlossenen Räumen. Wo immer eine Person vom Blitze getroffen wird — sei es im Freien, sei es in einem geschützten Raume —, gerade da sind die naturgesetzlichen Vorbedingungen für das Einschlagen des Blitzes vorhanden gewesen, gerade da ist also die Blitzgefahr größer gewesen als an andern Stellen. Was insbesondere die Blitzgefahr in geschlossenen Räumen anbelangt, so liegt es auf der Hand, daß, wenn im allgemeinen hier Personen nur selten vom Blitze erreicht werden, eine ausnahmsweise gleichwohl getroffene Person sich unter besonders ungünstigen, die Blitzbahn beeinflussenden, also die Blitzgefahr erhöhenden Verhältnissen befunden haben muß. Eine Unterscheidung zwischen Blitzschlägen im Freien und solchen in geschlossenen Räumen ist daher nicht geboten. Es könnte sich höchstens noch fragen, ob der Blitz, von dem eine versicherte Person bei ihrer Betriebsbeschäftigung betroffen wird, in bezug auf seine Richtung stets durch Umstände beeinflußt wird, die mit dem Betriebe zusammenhängen. Auch dies muß bejaht werden, da nach dem Gutachten des Prof. Hergesell auszuschließen ist, daß die Blitzbahn durch lediglich in der Person des Versicherten als solcher liegenden Verhältnisse, unabhängig von der örtlichen Lage und Beschaffenheit der Betriebsstätte und von den Einrichtungen des Betriebs, bestimmt werden kann. Demnach muß unter allen Umständen eine durch Blitzschlag während der Betriebstätigkeit eingetretene Körperschädigung einer versicherten Person als Betriebsunfall anerkannt werden, mag der Blitzschlag im Freien oder im geschützten Raume erfolgt sein, und mögen die für die Richtung der Blitzbahn maßgebend gewesenen Umstände nicht oder nicht mehr zu erkennen sein (zu vergleichen die Rekursentscheidungen unter Ziffer 2135, Amtliche Nachrichten des Reichsversicherungsamtes 1906, S. 268). Den Unfallentschädigungsinstanzen liegt es nicht ob, im einzelnen Falle die nachträglich oft unmögliche Feststellung zu treffen, welche Umstände den Blitz gerade nach der Unfallstelle gezogen haben; sie haben sich vielmehr mit der für die Beurteilung der versicherungsrechtlichen Seite ausschlaggebenden und daher für ihre Aufgaben ausreichenden Tatsache zu begnügen, daß an der betreffenden Stelle jedenfalls eine erhöhte Blitzgefahr bestanden hat."

1. (205.) Fall. Ein Arbeiter war auf dem Moor beim Torfaufladen vom Blitz getötet worden, und zwar auf einem durch Sandauffuhr von $\frac{1}{2}$ m Höhe fahrbar gemachten Damme, etwa 100 m von Gebäuden entfernt. Er hatte entweder auf der wagenhohen Torfmiete gestanden und mit den Händen Torf aufgeladen oder auf flacher Erde gestanden und sich einer eisernen Gabel zum Aufladen bedient. Auf beiden Seiten des Dammes laufen in 3 m Abstand mit Wasser gefüllte Abzugsgräben. Ist mit an Gewißheit grenzender Wahrscheinlichkeit anzunehmen, daß eine erhöhte Blitzgefahr vorgelegen hat? fragt das Schiedsgericht für Arbeiterversicherung. Die Witwe war nämlich von der Berufsgenossenschaft auf Gewährung von Hinterbliebenenrente abgewiesen worden, weil ihr Ehemann einer erhöhten Blitzgefahr nicht ausgesetzt gewesen sei.

Auskunft: Der Arbeiter hat sich auf größere Entfernung hin als höchster Punkt in einem stark durchfeuchteten, moorigen Gelände befunden. Wenn auch der Verunglückte selbst auf einem erhöhten Sandwege gestanden hat, so scheint doch durch die Beschäftigung des Torfaufladens und vielleicht durch den mit dem Gewitter verbundenen Regen eine die Elektrizität gut leitende Verbindung von dem Arbeiter nach dem sumpfigen Untergrund gebildet zu sein. Unter diesen Umständen hat eine wesentlich erhöhte Blitzgefahr bestanden.

Dieser Fall ist ebenso wie die folgenden noch vor obiger Entscheidung des Reichsversicherungsamtes zur Verhandlung gekommen, und deshalb wurde bei ihnen noch gefragt, ob erhöhte Blitzgefährdung vorlag.

2. (206.) Fall. Der Sohn einer Witwe war auf einer Koppel bei der landwirtschaftlichen Betriebsarbeit vom Blitze erschlagen worden. Die Witwe war mit ihrem Antrage auf Sterbegeld und Hinterbliebenenrente von der Berufsgenossenschaft abschlägig beschieden worden, weil der Verunglückte nicht einer Gefahr des landwirtschaftlichen Betriebes, sondern des täglichen Lebens erlegen sei. Die Witwe legte Berufung bei dem Schiedsgericht für Arbeiterversicherung ein. Das Reichsversicherungsamt hat wiederholt den Standpunkt vertreten, daß nur dann ein Unfall im Betriebe anzunehmen ist, wenn der Verunglückte während seiner Betriebsarbeit der Blitzgefahr in höherem Maße als jede andere gleich ihm im Freien befindliche Person ausgesetzt war. Der Verunglückte sollte zwei Pferde anketten; das eine hatte er bereits befestigt und hielt das andere an einer eisernen Kette, als der Blitz ihn und das Pferd tötete. Er wurde mit teilweise um den Arm gewickelter Kette als Leiche gefunden. Das Schiedsgericht nahm hier erhöhte Blitzgefahr an, wollte aber vor dem Schiedsspruch das Urteil des Wetteramtes erfahren.

Auskunft: In dem Falle, daß das Pferd sich auf freiem Felde in größerer Entfernung von hohen Bäumen befunden hat, ist die Blitzgefahr für die Person, die das Pferd an einer eisernen Kette gehalten hat, erheblich vergrößert worden.

3. (207.) Fall. Ein Blitzschlag tötete einen Arbeiter. Die Akten mit Angabe der näheren Umstände lagen der Anfrage, ob erhöhte Blitzgefahr vorlag, bei.

Auskunft: Nach den in den Prozeßakten enthaltenen Angaben hat sich der vom Blitz getötete Arbeiter auf einem ausgedehnten feuchten Moor neben einem Wasser führenden Graben und unter einem 2 m hohen, vom Regen durchnäßten Strohschirm befunden, der auf etwa 50 m Umkreis den höchsten Punkt bildete. Daraus muß gefolgert werden, daß sich hier die Flächen gleicher Elektrizitätsspannung an der Erdoberfläche zusammengedrängt und einen Ausgleich mit der Elektrizitätsladung der Wolken begünstigt haben. Entgegen der Annahme der Berufsgenossenschaft, die eine erhöhte Blitzgefahr leugnet, weil keine hohen Gegenstände in der Nähe waren, muß betont werden, daß gerade der Strohschirm selbst und die durch den Regen mit ihm in elektrisch leitender Verbindung stehende Person einen verhältnismäßig hohen und der Blitzableitung günstigen Gegenstand gebildet haben. Die Unfallstelle ist als besonders blitzgefährlich zu bezeichnen.

4. (208.) Fall. Hatte ein durch Blitz verletzter Arbeiter eine erhöhte Blitzgefährdung, weil er zwischen Gleisen stand, obwohl die Böschung an einer Seite 3 m höher war, er also nicht der höchste Punkt war?

Auskunft: Unbedingt. Im vorliegenden Fall kam es weniger darauf an, ob die getroffene Person der höchste Punkt der Gegend gewesen war, als vielmehr darauf, daß eine durchnäßte Person zusammen mit einer langgestreckten Schienenleitung auf durchnäßter Erde eine gute und kurze Ableitung der elektrischen Entladung in die Erde gestattete.

5. (209.) Fall. Zur Begründung eines Anspruches auf eine Unfallrente wollte ein Arbeiter etwa am 11. Juli gegen 4½ Uhr früh beim Grasmähen auf der Wiese vom Blitz getroffen sein, wobei seine Sense seitwärts geschlagen worden sein soll.

Auskunft: An keinem Julitage war früh von 6 Uhr Gewitter.

6. (210.) Fall. Ein Arbeiter sollte angeblich durch Blitz gelähmt worden und an den Folgen schließlich gestorben sein. Die Witwe verlangte Rente.

Auskunft: Es war kein Gewitter in der ganzen Gegend.

7. (211.) Fall. Ein Weichensteller wollte vom Blitz getroffen sein. Erst zwei Jahre nach dem Unfall trat er mit dieser Behauptung auf, und, da er leidend war, wurde er in den Ruhestand versetzt. Daraufhin stellte er immer weitere Ansprüche an die Bahnverwaltung, so daß diese schließlich beim Wetteramt fragte, ob denn damals überhaupt Gewitter war.

Auskunft: Ja.

8. (212.) Fall. Bei der Anklage wegen eines schweren Diebstahls hatte eine Zeugin ausgesagt, es sei an dem Tage ein Gewitter gewesen. Zur Feststellung des Datums und um damit zugleich einen Alibibeweis zu haben, fragte der Verteidiger, ob an bestimmten, von ihm angegebenen Tagen Gewitter gewesen wären.

Auskunft: Ja.

Eine ganze Reihe Anfragen wegen Gewitter sollen feststellen, ob eine körperliche Schädigung (Nervenerkrankung, traumatische Neurose) auf die Benutzung des Fernsprechers bei Gewitter zurückzuführen ist. Diese Anfragen, wie auch manche andersartige, traten zu manchen Zeiten gruppenweise auf. Offenbar war es durch die Zeitung oder sonstwie bekanntgeworden, daß jemand, in der Regel eine Fernbeamtin, durch elektrischen Schlag verletzt und dafür entschädigt worden ist; daraufhin versuchten dann andere Personen, auf Grund wirklicher oder angeblicher Verletzungen gleichfalls Entschädigungen vom Fernamt zu erhalten (vgl. Fall 437).

9. (213.) Fall. Eine Fernsprechgehilfin war angeblich durch den elektrischen Strom körperlich beschädigt worden. War Gewitter?

Auskunft: Nein.

Danach konnte eine etwaige Beschädigung nur durch einen Leitungsfehler im Amte erklärt werden.

10. (214.) Fall. Ein Kaufmann wollte am Fernsprecher einen elektrischen Schlag erlitten haben, so daß er erwerbsunfähig wurde. War Gewitter oder doch die Luft mit Elektrizität geschwängert?

Auskunft: Kein Gewitter in ganz Norddeutschland und keine große luftelektrische Spannung.

11. (215.) Fall. Jemand in D. wollte durch Blitzschlag in die Fernsprechleitung beim Fernsprechen verletzt sein. Die Versicherungsgesellschaft fragte, da sie ein Gewitter nicht habe feststellen können, ob ein „Blitz aus heiterem Himmel oder eine elektrische Entladung ohne Gewitterbildung möglich sei“.

Auskunft: Der Unfalltag war sehr gewitterreich; auch in D. entlud sich ein Gewitter. Ob hierbei ein Blitz in die Leitung ging, wird die Postbehörde mitteilen können. Die weitere Frage ist zu bejahen. Von ganz unbedeutenden Wolken gingen schon Blitze aus, aber auch beim fernen Auftreten von Gewitterwolken, wie die großen Haufenwolken mit blendend weißen Köpfen, zeigten sich starke Störungen in der Leitung.

Aus einem andern Anlaß fragte ein Gericht, ob an einem bestimmten Tage „Gewitterluft“ geherrscht hatte. Darauf wurde geantwortet, daß dieser Ausdruck keine genaue Begriffsbestimmung enthalte. Gewöhnlich wird nämlich vom Publikum darunter eine heiße, feuchte, also schwüle Luft verstanden, bei der man den Ausbruch eines Gewitters erwartet. Das ist aber ein Begriff, der je nach der Eigenart einer Person ganz verschieden begrenzt und gedeutet wird und der sich deshalb weder meteorologisch noch juristisch streng festlegen und verwerten läßt. Damals war es warm, und Gewitter entluden sich, aber in so weiter Entfernung, daß sie am Orte nicht sichtbar waren.

12. (216.) Fall. Ein Filmverleihhaus brannte aus, wobei mehrere Personen umkamen. Der Besitzer behauptete, es sei ein sehr starkes Gewitter gewesen, und der Blitz habe den Brand hervorgerufen.

Auskunft: Es war zwar ein Gewitter, aber ein sehr schwaches, bei dem in der betreffenden Gegend kein Blitz beobachtet wurde.

13. (217.) Fall. Ein Stall brannte ab, angeblich durch einen zündenden Blitz, während der Verdacht vorlag, daß das Feuer durch Unvorsichtigkeit eines Kutschers entstanden sei.

Auskunft: Es war kein Gewitter.

14. (218.) Fall. Am Rande eines Gymnasialgrundstückes stehen Pappeln, die der Nachbar beseitigt haben wollte, da sie den Blitz anlocken sollten. Der Direktor des Gymnasiums fragte beim Wetteramt an, ob denn eine Gefährdung für die Gebäude des Nachbars bestünden, da schon das nächste von den Pappeln 34 m entfernt sei.

Auskunft: Die Pappel ist im allgemeinen nicht besonders blitzgefährdet, besonders nicht die breitkronige Schwarzpappel, eher noch die schlanke italienische Pappel, aber auch sie lockt den Blitz nicht an. Allerdings schützen hohe Bäume nicht immer, sondern schaden auch bisweilen durch Überspringen des Blitzes auf benachbarte Gegenstände, aber bei 34 m Abstand ist kaum eine Gefahr des Überspringens vorhanden.

Diese Auskunft ist bereits im Jahre 1891 gegeben worden, d. h. zu einer Zeit, wo noch wenig über die Blitzschläge in Bäume bekannt war. Seitdem erschienene einschlägige Arbeiten scheinen sich besonders hinsichtlich der Pappeln zu widersprechen; denn die einen stimmen mit der in der Auskunft wiedergegebenen Anschauung überein, wogegen andere, namentlich belgische Arbeiten, eine hohe Blitzgefährdung der Pappel nachweisen. Dieser Widerspruch löst sich dadurch, daß in Belgien wie in Nordfrankreich die Landstaßen noch mit Pappeln eingesäumt sind und diese ziemlich einzeln stehenden Bäume, zumal mit ihren dürren Wipfelästen, gute Ziele für die Blitze sind, während bei uns die Pappel nicht nur von den Landstraßen, sondern auch sonst nahezu ganz verschwunden ist, weil sie durch ihre Wurzelausläufer der Umgebung schaden und viel Ungeziefer beherbergen. Den noch nicht 3 % Blitzschlägen in Pappeln in den lippischen Forsten stehen 56 % in Belgien gegenüber!

Wenn oben (S. 116) gesagt ist, daß sich der Blitz verzweigen und dann an weit voneinander entfernten Stellen zugleich einschlagen kann, so bezieht sich das nur auf Verzweigungen in freier Luft, vermutlich wenn dort starke Bewegung herrscht, wie ja oft bei Gewittern. Hat aber der Blitz einen Baum getroffen, so wird er meist dem Stamme folgen und höchstens auf nahe, gut leitende Gegenstände überspringen, kaum je aber auf ein 34 m entferntes Haus; deshalb ist in diesem Punkte vorstehendes Gutachten zutreffend.

15. (219.) Fall. Ein Pferd war auf der Weide angeblich vom Blitz getötet worden, doch bezweifelte das die Viehversicherung und fragte deshalb beim Wetteramt an, ob Blitze gewesen seien.

Auskunft: Ja.

16. (220.) Fall. Ein Pferd war angeblich vom Blitz erschlagen worden, und es wurde bei der Viehversicherung Entschädigung beantragt. Diese bestritt das Gewitter und behauptete, das Pferd sei an den Folgen der kurz vorher ausgeführten Kastration gestorben.

Auskunft: Es war nur ein ganz schwaches Gewitter, bei dem kein Blitz, sondern nur ein einziger Donner wahrgenommen worden ist.

Hierbei und bei dem 216. Fall könnte eingewendet werden, daß doch vielleicht ein Blitz gewesen sei, den nur niemand wahrgenommen habe. Das ist in der Tat nicht undenkbar, ebenso wie man sagen könnte, daß das Gewitter stellenweise stärker oder schwächer gewesen sei; aber die Wetterämter verfügen in der Regel über eine genügende Erfahrung und hinreichend viele Beobachtungen, um auch diese Möglichkeiten berücksichtigen zu können. Endlich ist auch noch darauf hinzuweisen, daß es Gewitter gibt, bei denen die Blitze nicht zur Erde, sondern von Wolke zu Wolke springen, wobei hier unten dann nur der Donner zu hören ist, während man den Blitz, besonders am Tage, nicht immer zu sehen braucht.

17. (221.) Fall. Ein Postbote hatte ein Telegramm über Land zu tragen. Angeblich wurde er dabei im Walde von einem Gewitterregen überrascht, erkältete sich, bekam die Lungentuberkulose und starb. Als seine Witwe eine Rente forderte, wurde gefragt, ob denn überhaupt ein Gewitter oder Regen gewesen sei.

Auskunft: Weder Gewitter noch Regen.

7. Luftdruck.

Da der Luftdruck selbst bei größeren Schwankungen, wie bei Gewittern und Gebieten sehr tiefen Druckes, auf das Befinden des Menschen kaum einen merklichen und auf den Zustand der meisten

Sachen überhaupt keinen Einfluß ausübt, so kommt er für Rechtsstreite nur ganz vereinzelt in Frage. Das gilt aber nur, solange es sich um Drucke handelt, wie sie in der Natur ohne künstliche Beeinflussung vorkommen; für andere, sehr hohe oder sehr tiefe Drucke, wie bei Bauten unter Wasser, in Senkkasten, sind nicht mehr die Wetterämter, sondern die Techniker zuständig.

Den Luftdruck kann man dem Barometer entweder in Millimetern Höhe der Quecksilbersäule angeben oder als Druck des Gewichtes einer dem jeweiligen Stande entsprechenden Quecksilbersäule auf jedes Quadratzentimeter, d. h. bei dem Normalstande von 760 mm und 0° Luftwärme, gleich 1033 g auf 1 qcm oder 10330 kg auf 1 qm (10057 kg bei 740 mm und 10600 kg bei 780 mm). Der Änderung des Luftdruckes um 1 mm entspricht eine Änderung des Gewichtes um 1,359 g auf 1 qcm oder um 13,59 kg auf 1 qm.

Da bei Grubenunfällen der Luftdruck eine gewisse Bedeutung hat, und da bei solchen Unfällen oft Renten oder Entschädigungen beansprucht werden, so wird ein besonders bezeichnendes Beispiel für eine etwaige ursächliche Beziehung zwischen Luftdruck und Grubenunglück nachstehend mitgeteilt. Angefragt hatte der zuständige Bergrevierbeamte.

1. (222.) Fall. Am 6. Oktober 1904 früh 9 Uhr hatte sich auf der Braunkohlengrube G. ein größeres Grubenunglück ereignet, indem ungeheure Schlämme einbrachen und binnen wenigen Minuten nicht nur viele hundert Meter Strecke füllten, sondern noch 18 Bergarbeiter teils mit umrissen, teils vom Rettungswege absperrten, so daß sie erstickten. Über die Ursache des Einbruches, besonders über die unvermittelte Plötzlichkeit fehlte jede Erklärung. Die in einer Tiefe von etwa 78 m unter der Tagesoberfläche liegende Strecke hat bei 1,5 m Breite und 2 m Höhe einen Querschnitt von 3 qm und war bis auf 10—20 m an eine Auswaschung, d. h. an eine Stelle herangekommen, in der sich anstatt Braunkohle Kiese und Schwimmsande abgelagert haben. Am 3. wurde an das Ende der Strecke, weil sie anfing feucht zu werden und die Kohle mürbe wurde, ein gehörig gezimmerter Bohlenschutz eingebaut und von dem Aufsichtspersonal fortwährend, zuletzt am 6. kurz vor 8½ Uhr, nachgesehen, ohne das Geringste zu bemerken. Weder hatten sich Wasser oder schlechte Wetter eingestellt, noch hatte man ein Knistern oder Knacken in der Lagerstätte oder im Holzbau wahrgenommen, noch hatte sich irgendwelcher Druck geltend gemacht — alles Erscheinungen, die einzeln oder in Gemeinschaft einem Schlammdurchbruch voraufzugehen pflegen.

Wäre es nicht möglich, daß die bedeutenden atmosphärischen Störungen, die am 6. vorgekommen sind und heftige Stürme und Erdbeben zur Folge gehabt haben, bei der Grubenkatastrophe unheilvoll gewirkt haben? Daß

Tiefdruckgebiete Einfluß auf die unterirdischen Verhältnisse ausüben und z. B. plötzliches Hervorbrechen von Schlagwettern in Steinkohlengruben hervorrufen, ist bekannt; könnte es nicht denkbar sein, daß hier ähnliche Einflüsse sich geltend machten?

Auskunft: Ob die bedeutenden atmosphärischen Störungen vom 6. Oktober den Anstoß zu dem Schlammausbruch gegeben haben, läßt sich schwer sagen. Es ist ja, wie in der Anfrage schon bemerkt wurde, bekannt, daß Tiefdruckgebiete einen Einfluß auf die unterirdischen Gasverhältnisse ausüben, und zwar so, daß bei niedrigem Druck ein Ausströmen der Grubengase stattfindet; auch bei Brunnenkesseln, Kanalschächten usw. hat man ähnliche Beobachtungen gemacht. Vom 5. abends bis zum 6. früh ist das Barometer bei dem Vorüberschreiten eines Tiefs über der Nordsee in der dortigen Gegend um rund 12 mm gefallen, ein Betrag, der als sehr groß, aber noch nicht als ungewöhnlich bezeichnet werden kann. Dabei fand eine entsprechende Druckverminderung vor Ort statt, und zwar eine einseitige, so daß die Schlammassen einen höheren Druck ausüben mußten. Eine Änderung von 12 mm Quecksilberdruck entspricht einer Gewichtsänderung von rund 163 kg auf 1 qm, also von rund 500 kg auf den Querschnitt der Strecke. Ein Erdbeben ist an der Station in Potsdam am 6. nicht wahrgenommen worden, wohl aber am 5. um 4 Uhr nachmittags, so daß an einen Zusammenhang des Erdbebens mit der atmosphärischen Störung nicht zu denken ist, während eine Einwirkung auf die Festigkeit des Gesteins und eine Umlagerung nicht ausgeschlossen erscheint. Wenn nun auch ein Einfluß der starken Verminderung des Luftdruckes wie auch des Erdbebens auf das Eintreten der Katastrophe möglich ist, so ist man doch nicht imstande, irgendwie anzugeben, in welchem Betrage die eine oder andere Ursache mitgewirkt hat, und lediglich um eine Mitwirkung bei dem Zusammentreffen vieler Umstände wird es sich bei dem Grubenunglück gehandelt haben.

8. Wind.

Bei dem Winde unterscheidet man die Richtung, aus der er kommt, da er von dort her die ihn kennzeichnenden Eigenschaften mitbringt, und die Geschwindigkeit, die entweder nach dem Gefühl geschätzt oder auf manchen Beobachtungsstellen auch mit besonderen Instrumenten gemessen wird. Statt Geschwindigkeit sagt man auch oft Windstärke; denn je nach seiner Geschwindigkeit übt er auf Menschen und Gegenstände einen wechselnden Druck aus, den man als seine Stärke betrachten kann. Diese Stärke schätzt man nach einer bewährten Erfahrungsskala, die auf S. 14 mitgeteilt ist; selbst einfache Beobachter erlangen darin bald eine bemerkenswerte Sicherheit, wie Prüfungen auf Inspektionsreisen stets ergeben. Solche Schätzungen werden an den drei Beobachtungsstunden täglich

(S. 15) ausgeführt. Bei Verwendung von Instrumenten erhält man entweder fortlaufende Angaben und Aufzeichnungen oder nur zu gewissen Zeiten, sei es zu festen Stunden, sei es, daß das Instrument ein Zeichen gibt, wenn der Wind einen gewissen Weg zurückgelegt hat. Die Auswertung der fortlaufenden Aufzeichnungen geschieht gewöhnlich in der Weise, daß man den gesamten Windweg in einer Stunde durch die Zahl der Sekunden ($60 \times 60 = 3600$) teilt und so die „mittlere Stundengeschwindigkeit" oder das „Stundenmittel" in Metern je Sekunde erhält. Außerdem aber werden, wenn möglich, noch besonders große Windgeschwindigkeiten in kürzester Zeit herausgesucht, um die stärksten Windstöße kennenzulernen.

Die Frage der Umrechnung von Windgeschwindigkeit in Winddruck ist noch nicht endgültig beantwortet. Ohne großen Fehler kann man annehmen, daß der Winddruck in Kilogrammen auf 1 qm gleich dem 10. Teil des Quadrates der Windgeschwindigkeit in Sekundenmetern, bei 10 m je Sekunde also gleich $^1/_{10}\ 10 \times 10 =$ 10 kg ist.

Da der Wind sehr selten gleichmäßig weht, sondern meist stoßweise, so ergibt sich daraus wiederum die Lehre, daß es nicht richtig ist, irgendeinen beliebigen Beobachter als Gutachter oder Sachverständigen heranzuziehen, sondern nur einen erfahrenen Fachmann. Das gilt nicht allein für die Geschwindigkeit, sondern ebenso auch für die Richtung des Windes; denn auch sie schwankt oft und kann bei Gewittern der Zugrichtung der Gewitterwolke geradezu entgegenwehen (Fall 230).

Weitere Ausführungen werden noch in den nachstehenden Beispielen gegeben werden; diese sind so geordnet, daß bei der ersten Gruppe nur die Richtung, bei der zweiten nur die Geschwindigkeit die Hauptfrage ist, während bei der dritten Richtung und Geschwindigkeit zugleich und in der vierten Gruppe die Stürme in Betracht kommen.

a) Richtung des Windes.

1. (223.) Fall. Es wurde der Antrag auf die Genehmigung zur Anlage einer Fleischmehlfabrik gestellt, bei der es sich um Kadaververwertung handelte. Die zuständige Polizeibehörde verlangte, daß der Antragsteller zunächst vom Wetteramt eine Bescheinigung über die Hauptwindrichtung beibringe.

2. (224.) Fall. Eine Fabrikanlage sollte geändert werden. Vor der Genehmigung fragte der Bezirksausschuß, wie oft im Jahre Ostwind wehe, da er etwaige schlechte Gerüche den Nachbarn zutragen würde.

Diese Anfragen stehen in Beziehung einerseits zur Gewerbeordnung für das Deutsche Reich, wo es heißt:

„§ 16, I. Zur Errichtung von Anlagen, welche durch die örtliche Lage oder die Beschaffenheit der Betriebsstätte für die Besitzer oder Bewohner der benachbarten Grundstücke oder für das Publikum überhaupt erhebliche Nachteile, Gefahren oder Belästigungen herbeiführen können, ist die Genehmigung der nach den Landesgesetzen zuständigen Behörde erforderlich."

und anderseits zum Bürgerlichen Gesetzbuch:

„§ 906. Der Eigentümer eines Grundstückes kann die Zuführung von Gasen, Dämpfen, Gerüchen, Rauch, Ruß, Wärme, Geräusch, Erschütterungen und ähnliche von einem andern Grundstück ausgehende Einwirkungen insoweit nicht verbieten, als die Einwirkung die Benutzung seines Grundstückes nicht oder nur unwesentlich beeinträchtigt oder durch eine Benutzung des andern Grundstücks herbeigeführt wird, die nach den örtlichen Verhältnissen bei Grundstücken dieser Lage gewöhnlich ist."

sowie § 907, der auf S. 135 mitgeteilt worden ist. Außerdem kommt hier noch der folgende Paragraph der Gewerbeordnung für das Deutsche Reich in Betracht:

„§ 26. Soweit die bestehenden Rechte zur Abwehr benachteiligender Einwirkungen, welche von einem Grundstück aus auf ein benachbartes Grundstück geübt werden, dem Eigentümer oder Besitzer des letzteren eine Privatklage gewähren, kann diese Klage einer mit obrigkeitlicher Genehmigung errichteten gewerblichen Anlage gegenüber niemals auf Einstellung des Gewerbebetriebes, sondern nur auf Herstellung von Einrichtungen, welche die benachteiligende Einwirkung ausschließen, oder, wo solche Einrichtungen untunlich oder mit einem gehörigen Betriebe des Gewerbes unvereinbar sind, auf Schadloshaltung gerichtet werden."

Außerdem ist zu beachten: „Technische Anleitung" im Ministerialblatt für die innere Verwaltung 1895—1898.

Für die im § 906 behandelte Zuführung,[1]) die juristisch auch Immission genannt wird, folgen noch einige Beispiele, die den Gegenstand weiter beleuchten werden.

3. (225.) Fall. Die Stadt Halle klagte gegen die Cröllwitzer Papierfabrik wegen Belästigung durch Abgase. In Betracht kamen die Winde aus Nordwest und Nordnordwest.

Auskunft: Die Häufigkeit der einzelnen Windrichtungen von Halle in den letzten Jahren wurde mitgeteilt.

---

[1]) Man vergleiche hierzu: König, Steffeck und Heine, Der Schutz gegen Flurbeschädigungen durch gewerbliche Einwirkungen. Arbeiten der Deutschen Landwirtschafts-Gesellschaft. Heft 14.

4. (226.) Fall. Ein Hausbesitzer beschwerte sich bei der Polizei wegen übler Gerüche aus einer chemischen Fabrik, und zwar wurden sie nur bei Südsüdwestwind zugetragen.

Auskunft: An 27—35 Tagen kam der Wind in den letzten Jahren aus Süd und an 40—50 Tagen aus Südwest; für Südsüdwest kann das Mittel dieser Häufigkeiten gelten, also etwa 35—45 Tage, d. h. in einem Neuntel bis Achtel aller Jahrestage.

5. (227.) Fall. Ein Grundstück wurde angeblich durch Rauch einer Fabrik belästigt; dazu mußte Westwind wehen. War an den fraglichen Tagen Westwind?

Auskunft: Nein, Nordwind.

6. (228.) Fall. Ein Hausbesitzer verlangte vom Magistrat Steuernachlaß, weil sein Grundstück durch den Rauch einer städtischen Fabrik belästigt werde. Darauf fragte der Magistrat, wie sich die Winde auf die Richtungen verteilen und wieviel windfreie ,d. h. windstille Tage es gäbe.

Auskunft: Vieljährige Mittelwerte wurden mitgeteilt.

7. (229.) Fall. Ein Wohnhaus und eine Gärtnerei litten angeblich durch den Rauch einer Zeche. Für jenes kam nur Nord- bis Nordostwind, für diese Ostwind in Frage. Wie oft weht der Wind aus diesen Richtungen?

Auskunft: Nordwind weht dort durchschnittlich an 0—12, Nordostwind an 0—20 Tagen und Ostwind an 0—10 Tagen im Jahre.

Eine etwaige Belästigung ist danach so selten, daß der Richter wohl nach dem oben wiedergegebenen § 906 des Bürgerlichen Gesetzbuches die Beeinträchtigung als unwesentlich bezeichnen wird, zumal, wenn man bedenkt, daß obige Zahl von Tagen sich kaum je lückenlos folgt, sondern über das ganze Jahr zerstreut ist und die Belästigung somit fast stets nur ganz vorübergehend auftritt. Noch dazu braucht der Wind nicht einmal den ganzen Tag, sondern nur zeitweise aus Nord oder Ost zu wehen, um einen solchen Tag schon als Tag mit Nord- oder Ostwind zu rechnen.

8. (230.) Fall. An einem Tage soll die Rauchwolke der Hettstedter Hütten 6 km weit nach Nordost gezogen sein, sich auf Ackerstücken der Domäne Sandersleben niedergelassen und dort die Feldfrüchte geschädigt haben und, zwar bei einem Gewitter, das angeblich aus Nordost kam. Wie war der Wind?

Auskunft: Das Gewitter kam tatsächlich aus Süd bis Südwest, der Wind, der sehr böig war, wehte in den unteren Luftschichten aus Ost; er kann bei Gewittern erfahrungsgemäß umspringen.

Hier scheint Aussage gegen Aussage und diese gegen die Auskunft zu stehen, aber sie scheint es nur; denn es ist eine nicht unbekannte und nicht seltene Erscheinung, daß bei Gewittern der Unterwind dem Gewitter entgegenweht, weil das Gewitter gewissermaßen wie eine Walze fortrollt, bei der den oben befindlichen Teil die eigentliche Gewitterwolke, den unteren der Unterwind darstellt. Je nachdem nur der allein maßgebliche Wolkenzug oder die für das Gefühl eindrucksvollere und leichter feststellbare Windrichtung beachtet wird, können ganz entgegengesetzte Zugrichtungen des Gewitters angegeben werden, wofern nicht der Wind durch Berge abgelenkt ist. Da der Wind unmittelbar am Vorderrande der Gewitterwolke zu ihr aufsteigt, so kann der Hüttenrauch mitgerissen, vom Oberwind in Richtung des Gewitterzuges, hier also nach Nordost fortgetrieben und weiterhin, da er sehr böig und wirbelig war, wieder zur Erde herabgedrückt worden sein. Seine schädigende Wirkung ist dann durch den Regen vergrößert worden, da dieser die ganze Rauchmasse ausgewaschen und die darin enthaltenen Säuren in die Pflanzen hineingespült hat.

9. (231.) Fall. Die von-Tiele-Wincklersche Forstverwaltung klagte gegen oberschlesische Hütten, Gruben und Fabriken wegen Rauchbeschädigung ihres Forstreviers Myslowitz—Kattowitz. Bei dem großen Werte der Forsten nahm die Beweisführung von beiden Seiten außerordentlichen Umfang an. Vom Wetteramt wurde eine Übersicht über die Wind- und Feuchtigkeitsverhältnisse der Jahre 1886—90 erbeten.

Auskunft: Es wurde für diese Jahre berechnet, welche Feuchtigkeit zu jedem Winde gehörte.

Als schädlich wurde von dem forstlichen Gutachter unter den aus den Schornsteinen strömenden Gasen und sonstigen Beimengungen des Rauches nur die schweflige Säure angesehen. Wenn außer nach der Windrichtung auch nach der zugehörigen Feuchtigkeit gefragt wurde, so geschah es, weil frühere Untersuchungen ergeben hatten, daß, je trockener der Wind ist, der Schaden an Pflanzen durch schweflige Säure um so geringer wird; so ist der Schaden der Okerhütte am Harz bei dem trockenen Nordostwind bis auf 1,5 km, bei feuchtem Westwind aber bis auf 9 km nachweisbar. Reuß[1]) schätzt den Schädigungsgrad bei trockenem Winde auf 0,7, bei normal feuchtem auf 1,0, bei halbfeuchtem auf 1,5 und bei sehr feuchtem auf 2,0; nach ihm schlagen sich von der schwefligen Säure nieder in 1 km Entfernung vom Schornstein 33%, in 2 km 20, in 3 km 13, in 4 km 10, in 5 km 9, in 6 km 8 und in 7 km 7%.

[1]) Reuß, C., Rauchbeschädigung in dem von-Tiele-Wincklerschen Forstreviere Myslowitz—Kattowitz. Goslar, J. Jäger & Sohn, 1893, S. 65—68. Nachtrag ebenda 1896.

10. (232.) Fall. Mehrere Güter am Niederrhein behaupteten, daß sie durch den Staub von Braunkohlenwerken geschädigt würden. Um das Verhältnis der Häufigkeit der schädlichen Windrichtung zu den andern festzustellen, hatte jemand dem Gericht eine alte Arbeit mitgeteilt, in der für Köln, das dem Tatort am nächsten liegt, die Häufigkeit der Windrichtungen im Mittel von 25 Jahren enthalten ist; außerdem hatte das Gericht eine Auskunft von der Wetterwarte der „Kölnischen Zeitung" eingeholt. Nach ersterer wehten Winde aus Süd, Südwest und West an 215 Tagen, nach letzterer nur an 151 Tagen. Wie ist der Unterschied zu erklären?

Auskunft: Die erste Zahl ist aus den Beobachtungen der Jahre 1848 bis 1872 gewonnen, d. h. aus einer Zeit, in der Köln noch nicht so ausgebaut war wie jetzt und der Wind freier hinwegstreichen konnte. Durch die spätere Bebauung, die nicht bloß in die Breite, sondern auch in die Höhe ging, werden die Winde geschwächt und abgelenkt. Deshalb ist es besser, die Werte aus den Aufzeichnungen der ganz frei gelegenen, nahen Wetterstation Leverkusen zu berechnen.

Das Beispiel lehrt, wie vorsichtig man bei der Benutzung veralteten Beobachtungsstoffes sein muß, und wie kritisch man die Aufzeichnungen jeder Station behandeln soll. Diese Kenntnis der örtlichen Verhältnisse der Beobachtungsstationen haben meist nur die Beamten des zugehörigen Wetteramtes, die sie auf den Inspektionsreisen erwerben.

11. (233.) Fall. Ein Gärtner klagte gegen die Eisenbahnverwaltung wegen Immission, die in Zuführung von Ruß und Rauch aus den auf dem Bahnhof verkehrenden Lokomotiven auf das Grundstück des Klägers bestehe.

Auskunft: Die Häufigkeit der Windrichtungen wurde mitgeteilt.

12. (234.) Fall. Anwohner eines Flugplatzes fühlten sich durch das Geräusch der Flugzeugmotoren belästigt.

Auskunft: Wie vorher.

13. (235.) Fall. Welche Windrichtung herrschte am 24. November zwischen 7 und 8 Uhr abends in Teltow? Es soll festgestellt werden, ob die Fliegerschuppen des Flugübungsfeldes Teltow, die in der angegebenen Zeit einem Brande zum Opfer fielen, tatsächlich infolge ungünstiger Windrichtung sämtlich verbrannt wären, auch wenn genügende Feuerlöschgelegenheiten zur Stelle gewesen wären.

Auskunft: Der Wind schwankte zwischen Südsüdwest und Nordwest; im Mittel kam er aus Westsüdwest.

14. (236.) Fall. Bei einer Strafsache wurde gefragt, in welcher Richtung der Rauch eines Schusses gezogen ist.

Auskunft: Der Wind wehte lebhaft von Nordwest nach Südost. Das gilt aber nur für das freie Feld; am Waldesrand und in der Nähe von Häusern oder einzelnen Bäumen kann der Wind abgelenkt worden sein.

b) Geschwindigkeit oder Stärke oder Druck des Windes (außer Sturm, siehe d).

1. (237.) Fall. Eine Firma schrieb: Über Windgeschwindigkeiten wurde uns unterm 4. August 1905 mitgeteilt, daß man unter einem „mittelstarken Winde" noch einen solchen mit der Geschwindigkeit von 5—8 m in der Sekunde verstehen könne.

Wir haben als Windmotorfabrikanten unseren Angeboten bei Angabe der Leistungen der Motoren bisher stets diese Geschwindigkeit in obiger Bezeichnung den entsprechenden Leistungszahlen zugrunde gelegt unter dem Hinzufügen, daß die Leistungen sich verringern bei schwächeren und erhöhen bei stärkeren Winden im ungefähren Verhältnis der ausgeführten Hubzahlen, wenn Pumpwerke in Betracht kommen.

Bei Hunderten ausgeführter Anlagen haben wir bei Abnahme nie die geringsten Schwierigkeiten gehabt, da tatsächlich laut Messungen durch Anemometer die Anlagen schon bei der geringen Luftbewegung von 2—2½ m arbeiteten.

Es werden uns jetzt bei einer Anlage Schwierigkeiten gemacht, indem der Besitzer unter Berufung auf eine Annahme eines Lehrers an der Technischen Hochschule in H. dieselbe Leistung verlangt bei der mittleren jährlichen Windgeschwindigkeit — die 4—5 m betragen mag, da die Umgegend von Münster i. W. in Frage kommt — wie bei der Geschwindigkeit von 5—8 m, die als mittelstarker Wind unserem Angebot zugrunde gelegt ist. Diese Anlage arbeitet sonst ebensogut wie alle andern; die Windmessung hat ergeben, daß bei der zufällig herrschenden Windgeschwindigkeit von 2,66 m je Sekunde 7,5 Hübe des Pumpwerkes ausgeführt worden sind, d. h. der vierte Teil der Höchsthubzahl 30. Sonstige Fehler irgendwelcher Art weist die Anlage nicht auf.

Wir bitten Sie als Autorität auf diesem Gebiete um Mitteilung, ob die Annahme des erwähnten technischen Lehrers irgendwelche Berechtigung hat und als ausschlaggebend hingestellt werden kann, einen „mittelstarken" Wind mit der jährlichen Durchschnittswindgeschwindigkeit als gleichbedeutend hinzustellen.

Auskunft: Der Begriff „mittelstarker Wind" kann mit der mittleren jährlichen Geschwindigkeit des Windes an einem beliebigen Ort nicht als gleichbedeutend angesehen werden. Wenn Sie also ganz allgemein „mittelstarken Wind" als Voraussetzung für eine bestimmte, von Ihnen gewährleistete Leistung Ihrer Windmotoren angegeben haben, so ist es unbillig, die gleiche Leistung auch bei einem Winde zu verlangen, dessen Geschwindigkeit der mittleren jährlichen Windgeschwindigkeit eines Ortes entspricht.

Die Annahme, daß die mittlere jährliche Windgeschwindigkeit in der Gegend von Münster i. W. 4—5 m in der Sekunde beträgt, ist zutreffend; man darf aber diesen Wert nicht als gleichbedeutend mit der Geschwindigkeit mittelstarken Windes ansehen.

2. (238.) Fall. War der Wind so lebhaft, daß ein Hundertmarkschein 30—60 Schritte weit geweht werden konnte?

Auskunft: Ja, Stärke 4.

3. (239.) Fall. In einer Meineidsache wurde gefragt: war Windstille, wie die Angeklagte behauptete, oder so lebhafter Wind, daß sie einige in größerer Entfernung gerufene Worte, die sie verstanden haben will, nicht gehört haben kann?

Auskunft: Es wehte nur ein schwacher Wind mit nicht scharf ausgesprochener Richtung, wie das bei solchem Winde oft vorkommt; außerdem können örtliche Verhältnisse, Häuser, Wald usw., großen Einfluß haben.

4. (240.) Fall. An einem bestimmten Tage sollten aus dem Zimmerofen häufig Rauch und Flammen herausgestoßen seien. Wie war die Windgeschwindigkeit?

Auskunft: Nur einmal 10—15 m in der Sekunde, sonst nur 3—4 m.

5. (241.) Fall. Um zu prüfen, ob ein geliefertes Fenstergestell stark genug war, um großen Winddruck auszuhalten, wird die Windstärke eines bestimmten, nach dem Lieferanten angeblich stürmischen Tages erfragt.

Auskunft: Nur 3—9 m je Sekunde tagsüber.

6. (242.) Fall. Ein Schiffer rannte mit seinem Kahn gegen 6 Uhr nachmittags eine Gartenmauer teilweise um und behauptete, durch starken Wind angetrieben zu sein.

Auskunft: Die Windstärke betrug damals durchschnittlich Stufe 6, war aber zur Zeit des Unfalls vorübergehend noch merklich höher.

c) Richtung und Geschwindigkeit des Windes
(außer Sturm, siehe d).

Praktisch wichtig und oft vorkommend ist die Frage nach der Richtung und Stärke des Windes für Windmühlen, denen durch Anpflanzungen[1]) oder Baulichkeiten der Mahlwind teilweise entzogen oder geschwächt wird. Meine Amtsgenossen und ich selbst

[1]) Das Gegenstück bilden Ortslagen, in denen gerade das Bestehenbleiben von Waldstücken wichtig ist. Wenn mir auch ein Gerichtsstreit hierüber nicht bekanntgeworden ist, so führe ich doch für etwaige Vorkommnisse die bezügliche gesetzliche Bestimmung an. In dem preußischen Gesetz, betreffend Schutzwaldungen und Waldgenossenschaften, vom 6. Juli 1875 lautet § 2:

„In Fällen, in denen

a)—d) . . .

e) durch die Zerstörung eines Waldbestandes in den Freilagen in der Seenähe benachbarte Feldfluren und Ortschaften den nachteiligen Einwirkungen der Winde in erheblichem Grade ausgesetzt sind, kann zur Abwendung dieser Gefahren sowohl die Art der Benutzung der gefahrbringenden Grundstücke, als auch die Ausführung von Waldkulturen der sonstigen Schutzanlagen auf Antrag angeordnet werden, wenn der abzuwendende Schaden den aus der Einschränkung für den Eigentümer entstehenden Nachteil beträchtlich überwiegt."

waren in solchen Streitfällen wiederholt Sachverständige. Ich führe zunächst die einschlägigen Gesetzesbestimmungen an, wie sie im Deutschen Reiche gelten.

In der Gewerbeordnung für das Deutsche Reich heißt es in § 28:

„Die früheren Verwaltungsbehörden sind befugt, über die Entfernung, welche bei Errichtung von durch Wind bewegten Triebwerken von benachbarten fremden Grundstücken und von öffentlichen Wegen inne zu halten ist, durch Polizeiverordnungen Bestimmung zu treffen."

Dieser Paragraph ist der Gewerbeordnung für den Norddeutschen Bund vom 21. Juni 1869 entnommen; dort war er zum ersten Male enthalten. Der Wiederaufbau einer zerstörten Windmühle fällt nicht unter diesen Paragraphen; gleiches gilt von den Windrädern.

Ferner besagt das Bürgerliche Gesetzbuch:

„§ 907. Der Eigentümer eines Grundstückes kann verlangen, daß auf den Nachbargrundstücken nicht Anlagen hergestellt oder gehalten werden, von denen mit Sicherheit vorauszusehen ist, daß ihr Bestand oder ihre Benutzung eine unzulässige Einwirkung auf sein Grundstück zur Folge hat. Genügt eine Anlage den landesgesetzlichen Vorschriften, die einen bestimmten Abstand von der Grenze oder sonstige Schutzmaßregeln vorschreiben, so kann die Beseitigung der Anlage erst verlangt werden, wenn die unzulässige Einwirkung tatsächlich hervortritt.

Bäume und Sträucher gehören nicht zu den Anlagen im Sinne dieser Vorschriften.

Der letzte Satz würde nun gerade für viele Windmühlen sehr schädlich sein; denn durch Bäume und Sträucher wird der Wind wirbelig oder kollerig, wie die Windmüller sagen; er greift die Mühlflügel oder Ruten verschieden stark an, und dadurch werden die Achslager und das ganze Getriebe so ungleich stark beansprucht, daß Beschädigungen oder Zerstörungen eintreten können. Auch manche Baulichkeiten können so auf den Wind wirken.

Indessen heißt es in dem Einführungsgesetz zum Bürgerlichen Gesetzbuch in Artikel 124:

„Unberührt bleiben die landesgesetzlichen Vorschriften, welche das Eigentum an Grundstücken zu Gunsten der Nachbarn noch anderen als den im Bürgerlichen Gesetzbuche bestimmten Beschränkungen unterwerfen. Dies gilt insbesondere auch von den Vorschriften, nach welchen Anlagen, sowie Bäume und Sträucher nur in einem bestimmten Abstande von der Grenze gehalten werden dürfen."

Landesgesetzliche Vorschriften über den Windschutz von Windmühlen sind im Deutschen Reiche nur in Preußen erlassen worden, vor allem wohl deshalb, weil dem bergigen Mittel- und Süddeutschland genug und ergiebigere Wasserkräfte zur Verfügung stehen, wogegen es dort für Windmühlen sehr wenig geeignete Stellen und vor allem nur aus wenigen Richtungen guten Arbeitswind gibt.

Die älteste Bestimmung in Preußen bringt das Allgemeine Landrecht vom 1. Juni 1794 in Teil II, Titel 14, § 247:

„Auch ist niemand berechtigt, einer Windmühle durch Anpflanzung hoher Bäume da, wo dergleichen vorher nicht gewesen sind, den nötigen Wind zu benehmen."

Durch die nachstehende königliche Verordnung vom 18. November 1819 wurde diese Bestimmung aber für neue Mühlen wieder aufgehoben:

„Der § 247, Teil II, Titel 14 des Allgemeinen Landrechts kann bei der seit Einführung der Gewerbefreiheit stattfindenden Vermehrung der Windmühlen nicht fernerhin angemessen erachtet werden; vielmehr wollen wir in Erwägung, daß jedes Gewerbe einen gleichmäßigen Schutz verdiene, die vorgedachte gesetzliche Bestimmung, nach erfordertem Gutachten unseres Staatsrates, rücksichtlich aller, nach Verkündigung gegenwärtiger Verordnung entstehender Windmühlen hierdurch für aufgehoben erklären."

Diese aufhebende Verordnung gilt aber nur in den 1819 schon preußisch gewesenen Landesteilen, nicht also z. B. in Hannover und Hessen-Nassau. Ebenso gilt die folgende Rundverfügung des Ministers für Handel, Gewerbe und öffentliche Arbeiten vom 17. November 1851 nur in den altpreußischen Provinzen:

„Soweit es sich um gewerbliche Anlagen in der Nähe vorhandener Windmühlen handelt, bewendet es als Regel bei dem seither als Norm angenommenen Maße der zwölfmaligen Entfernung dergestalt, daß die kleinere Abmessung der Höhe oder Breite der projektierten windfangenden Anlage dabei zu Grunde gelegt wird."

Die hier erwähnte Norm beruht auf einem Gutachten der königlich preußischen Ober-Baudeputation vom 28. November 1825, das „auf Grund der bei einer Anzahl von Mühlen angestellten Ermittlungen" erstattet wurde und auch neuzeitlichen Messungen in strömendem Wasser entspricht, wobei man die 10—15fache Entfernung ermittelte. Das gilt jedoch nur für einzeln stehende Gegenstände; sobald mehrere beieinander stehen, so daß im Verhältnis zur Breite der Gegenstände nur geringere Lücken sind, ist der Gesamtwiderstand größer als die Summe der Widerstände jedes einzelnen Gegenstandes. Lehrreich ist hierzu der folgende Fall und die gegebene Auskunft:

1. (243.) Fall. Wirken einige in 100 m von einer Windmühle stehende Bäume schädlich und in welchem Betrage? Können schon ganz kleine Bodenwellen die Häufigkeit der einzelnen Richtungen gegen die einer benachbarten Beobachtungsstelle so beeinflussen, daß deren Ergebnisse nicht ohne weiteres auf den fraglichen Ort übertragen werden können?

Auskunft: Der Einfluß eines Waldes auf eine Windmühle hängt von seiner Höhe und Dichte, von der Natur des Windes und vor allem schon von ganz geringen Geländeverschiedenheiten ab. In jedem Fall muß der Einfluß durch Messungen bestimmt werden, da er sich nicht abschätzen läßt. In einem bestimmten Fall machte sich ein geschlossener Kiefernbestand von 10—12 m Höhe und 1 km Breite ohne Geländeverschiedenheiten noch bis fast 500 m Abstand durch Windschwächung bemerkbar, die in 100—200 m etwa 25% betrug. Dagegen ist der Einfluß einzeln stehender Bäume schon in höchstens 50 m praktisch zu vernachlässigen.

Wichtig ist hier der durch Druck hervorgehobene Satz; denn er weist ganz besonders darauf hin, wie fehlerhaft es ist, lediglich nach dem Augenschein zu urteilen und nicht den Wind zu messen. Solche Messungen habe ich stets gleichzeitig vor und hinter dem Hindernis und an der Mühle ausgeführt, und zwar nicht nur unten in etwa 2 m Höhe, sondern auch unmittelbar vor der Achse der Windmühlflügel. Erst daraus kann man dann eine etwaige Windschwächung einwandfrei berechnen.

Nach Schubert[1]) trat 1,5 m über dem Erdboden hinter einem Kiefernwalde von 12 m Höhe eine Schwächung des Windes um 60% in 10 m Abstand, um 40% in 40 m, um 20% in 90 m und um 10% in 130 m ein; erst in reichlich 200 m war wieder die volle Windstärke erreicht. Da in nur 1,5 m Höhe beobachtet wurde, können diese Werte nur für das Ende der Flügel bei der tiefsten Stellung gelten. Fritsch[2]) sagt: „Nach technischen Gutachten hat man als Norm aufgestellt, daß der windfangende Gegenstand unterhalb eines Winkels von 15° vom Fuß der Mühle aus zu bleiben habe. Man nimmt an, daß der aufgehaltene Wind hinter dem Hemmnis mit einer Neigung von etwa 15° wieder zur Erde strebe.[3]) . . . Da-

[1]) Zeitschrift für Balneologie 1917, 9.

[2]) Th. Fritsch, Kleiner Ratgeber für Müller. I. Leipzig 1901, S. 8.

[3]) Die Mühlflügelachse liegt nicht wagerecht, sondern weicht um 10—15° davon ab.

nach würde jeder windfangende Gegenstand nur etwa um das Vierfache (3,7) seiner Höhe von der Mühle entfernt zu sein brauchen.“ Das ist entschieden viel zu wenig. Denn wenn z. B. ein Haus 10 m breit und 10 m hoch ist, so könnte es nach dieser Vorschrift schon 40 m vor der Mühle gebaut werden, nach der früheren aber erst in 120 m. Auch diese Gutachten lehren, daß allein Windmessungen eine einwandfreie Beweiskraft besitzen.

Bei diesen Mühlenprozessen tritt bei den Mühlensachverständigen oft noch die Behauptung auf, daß Bäume (oder ein anderes Hindernis) nicht bloß dann schaden können, wenn der Wind von ihnen zur Mühle weht, sondern auch bei entgegengesetzter Richtung. Der Wind pralle dann gegen die Bäume und wirke dadurch stoßweise und unregelmäßig auf die Windmühlflügel ein. Diese Annahme trifft aber kaum zu. Allerdings staut sich der Wind vor den Bäumen und wird durch dieses Luftkissen nach oben abgelenkt; wenn er dann aber noch rückwärts auf die Mühle wirken soll, so müßten die Bäume schon so dicht hinter ihr stehen, daß der Müller ihre Beseitigung auch ohne Prozeß erreicht hätte, da schon jeder Laie ihre Schadenwirkung bei Wind von ihnen zur Mühle hin einsehen würde. Meines Wissens haben die wetterkundlichen Sachverständigen diese Möglichkeit der Schädigung mit Recht außer acht gelassen.

Auf einige Besonderheiten werden die nachstehenden Beispiele noch aufmerksam machen:

2. (244.) Fall. Von einer nachweislich vor 1819 errichteten Windmühle war nach West zu ein Obstgarten angelegt worden; nach Westnordwest zu stand eine Reihe Pappeln. Alle Bäume sollten den Mahlwind schwächen.

Auskunft: Alle meine Messungen ergaben, daß der Wind um etwa $\frac{1}{4}-\frac{1}{3}$ an der Mühle schwächer ankam, als er vor den Bäumen war. Ein Teil der Bäume war zu entfernen, ein anderer zu stutzen.

3. (245.) Fall. Ein Windmüller klagte gegen einen Hausbesitzer, daß er um sein 81 m von der Mühle entferntes Haus Bäume angepflanzt hätte, die beim Hochwachsen den Mahlwind verschlechtert hätten. Sie waren 7—9 m hoch geworden und reichten mit ihren Wipfeln in gleiche Höhe mit der Mahlachse; der nächste stand 65 m von der Mühle ab, aber dicht neben andern gleich hohen.

Auskunft: Das Haus bilde das größte Windhindernis, könne aber mangels gesetzlicher Vorschriften nicht Klagegegenstand sein. Der Wind weht an durchschnittlich mindestens 30 Tagen vom Hause her und ist etwas geringer als das Jahresmittel; eine Schwächung würde ihn den ungünstigen Mahlwinden nähern. Die Bäume an der einen Hausseite müssen beseitigt, die an der andern stets niedrig gehalten werden.

4. (246.) **Fall.** Durch einen neuen Bahnhof sollten einer Windmühle die Nord-, Süd- und Südwestwinde abgeschnitten sein.

Auskunft: Nach dem Lageplan können nur die Süd- bis Südostwinde in Frage kommen; doch ist das nur nach Ortsbesichtigung zu beurteilen. Um die etwaige Schädigung abschätzen zu können, wurde der Anteil der einzelnen Winde an der Jahreshäufigkeit mitgeteilt.

5. (247.) **Fall.** Bei einem Mühlenbrande zwischen B. und P. hatte ein Zeuge beschworen, es habe stürmischer Wind geweht, und der Brand sei infolgedessen durch Heißlaufen des Zapfens der Achse entstanden, während der Müller behauptete, seine Mühle habe von 11 Uhr abends an stillgelegen. 21 Jahre später war wieder davon die Rede; der Müller wollte nun den Zeugen des Falscheides überführen. Beide Parteien fragten beim Wetteramt nach den Windverhältnissen.

Auskunft: Nach den Beobachtungen in B. und gelegentlichen in P. wehte am Brandtage starker Westwind, der zeitweise zum Sturm anwuchs und in der Nacht abflaute, und zwar wahrscheinlich erst einige Stunden nach Mitternacht.

6. (248.) **Fall.** Nach einem Waldbrand behaupteten einige, es habe Windstille geherrscht, andere aber, es sei so starker Wind gewesen, daß Löschen unmöglich war. Einige sagten, der Wind sei aus Südost, andere, aus Südwest gekommen.

Auskunft: Es wehte ein leichter Südostwind, der vielleicht zeitweise bis auf 8 m anwuchs.

Diese Auskunft genügt nicht zur Beurteilung des Falles; denn über jedem Feuer steigt die Luft auf, über brennendem Walde besonders stark, oft mit lautem Brausen; entsprechend strömt die Luft von allen Seiten dorthin, und es kann das so lebhaft geschehen, daß mit dem Brausen der Eindruck heftigen Sturmes hervorgerufen wird. Bei schwacher allgemeiner Luftströmung sind dann ringsherum infolge des allseitigen Zuströmens alle Windrichtungen möglich.

7. (249.) **Fall.** In einer Voruntersuchung wegen Brandstiftung wurde gefragt, ob es den Erfahrungen der Wissenschaft entspricht, daß beim Vorhandensein einer ausgesprochenen Windrichtung durch die beim Brande entstehende heiße Luftströmung Funken gegen den nicht unbeträchtlichen Wind getrieben werden können.

Am 11. Mai gegen 8 Uhr morgens brach in einer Scheune Feuer aus. Es herrschte bei klarem Sonnenschein starker Südostwind. Dementsprechend brannten einige nordwestlich liegende Gehöfte nieder. Plötzlich fing das nordöstlich der ersten Brandstätte gelegene und von dieser durch einen großen mit Pappdach gedeckten Stall getrennte, mit Stroh gedeckte Gehöft des Angeschuldigten an zu brennen, und zwar zu einer Zeit, wo das übrige Feuer in der alten Richtung weiterging, ein Drehen des Windes daher nicht stattgefunden haben kann. Ebenso brannten nach dem Hause des Angeschuldigten noch zwei weitere nordwestlich von diesem belegene Gehöfte nieder. Der erste Brandherd war von der Stelle, wo die Flamme am Dache des Angeschuldigten sichtbar wurde, über 30 m entfernt. Beim Ausbruch des Feuers bei dem Angeschuldigten war die erste Scheune bereits niedergebrannt.

Auskunft: Es herrschte eine mäßig starke Südostströmung. Es dürfte dabei ausgeschlossen sein, daß die beim Brande entstehende heiße Luftströmung Funken auf weitere Entfernung gegen den Wind treibt.

Ein Amtsgenosse wurde dann als Sachverständiger geladen, der nach Ortsbesichtigung bekundete, es sei keineswegs ausgeschlossen, daß infolge der Luftwirbel beim Brande Funken auch gegen den Wind geflogen seien und das fragliche Strohdach erreicht und entzündet hätten (Fall 248). Es erfolgte Freisprechung. Der Staatsanwalt glaubte in beiden Gutachten einen Widerspruch zu sehen und teilte das dem Wetteramte „im Interesse der Rechtspflege" mit. In dem ersten Gutachten fehlt die Angabe, was unter weiterer Entfernung verstanden wurde, und hierin kann der Widerspruch gefunden werden. Indessen konnte der Sachverständige an Ort und Stelle ein ganz anderes Bild von den örtlichen Verhältnissen als aus obiger Anfrage gewonnen haben. Auffällig erscheint mir aber, daß der mit Teerpappe gedeckte Stall zwischen den beiden Brandstellen nicht auch anbrannte; aber davon ist nirgends die Rede.

8. (250.) Fall. In der Provinz Posen brannte ein mit Stroh gedeckter Stall ab; bald nachher fing ein 47 m westlich gelegener, ebenfalls strohgedeckter Stall eines Polen Feuer, und zwar angeblich durch Flugfeuer. Der Pole wurde wegen Brandstiftung angeklagt.

Auskunft: Es wehte ein mäßiger Süd- bis Südwestwind, der also gerade entgegengesetzt und so schwach wehte, daß er Funken nicht 47 m weit getragen haben konnte.

9. (251.) Fall. Das Feuer brennenden Strohes auf dem Felde sollte auf eine 30 m entfernte Holzscheune mit Pappdach übergegriffen haben, weswegen Entschädigung eingeklagt wurde.

Auskunft: Es wehte nur ein schwacher Wind von 3 m je Sekunde.

10. (252.) Fall. Als Ursache eines Waldbrandes behauptete der Besitzer Funken aus einer Lokomotive, wogegen die Eisenbahngesellschaft den Brand als böswillig angelegt bezeichnete. Funken könnten nur bei Südwestwind die Ursache gewesen sein.

Auskunft: Früh herrschte Windstille, mittags ein frischer Südwest bis West.

11. (253.) Fall. Angeblich durch Funkenflug aus einer Lokomotive war ein westlich der Bahn liegendes Gehöft mit Strohdach abgebrannt.

Auskunft: Drei Tage vorher und am Brandtage selbst war es trocken und nur mäßig warm. Der Wind wehte leicht bis frisch aus östlicher Richtung, so daß der Funkenflug möglich ist.

12. (254.) Fall. Ein Wohnhaus, das 53 m von dem Gleise entfernt war, und eine noch 11 m weiter stehende Scheune brannten angeblich durch Lokomotivfunken ab. Die Feuerversicherung forderte von der Eisenbahnverwaltung die ihrem Versicherten gezahlte Brandentschädigung zurück und behauptete, daß der Wind aus Nordwest stark geweht habe. Die Bahnverwaltung bestritt das. Außer nach dem Winde wurde noch gefragt, zu welcher Windstärke der durch die Fahrgeschwindigkeit eines Schnellzuges von 75 km je Stunde hervorgerufene Mitwind und wie die Funkenbahn angenommen werden kann.

Auskunft: Es herrschte ein West- bis Nordwestwind von mäßiger Stärke (6—8 m je Sekunde). Über die zweite Frage und über die Funkenbahn kann ein Urteil nicht abgegeben werden.

Welch großer Schaden durch Funkenflug aus Lokomotiven entstehen kann, lehrt das Beispiel, daß am 15. August 1904 ein einziger Funken den Eisenbahnfiskus zu 290000 Mark Schadenersatz an die Primkenauer Forstverwaltung nötigte. Dürrejahre wie 1904 sind da ganz besonders gefährlich.

13. (255.) Fall. Ein Kleinbahnzug stieß mit einem Fuhrwerk zusammen. Der Kutscher wollte den Zug nicht gehört haben, da heftiger, entgegengesetzt wehender Wind das Läuten übertönt habe.

Auskunft: Es wehte nur ein schwacher Wind (3—4 m in der Sekunde).

14. (256.) Fall. Am 30. Dezember gegen 7 Uhr abends wurde bei Schöningen ein Lehrer als Fahrgast eines Lohnfuhrwerkes bei einem Zusammenstoß mit der Maschine einer Nebenbahn derart am Kopf verletzt, daß er seitdem schwer nervenleidend war. Die Bahnverwaltung behauptete, es habe ein orkanartiger Sturm geherrscht, der die Signale der Dampfpfeife und des Läutewerks der Maschine verweht habe; es liege also höhere Gewalt vor.

Auskunft: Magdeburg hat als Stundenmittel der Geschwindigkeit gemessen von 6—7 Uhr 12 m, von 7—8 Uhr 16 m in der Sekunde; der Sturm war dort vier Stunden nach dem Unfall am stärksten. Braunschweig schätzte um 6½ Uhr die Stärke 7 und um 8 Uhr 9. In Potsdam war die Geschwindigkeit um 7 Uhr 9,7 m und besonders heftig um 9¼—9½ Uhr abends mit 24 m, dann um 12 Uhr nachts noch etwas stärker. Der Wind kam überall aus West. Bei dem Geräusch, das ein solcher Sturm an Hindernissen erzeugt, können Läutesignale und Pfiffe wohl übertönt werden.

Dieser Fall hat den Gerichten und Wetterämtern jahrelang zu schaffen gemacht, da der Sohn des Verletzten in nie ermüdender Weise nachzuweisen versuchte, daß der Wind zur Zeit des Unfalles nicht als höhere Gewalt zu betrachten sei. Es handelte sich um einen Unfall an einem Bahnübergang, der beim Nahen eines Zuges, da es nur eine Nebenbahn war, nicht durch Schranken geschlossen wird, sondern bei dem der Zug nur läutet, bisweilen auch pfeift. Der Unfallort lag weit ab von Wetterstationen. Braunschweig, der Unfallort und Magdeburg liegen ungefähr in einer Richtung, und zwar ungefähr in der des damals herrschenden Windes. Nimmt man an, der Wind habe in Braunschweig zwischen 6 und 6½ Uhr eine Geschwindigkeit von 13 m je Sekunde gehabt und behalten, so konnte er die 33 km bis zum Unfallort in 46 Minuten zurücklegen und kam um 7 Uhr mit 13 m an. Entsprechend kann man von dem 50 km entfernten Magdeburg rückwärts rechnen, daß der Wind danach an der Unfallstelle 15 m gehabt habe. Beide Werte 13 und 15 m liegen einander sehr nahe und dürften der Wahrheit entsprechen; von Potsdam her gerechnet käme man sogar auf 24 m je Sekunde. Auf jeden Fall herrschte zur Zeit des Unfalls ein sehr stürmischer Wind, dessen Eigengeräusch die Signale übertönen konnte.

15. (257.) Fall. Ein Kraftwagen, dessen Laternen angeblich durch den Wind erloschen waren, stand nachts auf der Landstraße. Ein Einspänner fuhr aus Südwesten her auf ihn auf. Der Kutscher wollte wegen Sturm in der Fahrrichtung den nicht abgestellten Motor nicht gehört haben.

Auskunft: Es wehte stürmischer Wind aus Südwest.

16. (258.) Fall. Durch Berlin wurde ein leerer Kahn stromabwärts geschleppt. Beim Passieren des mittleren Joches der Waisenbrücke stieß der Kahn mit seinem Vorderteil gegen den linken Brückenpfeiler und wurde beschädigt. Zu untersuchen war die Frage, ob der Kahn falsch geführt oder falsch geschleppt wurde, oder ob der Kahn durch stärkere Windstöße mit dem Hinterteil nach der rechten Seite des Spreeufers getrieben worden ist, so daß die Spitze des Kahns, der dort mit dem Schleppdampfer durch eine 5 m lange Kette verbunden war, nach links gedrängt wurde und gegen den Pfeiler stoßen konnte. Die eine Partei behauptete, daß ruhiges, die andere, daß böiges Wetter geherrscht habe.

Auskunft: Es herrschte mäßig starker Südwestwind, der etwas ungleich wehte (vgl. Fall 270 und 276).

17. (259.) Fall. Ein Flußdampfer erlitt an einer Eisenbahnbrücke Schaden, weil angeblich heftiger Südwestwind wehte, d. h. quer zur Fahrstraße. Ein anderer Dampfer derselben Gesellschaft hatte früher bei starkem, böigem Winde die Stelle wiederholt ungefährdet passiert.

Auskunft: Mäßiger (höchstens 9 m je Sekunde) Wind aus Süd bis Südwest.

18. (260.) Fall. Ein Elbkahn war von Berlin nach Hamburg zu langsam gefahren, und zwar, wie der beschuldigte Schiffer behauptete, wegen Nebels und widrigen Windes.

Auskunft: Auf der Wasserstrecke herrschte oft Nebel. Der Wind wehte in wechselnder Stärke am ersten Tage aus Nord, sonst aus West bis Südwest, so daß die Angaben des Schiffers unter Beachtung der Richtung des Wasserweges stimmen.

19. (261.) Fall. Eine Segelschiffreise von Kiel nach Danzig war angeblich zu langsam ausgeführt worden. Der Schiffer behauptete, es hätten vorwiegend östliche, also widrige Winde geweht, während der Warenempfänger das bestritt.

Auskunft: Es wehten leichte bis schwache Winde und zwar in den zwei ersten Tagen aus südlichen, in den vier nächsten aus nördlichen und in den sechs letzten aus östlichen Richtungen.

20. (262.) Fall. Ein Brauereiarbeiter fiel tot um, angeblich weil er beim Fässerpichen infolge heftigen Ostwindes viel Rauch eingeatmet hatte.

Auskunft: Mäßiger bis starker Südost, der örtlich abgelenkt sein kann.

21. (263.) Fall. Eine Fischsendung aus Jütland wurde als nicht frisch beanstandet, denn an der Westküste von Jütland findet bei Ostwind, also bei ablandigem Winde, Fischfang statt, nicht aber bei Westwind, weil dann die Gefahr für Fischerboote und Netze groß ist und sich die Fische nicht zeigen. Bei der Absendung der Ware sei aber Westwind gewesen, also könnten die Fische nicht frisch gefangen, sondern müßten Lagerware sein. Wie war der Wind?

Auskunft: Lebhafter West- bis Nordwestwind.

22. (264.) Fall. Ein wegen Körperverletzung Angeklagter hatte einem Burschen, der ihm Obst von den Bäumen geschüttelt hatte und stehlen wollte, eine Schrotladung ins Gesäß versetzt. Der Bursche behauptete, daß der Wind die Äpfel abgerissen hätte, wogegen der Beschuldigte einwand, er hätte tags zuvor kein Fallobst gesehen, und Sturm wäre nicht gewesen.

Auskunft: Der Wind war so leicht, daß er nur die Blätter bewegte.

23. (265.) Fall. In einer Strafsache wegen Meineid kam es zur Beurteilung der Frage, ob eine gewisse Äußerung auf eine bestimmte Entfernung verstanden worden sein konnte, darauf an, aus welcher Richtung und wie stark der Wind geweht hat.

Auskunft: Es wehte leichter Süd- bis Südostwind.

24. (266.) Fall. Beim Bau einer Drahtseilbahn im Saaletal bei Jena wurde von der Regierung der Nachweis verlangt, daß durch etwa herunterfallende Fördergefäße ein an einigen Stellen nur 6—8 m entfernter, ungefähr parallel laufender Weg in seinem Verkehr nicht gefährdet wird. Für die Berechnung der Wurfparabel eines aus etwa 25 m Höhe herunterfallenden Kübels legte die Wegepolizeibehörde einen seitlichen Winddruck von 150 kg/qm auf das Fördergefäß zugrunde, der nach der Beaufortskala etwa der Windstärke 11 gleich rund 35 m Sekundengeschwindigkeit entspricht. Bei einer derartigen Windstärke würde allerdings die Wurfweite einer Parabel eines herabfallenden Kübels den Weg an zwei Stellen erreichen, so daß er dort verlegt werden müßte. Da das aber außerordentlich hohe Kosten verursachen würde, sollte der Nachweis erbracht werden, daß eine derartige Windstärke im allgemeinen im Binnenlande und besonders in dem 180 m tief eingeschnittenen Saaletale überhaupt nicht auftritt. Die Angaben der Wetterwarte der Universität Jena wurden von der Behörde nicht anerkannt; sie verlangt eine Zusammenstellung der monatlichen Höchstwerte der letzten zehn Jahre.

Auskunft: Der Nachweis, daß dort Windstärken von 35 m je Sekunde überhaupt nicht vorkommen, dürfte nicht unbedingt zu führen sein. Wenn auch aus der dortigen Gegend keine Aufzeichnungen von Windmessern vorliegen, so sind doch gelegentlich in Norddeutschland noch größere Geschwindigkeiten bei einzelnen Sturmstößen vorgekommen. Aus dem tiefen Einschneiden des Saaletales darf man nicht ohne weiteres auf eine verminderte Windstärke schließen. Eine Abschwächung wird nur dann eintreten, wenn der Wind das Tal überquert, wohingegen Wind in der Talrichtung durch Zusammendrängen der Stromlinien im Tale unter Umständen eine Verstärkung erfahren kann.

Da es sich hier nicht um Feststellung einer bestimmten Windgeschwindigkeit, sondern um gewisse Höchstmaße handelt, erscheint das Ablehnen der Windschätzungen durch die Behörde als unbillig und unberechtigt. Solche Schätzungen am Ort sind doch besser, als Angaben eines 40 km (Erfurt) oder mehr entfernten, in andersartiger Umgebung stehenden Windapparates. Sodann hätte der genaue Ort der Seilbahn angegeben werden müssen, um ein richtiges Urteil fällen zu können. So große Stürme von 35 m kommen nur aus Nordwest bis Südwest, so daß eine Seilbahn am Westhange des Saaletales wohl nie gefährdet ist. Ein Winddruck von 150 kg je Quadratmeter entspricht übrigens nach neueren Erfahrungen etwa 43 m je Sekunde (Stärke 12), d. h. einer Geschwindigkeit, die in Norddeutschland sehr selten vorkommt und stets unter den Begriff der höheren Gewalt fällt.

d) Sturm.

Sturm ist ein Wind, der ganze Bäume bewegt und der mindestens der Windstärke 8 entspricht oder eine Geschwindigkeit von mindestens 15 m je Sekunde hat. Die Stärke 8 und 9 kommt bei uns alljährlich und gewöhnlich mehrmals vor; die Stufen 10 und 11 sind, richtig geschätzt, im Binnenlande schon so selten, daß 10 allermeist und 11 stets als höhere Gewalt zu betrachten ist, während 12 bei uns nur äußerst selten, wohl aber in den Tropen bei Tornados, Tromben usw. vorkommt. An der Küste kann man die Stärke 10 noch nicht als höhere Gewalt betrachten, wohl aber 11 und erst recht 12. Dazu kommt noch, daß der Sturm zwar über weiten Strecken auftreten kann, aber sehr ungleich — wirbelig oder böig —

ist, und daß deshalb die Zerstörungsgebiete oft nur schmale Streifen von wenigen Zehnern von Metern sind. Daraus geht auch hervor, daß man lediglich nach den Wetterkarten oder nach vom fraglichen Orte entfernten Beobachtungsstellen Fragen über Sturm nicht beantworten soll. Gerade sie können nur von Wetterämtern mit zahlreichen Beobachtungen und erfahrenen Beamten befriedigend beantwortet werden. Wie vielfache Gesichtspunkte dabei zu beachten sind, wird aus den Beispielen und Zusätzen hervorgehen.

1. (267.) Fall. Beim Abrüsten fiel ein Malermeister von der Leiter, weil eine Bohle auf ihn stürzte, und er verletzte sich. Der Arbeiter auf dem Gerüst, der für haftpflichtig erklärt werden sollte, behauptete, daß ein Windstoß ihm die Bohle aus der Hand gedreht hätte, wogegen der Verletzte einwand, es sei ja schönes, windschwaches Wetter gewesen.

Auskunft: Schwacher Wind von $3\frac{1}{2}$—5 m je Sekunde.

2. (268.) Fall. Ein Bootsmann wurde als Wasserleiche gefunden, und die Berufsgenossenschaft fragte wegen etwaiger Witwenrente an, ob Sturm ihn über Bord geworfen haben konnte.

Auskunft: Frischer Südwestwind von Stärke 5, Sturm ausgeschlossen.

3. (269.) Fall. Bei einer Karusselfahrt wurde ein Kind durch eine herabfallende Stange verletzt. Der Vater des Kindes beanspruchte Schadenersatz, doch lehnte ihn der Karusselbesitzer ab, da Sturm die Stange gelockert und abgeworfen hätte.

Auskunft: Nur Windstärke 4, doch ist gelegentlicher heftigerer Wind nicht ausgeschlossen.

4. (270.) Fall. Eine vierzehnsprössige Leiter fiel einem Monteur plötzlich um und verletzte eine Frau. Der Monteur behauptete, ein Wirbelsturm sei schuld, denn die Leiter hätte schon vorher zwei Stunden festgestanden und konnte auch nachher benutzt werden.

Auskunft: Die Windgeschwindigkeit im Freien betrug 6—9 m in der Sekunde, doch ist ein zeitweises Anwachsen auf etwa 12—13 m nicht ausgeschlossen, wohl aber eine noch stärkere Bö. Der Wind kam aus Ost bis Südost.

Diese Auskunft scheint erschöpfend zu sein, ist es aber nicht; denn in der Anfrage war das Haus von Berlin genannt, vor dem der Unfall geschah, und wenn man sich die Stelle auf dem Stadtplan ansieht, muß man zu einem anderen Urteil als in der Auskunft kommen. Die Straße verläuft von Ostsüdost nach Westnordwest, so daß also der Wind ungeschwächt hindurchwehen konnte. Sodann aber steht das Haus an der Südwestecke eines viereckigen Platzes von 200 m Seitenlänge, dessen Südseite eben diese Straße bildet. Der Wind muß sich also auf dem großen Platze fangen, wird in die

Ecke gedrängt und hatte hier sicherlich eine erheblich größere Geschwindigkeit, als ohne den Platz; er wehte wahrscheinlich auch stoßweise oder wirbelig, so daß die Behauptung des Monteurs durchaus glaubhaft erscheint.

5. (271.) Fall. Ein Firmenschild, das am ersten Stock eines Hauses befestigt war, fiel herab. Der Hauseigentümer verklagte den Lieferanten des Schildes. Es entstand die Frage, ob dieser bei dem Anbringen mit einem derartigen Sturm, wie er angeblich damals geherrscht hatte, hätte rechnen müssen, oder ob das Schild durch einen besonders unglücklichen Zufall abgerissen wurde.

Auskunft: Es war kein Sturm, nur ein stärkerer Wind und ohne Stöße.

6. (272.) Fall. Ein Brett von 3 × 1,04 × 0,04 m Größe und 100 kg Gewicht lag unbefestigt auf dem Gerüst, das auf dem Dach einer Werkstatt stand. Das Brett fiel herunter und verletzte in 20 m Abstand einen Menschen schwer. Der verklagte Besitzer der Werkstatt sagte, es hätte ein ungewöhnlicher Sturm das Brett abgeworfen, und er sei deshalb, da höhere Gewalt vorliege, nicht haftpflichtig.

Auskunft: Wohl herrschte Weststurm, der aber nicht ungewöhnlich war, vielleicht wurde er örtlich verstärkt (vgl. den Zusatz zu Fall 270).

7. (273.) Fall. Vom Dache des verklagten Hauseigentümers war ein Wetterhahn heruntergefallen. War der Sturm so ungewöhnlich, daß das Herabfallen nicht auf mangelhafte Befestigung zurückzuführen ist?

Auskunft: Nein, nur starker Wind, kein Sturm.

8. (274.) Fall. Ein Kasten mit Weinpflanzen fiel vom Balkon, angeblich durch Sturm.

Auskunft: Windstärke 6—7.

Es herrschte also ein fast stürmischer Wind, der, da nicht nur der Kasten, sondern gleichzeitig auch die Pflanzen Angriffsflächen boten, große Gewalt ausüben konnte; aber schuldlos wurde dadurch der Wohnungsinhaber nicht, denn jeder Blumenkasten muß so befestigt sein, daß er auch noch stärkere Stöße aushält. Sonst wäre schließlich jeder Verkehr auf der Straße gefährdet (vgl. Fall 435, S. 202).

9. (275.) Fall. Bei einem Gerüsteinsturz wurde ein Arbeiter verletzt. Die Versicherungsgesellschaft fragte, ob Sturm war und so stark, daß andere gut und ordnungsmäßig befestigte Gegenstände damals, wie behauptet wurde, umgeworfen worden sein können?

Auskunft: Die Windgeschwindigkeit betrug 12—18 m je Sekunde, war mithin nicht ungewöhnlich groß (vgl. Zusatz zu Fall 270 und 276).

10. (276.) Fall. Ein Teil eines Gerüstes des Neubaus der Charlottenburger Brücke und des zugehörigen Tores stürzte ein; vielleicht durch Sturm?

Auskunft: Es herrschten westliche starke Böen, die fast, aber nicht ganz Sturmesstärke erreichten.

Der Wind konnte die Bismarck- und Berliner Straße ungehindert wehen, mußte am Knie von dem hier aus fast nordwestlicher Richtung mündenden Teil der Berliner Straße her Zufuhr von Luftmassen erhalten und konnte durch die vorspringenden Flügel der Technischen Hochschule und die Bäume davor leicht wirbelig werden, so daß er in einem für Gerüste nicht ungefährlichen Zustand an der Brücke ankam und das Gerüst quer traf.

11. (277.) Fall. Beim Neubau des Riesengasbehälters der Schöneberger Gasanstalt stürzte ein Montagekrahn ein und verletzte einen Arbeiter. War vielleicht Sturm die Ursache?

Auskunft: Der Wind überstieg nicht die Stärke 5 (9½ m je Sekunde).

12. (278.) Fall. Konnte in der Nacht vom 11. zum 12. Februar 1920 in Berlin ein orkanartiger Sturm solche Kraft gehabt haben, daß eine Kastanie mit einem Stammdurchmesser von 60 cm umgeworfen wurde, auch wenn sich vorher keinerlei Zeichen mangelhafter Standhaftigkeit gezeigt haben.

Auskunft: In der Nacht wehten starke bis stürmische Winde, bei denen einige Stöße eine Windgeschwindigkeit von 20 m in der Sekunde zeigten. Bei einer solchen Geschwindigkeit ist die Möglichkeit, daß stärkere Bäume umgeworfen werden, nicht von der Hand zu weisen.

13. (279.) Fall. War der Sturm am 30. März 1912, der den Einsturz des Nauener Funkenturmes herbeigeführt hat, der stärkste, der in dieser Gegend seit Jahrzehnten vorgekommen ist?

Auskunft: Das höchste Stundenmittel der Windgeschwindigkeit im nahen Potsdam war 11,6 m in der Sekunde, der höchste Augenblickswert 17—18 m. Einzelne Sturmstöße dürften noch höhere Werte erreicht haben, aber sie gehören nicht zu den außerordentlichen Ereignissen. Es muß jedoch darauf hingewiesen werden, daß derartige Böen oft recht örtlich und verschieden stark auftreten. Das Aeronautische Observatorium in Lindenberg bei Beeskow hatte z. B. damals einen Höchstwert von 27 m, einen Wert, wie er nicht in jedem Jahre auftritt.

Im weiteren Verlaufe dieses Prozesses wurde noch nach den niedrigsten Kältegraden in den fünf Monaten, also in dem ganzen Winter, vor Einsturz des Turmes gefragt. Entweder sollten damit die wechselnden Spannungen des Turmgestänges oder der Haltedrähte begutachtet werden, oder es sollte die Frage untersucht werden, ob der Frost in dem sehr feuchten Boden das Fundament des Turmes gelockert hatte.

14. (280.) Fall. Ein forstfiskalischer Feuerwachtturm wurde angeblich durch Sturm umgeworfen.

Auskunft: Die Geschwindigkeit war nur 8 m je Sekunde, genügte also nicht. Wenn der Wind trotzdem die Ursache war, so muß man annehmen, daß er durch örtliche Verhältnisse (Schneise, Lichtung) verstärkt wurde.

15. (281.) Fall. Ein Fahnenmast stürzte um und tötete jemand. War Sturm?

Auskunft: Nur ganz leichter Südwestwind (2 m je Sekunde).

16. (282.) Fall. Ein Möbelwagen war umgestürzt, angeblich durch Sturm.

Auskunft: Es wehte ein steifer Nordwestwind, der zeitweise böig wurde.

Auch hier hätten zweckmäßigerweise Erwägungen wie bei Fall 270 und 276 angestellt werden sollen.

17. (283.) Fall. Ein Eisenbahnwagen war umgestürzt, angeblich durch Sturm.

Auskunft: Es wütete ein Wirbelsturm mit Stößen von etwa 40 m je Sekunde.

Ob diese ganz ungewöhnlich große Windgeschwindigkeit, die einem Winddruck von rund 130 kg auf 1 qm entspricht, genügt, um einen Eisenbahnwagen umzuwerfen, hängt außer von seinem Gesamtgewicht noch von der dem Winde ausgesetzten Fläche ab, von dem Winkel, unter dem der Wind diese Fläche trifft, von der Ruhe oder Bewegung des Wagens und von der Lage seines Schwerpunktes zu der dem Winde abgewandten Schiene, da sie die Kippkante des Wagens bildet. Jedenfalls lag hier höhere Gewalt vor.

18. (284.) Fall. Ein starker Wind riß den Turmhelm einer Neubaukirche weg und drei Wochen später das Notdach. Zur Feststellung etwaiger Fahrlässigkeit beim Bau wurde nach dem Winde gefragt.

Auskunft: Die Geschwindigkeit betrug 15 m je Sekunde und mehr, der Winddruck also mindestens 20 kg auf 1 qm.

Häufig sind Windschäden an Dächern, und oft handelt es sich dann bei Streitigkeiten um Dächer, deren Instandhaltung ein Dachdecker gegen eine bestimmte Jahressumme übernommen hat. Sind größere Schäden entstanden, so entsteht Streit, ob der Wind das gewöhnliche Maß überschritten hatte oder nicht. Im ersteren Falle muß der Hausbesitzer, im letzteren der Dachdecker die Kosten tragen. In Betracht kommen hier die Bestimmungen des Bürgerlichen Gesetzbuches über den Dienstvertrag (§§ 611 ff.) und vor allem über den Werkvertrag (§§ 631 ff.).

19. (285.) Fall. Eine Dachdeckfirma übernahm die Dacharbeiten gegen eine feste Jahressumme. Bei einem großen Schaden weigerte sie sich, die Ausbesserung ohne besondere Entschädigung auszuführen, da der Sturm außergewöhnlich gewesen sei und seine Folgen in der Jahressumme nicht inbegriffen seien.

Auskunft: Windstärke 8, zeitweise wohl 9; ein solcher Sturm kommt in dortiger Gegend durchschnittlich 4—5 mal im Jahre vor, ist also nicht außergewöhnlich.

20. (286.) Fall. Ein Dachdecker besserte Sturmschäden aus, doch verweigerte der Besitzer die Zahlung, da gar kein Sturm gewesen sei.

Auskunft: Die Windgeschwindigkeit betrug im Stundenmittel 15—17 m je Sekunde; sie war bei Einzelstößen also noch größer und überschritt damit die gewöhnliche Sturmstärke.

Auch in diesem Falle hatte der Handwerker offenbar die Unterhaltung des Daches übernommen, jedoch mit Ausschluß der Ausbesserung von außergewöhnlichen Sturmschäden.

21. (287.) Fall. Nach Behauptung eines Handwerksmeisters, der vertraglich verpflichtet ist, die Dächer der Kirche und des Kirchturms instand zu halten, sollte ein Sturm in der Nacht zum 28. Januar die Dächer erheblich beschädigt haben. Um ein Urteil zu gewinnen, ob der Meister die verursachten Schäden auf seine Kosten zu beseitigen hätte, sollte festgestellt werden, ob damals tatsächlich ein so außergewöhnlicher Sturm geherrscht hat, daß dessen Wirkung als höhere Gewalt bezeichnet werden darf.

Auskunft: Die größte stündliche mittlere Windgeschwindigkeit betrug in jener Nacht 17 m in der Sekunde. In jedem der letzten Jahre sind schon solche und selbst größere Geschwindigkeiten vorgekommen. An dem nur 2 km entfernten Observatorium sind beim größten Windstoß 20 m je Sekunde festgestellt worden, ein Wert, der in jedem Jahre — meist mehrere Male — überschritten wird; aber Windstöße können an benachbarten Orten sehr verschieden stark sein.

22. (288.) Fall. Ein Kirchendach war stark beschädigt worden, und es handelte sich ebenfalls um die Frage, ob höhere Gewalt vorlag oder nicht. In diesem Fall sollte der Dachdecker ohne Entschädigung die Ausbesserung vornehmen. Nach Zeugenaussagen wurden in demselben Ort gleichzeitig noch andere Dächer beschädigt, besonders in dem einen Stadtteil. Die von verschiedenen Wetterbeobachtern eingeholten Auskünfte widersprachen sich zum Teil, indem einzelne nur mäßigen Wind, andere Sturm aufgezeichnet hatten. Schließlich wurde vom Wetteramt eine Auskunft erbeten, was richtiger gleich hätte geschehen sollen.

Auskunft: An dem Unfalltage wurden verschiedentlich Gewitter von nicht großer örtlicher Ausdehnung, aber mit Sturmböen beobachtet. Es konnten daher sehr wohl an einem Orte Sturmschäden entstehen, auch wenn an einzelnen Wetterstellen nur weniger starke Winde festgestellt wurden.

23. (289.) Fall. Ein Dach war durch Sturm abgedeckt worden, der Besitzer behauptete aber, durch einen kalten Blitzschlag, weil er wohl gegen Feuer- einschließlich Gewitterschäden versichert war, nicht aber gegen Sturmschäden. Die Feuerversicherungsgesellschaft fragte, ob Gewitter oder Sturm gewesen sei.

Auskunft: Gewitter nicht, wohl aber Sturm.

24. (290.) Fall. Ein Stall war bei einem Gewitter beschädigt worden, und es entstand anläßlich der Frage, ob die Feuerversicherungsgesellschaft die

Entschädigung zu zahlen hätte, darüber Streit, ob ein kalter Schlag oder Sturm die Schadensursache gewesen war.

Auskunft: Es war ein Gewitter mit Sturm; was davon die Ursache war, kann nur am Orte entschieden werden.

25. (291.) Fall. War solcher Sturm, daß er Schieferplatten vom Dach eines Hauses abreißen und sie eine größere Strecke bis zu einem Nachbarhause forttragen konnte?

Auskunft: Es wehte sehr böiger, starker Westwind, der zeitweise zum starken Sturm (24 m je Sekunde) anwuchs.

26. (292.) Fall. Eine im Holzrahmen sitzende 6 qm große Schaufensterscheibe wurde vollständig zertrümmert. War Sturm?

Auskunft: Es war nur stark windig (vgl. Fall 270).

27. (293.) Fall. Bei Abbruch einer alten Scheune stürzte eine Wand um und tötete einen Arbeiter. Es wurde Sturm behauptet.

Auskunft: Am nahen Observatorium wurde eine Windgeschwindigkeit von 11½ m je Sekunde festgestellt.

Hierbei ist zu beachten, daß der Wind eine im Abbruch befindliche Scheune anders packen kann, als wenn sie noch gedeckt ist; denn in jenem Falle konnte der Wind sich in dem nur noch stehenden Mauerviereck fangen und mußte einen erheblich höheren Druck ausüben, als seiner Geschwindigkeit im Freien entsprach.

28. (294.) Fall. Eine freistehende Gartenmauer aus Zementdielen von 17 m Länge, 1,60 m Höhe, 5 cm Dicke (Pfeiler 1,80 m hoch und 26 cm dick) und 80 cm Fundamenttiefe stürzte um, angeblich durch Sturm. Der Besitzer machte den Bauunternehmer haftbar, der sich wiederum an seine Haftpflicht-Versicherungsgesellschaft hielt. Diese fragte, ob Sturm gewesen war.

Auskunft: Ja, Weststurm.

29. (295.) Fall. Auf einem Neubau in Berlin war das erste Quergebäude vier Stock hoch aufgeführt und noch nicht eingedacht. Auf der östlichen Giebelseite war die Giebelmauer des Dachgeschosses in Höhe von 2,60 m, in Länge von 14 m und in Stärke von 25 cm — jedoch am Fuße infolge Aussparung in geringerer Stärke — frisch aufgeführt. Von dieser Giebelwand kippte am 20. Januar zwischen 10 und 11 Uhr eine Strecke von 7 m Länge nach innen (Westen) um, nachdem sie am 19. wegen des Westwindes von innen her mit Seilen verankert und in der Mitte zum Teil abgetragen worden war. Wie war die Richtung und Stärke des Windes am 19. und 20. Januar, und war die Stärke ungewöhnlich?

Auskunft: Am 19. vormittags herrschte Südweststurm von einer Stärke, wie sie in Berlin durchschnittlich fünfmal im Jahre vorkommt. In den ersten Nachmittagsstunden flaute der Sturm unter Drehung gegen West zum starken, gegen Abend dann zum mäßigen Winde ab. Am Vormittage des 20. wehten anfangs nordwestliche, später westliche Winde, welche von allen Beobachtern als schwach und nur ganz vereinzelt als mäßig bezeichnet wurden.

Hierzu ist zu beachten, was eben zu Fall 293 gesagt worden ist. Außerdem war vielleicht der Regen nicht ohne Wirkung, der am 19. nachmittags fiel und das Erhärten des Mörtels verhindern mußte, ja, ihn wohl noch erweicht hat. Dieser Regen ist in der Auskunft nicht beachtet worden.

30. (296.) Fall. Eine Flugzeughalle bei Karlshorst, östlich von Berlin, stürzte ein. Durch Sturm?

Auskunft: Auf dem Turm des Observatoriums in Potsdam wurde gleichzeitig 18 m je Sekunde gemessen; nach Berliner Schätzungen war die Geschwindigkeit wohl etwas geringer, da der Wind aus Westen kam und daher durch die Großstadt geschwächt wurde.

Wie sehr die Häuser die Windaufzeichnungen beeinflussen können, zeigte V. Kremser 1909 an den Angaben des Anemometers, das 1884—1903 auf dem Turm des Joachimsthalschen Gymnasiums 33,7 m über der Straße und 15—20 m über dem Dach des Gymnasiums gestanden hatte. In dem ersten Jahrzehnt 1884—1893 war das Gelände ringsherum unbebaut, im zweiten 1894—1903 aber völlig bebaut, so daß der Apparat nur noch 10 m die Umgebung überragte. Hierdurch verlor der Wind infolge Reibung sehr an Geschwindigkeit und ging im Mittel von 5,4 m je Sekunde im Jahrfünft 1884—1888 auf 3,8 m im Jahrfünft 1899—1903 herab, also um fast ein Drittel des ursprünglichen Wertes. Der Höchstwert sank von 22,5 m im ersten Jahrzehnt (1884—1893) auf 18,1 m im zweiten (1894—1903), also um 4,4 m.

31. (297.) Fall. War am 3. und 21. Juni 1907 auf dem Ausstellungsgelände in Schöneberg bei Berlin heftiger Sturm und Regen, wie er in hiesiger Gegend so außerordentlich selten vorkommt, daß der Erbauer eines Gebäudes und der Dachdecker ohne Fahrlässigkeit darauf nicht Rücksicht zu nehmen brauchten?

Auskunft: In Friedenau und Schöneberg werden keine Beobachtungen für das Wetteramt angestellt, doch befinden sich in einigen benachbarten Vororten, sowie in Berlin SW Beobachtungsstationen, deren Meldungen genügenden Anhalt bieten, um die Witterungsverhältnisse, die am 3. und 21. Juni 1907 auf dem Gelände der Deutschen Armee-, Marine- und Kolonial-Ausstellung geherrscht haben, zu beurteilen.

Hiernach erscheint es ausgeschlossen, daß am 3. Juni 1907 auf dem Ausstellungsgelände starker Wind, geschweige denn Sturm, geherrscht habe. Regen ist anscheinend mehrfach im Laufe des Tages in ziemlich ergiebiger Menge gefallen, doch war seine Stärke nicht so erheblich, daß man sie als ungewöhnlich oder gar selten bezeichnen könnte.

Am 21. Juni dagegen dürften auf dem Ausstellungsgelände, in Verbindung mit einem Gewitter, das sich etwa zwischen 2 und 3¼ Uhr nachmittags über der südlichen Umgebung von Berlin entlud, Windstöße von außergewöhnlicher Stärke vorgekommen sein. Durch einen Windstoß ist um diese Zeit in Berlin SW ein zur Messung der Windstärke dienender Apparat zerstört, in Groß-Lichterfelde ein Baum von 30 cm Durchmesser gebrochen worden. Hiernach ist anzunehmen, daß auch auf dem Ausstellungsgelände der Wind zeitweise einen so hohen Stärkegrad angenommen hat, wie er in dieser Gegend nur selten vorkommt, so daß für die Beschädigungen, die er angerichtet hat, der Erbauer eines Ausstellungsgebäudes und der Dachdecker nicht verantwortlich gemacht werden können. In der gleichen Stunde, anscheinend unmittelbar nach der Sturmböe, fiel auch zwar nur kurz anhaltender, aber außerordentlich heftiger Regen, der möglicherweise mit Hagel gemischt war.

Zur Beurteilung dieses Falles sollte bedacht werden, daß Ausstellungsbauten keine Dauerbauten sind und es daher unwirtschaftlich wäre, sie so zu bauen, daß sie gegen alle Unwetter schützen.

82. (298.) Fall. Eine Windmühle soll durch plötzlichen Sturm aus West umgeworfen worden sein und zwar, weil die Mühle mit den Flügeln nach Südost gestanden hatte. Der Müller behauptete, daß am Vortage und am Unfalltage bis kurz vor dem Sturm oder Wirbelwind ein schwacher Südostwind geweht habe. Die verklagte Versicherungsgesellschaft meinte aber, es habe schon am Vortage sowie am Morgen des Unfalltages starker Westwind geherrscht, der dann abflaute.

Auskunft: Am Vortage wehte schwacher Südostwind, ebenso am nächsten Morgen; doch kam er mittags schon aus Süd und wuchs am Nachmittage rasch zu Sturmesstärke (17 m je Sekunde) an.

83. (299.) Fall. Ein Schornstein war eingestürzt. Der Besitzer verlangte von der Feuerversicherung eine Entschädigung, da ein Blitzschlag schuld sei. Die Versicherung aber behauptete, es sei Sturm gewesen.

Auskunft: Zur Zeit des Unfalls herrschte starker Weststurm (Stärke 10); das Gewitter brach erst eine Stunde nach dem Einsturz aus.

Wie bei Fall 289 hatte sich auch hier der Besitzer wohl nur gegen Brandschaden, aber nicht gegen Sturmschaden versichert und versuchte auf obige Weise eine Entschädigung zu erhalten.

84. (300.) Fall. Ein achteckiger Fabrikschornstein war eingestürzt. Ein Maurermeister (gelernter Dachdecker) hatte den Schornstein ein Vierteljahr vorher um 4 m, d. h. auf 26 m, erhöht. Er behauptete nun, daß der Sturm den Schornstein umgeworfen habe, während er nach §§ 330 und 367 Ziff. 14 des Strafgesetzbuches angeklagt wurde, weil er gegen die Regeln der Baukunst durch das Mißverhältnis zwischen der Stärke des Durchmessers am Schaftanfang (1,80 m) zur Höhe (1 : 14,4) verstoßen habe. Der Angeklagte behauptete dagegen, die Festigkeit des Schornsteines gehe schon daraus hervor, daß er einem Sturme gleich nach dem Erhöhen widerstanden habe. Weiter behauptet er, mit einem so gewaltigen Sturm wie bei dem Einsturz rechne die Statik nicht mehr, wogegen der Bausachverständige angab, daß die Statik noch mit einem Gewichtsdruck von 250 kg je Quadratmeter rechne und dafür die Regeln aufstelle.

Auskunft: In den Tagen nach dem Erhöhen wehte lebhafter Wind, der zeitweise stürmisch wurde, aber die Stärke 7 nicht überschritt, die fast in jedem Monat erreicht wird. Dagegen ist ein Sturm wie beim Einsturz in den letzten zwanzig Jahren dort nur zweimal vorgekommen und muß als ungewöhnlich bezeichnet werden.

Die hier angezogenen Paragraphen des Strafgesetzbuches lauten:

„§ 330. Wer bei einer Leitung oder Ausführung eines Baues wider die allgemein anerkannten Regeln der Baukunst dergestalt handelt, daß hieraus für andere Gefahr entsteht, wird mit Geldstrafe bis zu neunhundert Mark oder mit Gefängnis bis zu einem Jahre bestraft."

und

„§ 367. Mit Geldstrafe bis zu einhundertfünfzig Mark oder mit Haft wird bestraft:

14. wer Bauten oder Ausbesserungen von Gebäuden, Brunnen, Brücken, Schleusen oder anderen Bauwerken vornimmt, ohne die von der Polizei angeordneten oder sonst erforderlichen Sicherheitsmaßregeln zu treffen."

Für Preußen lautet die jetzt noch gültige Ministerialverfügung vom 30. April 1902:

„Bei allen Bauwerken ist eine Standfestigkeit noch bei $w_0 = 125$ kg Druck auf 1 qm senkrecht zum Winde vorgeschrieben. Trifft der Wind die Fläche F unter dem Anfallswinkel α, so ist der auf F entfallende Winddruck mit $W = w_0 \cdot F \cdot \sin^2 \alpha$ in Rechnung zu stellen.

Bei Schornsteinen nimmt man als Angriffspunkt den Schwerpunkt eines lotrechten Mittelschnittes. Ist dessen Fläche F, so muß aushalten

ein rechteckiger Schornstein einen Druck von $1{,}00 \cdot w_0 \cdot F$,
„ achteckiger „ „ „ „ $0{,}71 \cdot w_0 \cdot F$,
„ runder „ „ „ „ $0{,}67 \cdot w_0 \cdot F$.

In Gegenden mit besonders großen Windstärken, namentlich an der Küste oder im Gebirge, sind die Winddruckzahlen um 25—50 v. H. zu erhöhen."

Bei manchen Brücken ist man bis 250 kg und bei Leuchttürmen bis 330 kg Druck je Quadratmeter gegangen.

35. (301.) Fall. Ein 40 m hoher Schornstein war schadhaft, doch wollte man ihn aus Betriebsrücksichten noch einige Monate stehen lassen, wenn in dieser Zeit kein Sturm zu erwarten ist.

Auskunft: Wenn auch einzelne Monate viel seltener Stürme haben als andere, so ist die Wahrscheinlichkeit, daß ein solcher Monat sturmfrei bleiben werde, lediglich nach vieljährigen Durchschnittswerten nicht zu beurteilen; sie ist auf jeden Fall nur so klein, daß man bei dem Stehenlassen eines nicht standfesten Schornsteines eine große Verantwortung übernimmt.

36. (302.) Fall. Ein 45 m hoher Fabrikschornstein war schief geworden. Der Besitzer behauptete: durch Einwirkung des nahen Bergbaus. Der Grubenbesitzer aber sagte, daß der Schornstein bereits vor vier Jahren durch Blitz beschädigt und nur im obersten Teile ausgebessert worden sei; deshalb habe er jetzt größerem Winddruck im letzten Monat nicht widerstehen können.

Auskunft: Die Windbeobachtungen für diesen Monat wurden mitgeteilt.

Die Richtung, nach der sich der Schornstein geneigt hatte, war nicht mitgeteilt worden, doch ist wohl der Einfluß des Windes hier überschätzt worden, sobald der Schornstein nach den vorerwähnten Vorschriften aufgeführt worden war. Die Angriffsfläche für den Wind ist doch nicht groß, zumal der Schornstein bei solcher Höhe sicherlich nicht viereckig, sondern achteckig oder — besonders in der oberen, dem Winde ausgesetzten Hälfte — wahrscheinlich rund war; außerdem kommt fast überall nicht der volle Winddruck zur Wirkung, sondern, da er fast überall schräg auftrifft, nur ein Teil.

37. (303.) Fall. Bei dem Sturm am 30. November 1906 an der Küste von Samland entstand beim Buhnenbau nachmittags erheblicher Schaden dadurch, daß Rammen von dem in See hineingebauten Gerüst nicht rechtzeitig an Land gezogen wurden, sondern ins Wasser stürzten. Hätte der Bauunternehmer angesichts des Sturmes am 29. und am 30. nicht schon am 30. vormittags die Rammen sichern müssen?

Auskunft: Die Deutsche Seewarte hatte bereits am 28. abends die ganze deutsche Küste vor Sturm gewarnt, die Warnung am Nachmittage des 29. verlängert und am 30. vormittags für die ostpreußische Küste noch verstärkt. Am Nachmittage des 30. haben ungewöhnlich stürmische Böen und Winde (bis Stärke 12!) bei hohem Seegange geherrscht.

Wenn auch eine Sturmwarnungsstelle am Unfallort erst zwei Jahre später eingerichtet worden ist, so hätte man sich bei solchen größeren Uferbauten die Sturmwarnungen drahtlich übermitteln lassen sollen, was ohne große Kosten ausführbar war. Jedoch auch ohne sie hätte man spätestens am Vormittage des 30. bei dem Anwachsen des Windes die Rammen sichern müssen, zumal dann doch nicht gearbeitet werden konnte.

38. (304.) Fall. Am 30. April ging ein Schoner von Pillau mit der Bestimmung nach der Insel Alsen in See, erreichte aber seinen Bestimmungsort nicht. Das Seeamt fragte nach dem Wetter für den halben Monat nach Abfahrt.

Auskunft: Aus den ausführlich mitgeteilten Beobachtungen geht hervor, daß schon am Abfahrtstage vor der Danziger Bucht starker Sturm (Stärke 10) und hoher Seegang herrschte, und daß auch nachher noch mehrfach stürmische Winde wehten.

39. (305.) Fall. Mußte nach den am 11. April an der Unterelbe herrschenden Windverhältnissen mit der Möglichkeit plötzlich einsetzender Böen gerechnet werden?

Auskunft: Das dürfte kaum möglich sein, da das bei Böen sehr oft zu bemerkende plötzliche Umspringen des Windes erst gleichzeitig mit der Bö selbst auftritt und die Windrichtung vorher nicht für das Entstehen einer Bö maßgebend ist.

Nach einer Entscheidung des Oberlandesgerichtes in Kiel vom 8. März 1919 „sind Sturmböen im Schiffsverkehr nicht als höhere Gewalt anzusehen".

40. (306.) Fall. Herrschte am 29. Dezember 1914 am Fischereihafen in Geestemünde 1. Windstärke 9 oder 12, 2. starker Wirbelwind? Ist eine Windstärke oder ein Wirbelwind wie am 29. Dezember in den letzten Jahren vorgekommen und mußte mit solchen gerechnet werden?

Auskunft: Es wurde früh Windstärke 10 mit orkanartigen Böen gemeldet, vormittags Stärke 9—8 und nachmittags 8. Ob starke Wirbelwinde geherrscht haben, läßt sich nicht sagen, ist jedoch wohl kaum anzunehmen. Es handelte sich zweifellos um einen von jenen schweren Stürmen mit orkanartigen Böen, die an der Küste wohl gelegentlich vorkommen, mit denen jedoch nicht jährlich gerechnet werden kann.

Nicht Wirbelwinde im eigentlichen Sinne, aber örtliche Wirbel an Gebäuden, Schiffen usw. haben sich sicherlich gebildet.

41. (307.) Fall. War auf der Oder Sturm oder mäßiger Wind aus Nordost? Ein geschleppter Kahn stieß mit einem Hebefahrzeug der Strombau-Inspektion zusammen. Der Schiffer behauptete, es habe Sturm geherrscht, und die Vorsichtsmaßregeln zur Sicherung der Hebefahrzeuge seien ungenügend gewesen.

Auskunft: Es wehte Nordwest bis Nordnordwest 4 im Freien, doch ist eine örtliche Ablenkung nach Nordost nicht ganz ausgeschlossen.

42. (308.) Fall. Ein Elbkahn geriet auf Grund; es soll Sturm geherrscht haben, der zuerst aus Südwest, dann aus West kam.

Auskunft: Südwest-, später Weststurm; Geschwindigkeit 15—23 m je Sekunde.

43. (309.) Fall. Auf der Elbe sanken mehrere Kähne abends 10 Uhr; angeblich schlugen sie durch Sturm voll. Wäre es dem Führer des Schleppzuges möglich gewesen, durch einfache Beobachtung des Wetterglases um 6 Uhr nachmittags, als er vor Anker ging, den Sturm vorher zu erkennen?

Auskunft: Eine Windzunahme hätte er auf diese Weise wohl erwarten können, aber einen Sturm wohl kaum; dazu wäre mindestens die Kenntnis der Tageswetterkarte notwendig gewesen.

44. (310.) Fall. Ein Boot sollte durch einen Gewittersturm gekentert sein; der Insasse ertrank. Die Lebensversicherungsgesellschaft fragte, ob Sturm war?

Auskunft: Nein.

45. (811.) Fall. Ein Schiffer wollte sich beim Steuern eines Fischerbootes auf dem Haff infolge Sturmes überanstrengt haben und verlangte eine Rente von der Seeberufsgenossenschaft.

Auskunft: Eine Küstenstation meldete Nordwest- bis Südwestwind der Stärke 4—6; doch kann diese auf dem Haff etwas größer gewesen sein.

46. (812.) Fall. Der Wind schlug die Tür eines Personenwagens zu und beschädigte einen Reisenden. Die auf Entschädigung verklagte Eisenbahnverwaltung fragte, ob nicht Sturm und somit höhere Gewalt vorläge?

Auskunft: Nein, nur Windstärke 5.

47. (813.) Fall. Gekaufte Äpfel wurden rasch schlecht. Der Käufer verklagte den Verkäufer, denn er hätte Fallobst statt, wie vereinbart, Pflückäpfel geliefert. Dieser aber behauptete, daß am 7., 9. und 10. Sturm die Äpfel abgeworfen hätte, wogegen Zeugen sahen, daß der Verkäufer noch am 11., also nach den angeblichen Sturmtagen, Äpfel zum Verkaufe pflückte.

Auskunft: Nur am 9. war der Wind beträchtlich — ob er gelegentlich zum Sturme anwuchs ist nicht feststellbar —, sonst herrschte schwacher Wind.

B. Mehrere Wetterelemente zugleich.

Während in den bisher behandelten Fällen stets nur ein Wetterelement in Frage kam, sollen in den folgenden Abschnitten Fälle mitgeteilt und gegebenenfalls besprochen werden, in denen mehrere Wetterelemente gleichzeitig oder nacheinander wirkten oder in denen nicht nur nach einem, sondern nach noch einem oder mehreren anderen Elementen gefragt wurde, um erst dann zu entscheiden, ob eins oder mehrere zu beachten sind. Unter denjenigen Fällen, in denen mehrere Elemente zugleich wirksam waren, heben sich namentlich zwei Arten hervor, die deshalb besondere Unterabschnitte bilden, das sind die Fälle, die den Hitzschlag und die Unfälle bei Glatteis betreffen. Der Hitzschlag hat eine große Bedeutung vor allem für die Berufsgenossenschaften, die Glatteisunfälle eine ebensolche für die Haftpflicht-Versicherungsgesellschaften.

1. Temperatur und Feuchtigkeit.

(Hitzschlag und Sonnenstich.)

Da die Temperatur, sei es Wärme oder Kälte, von allen Wetterelementen das für das Befinden des Menschen Wichtigste ist, so soll mit ihr begonnen werden, und zwar in der Zusammenstellung mit der Feuchtigkeit; denn beide vereint wirken bestimmend auf die menschliche Tätigkeit und Leistungsfähigkeit ein. Deshalb hat man z. B. den Apparat, der im nordamerikanischen Gesundheitsamt selbsttätig die Wärme und Feuchtigkeit der Zimmer regelt, treffend Comfortimeter genannt.

Unter den hier zu behandelnden Fällen liefert eine besondere, große Gruppe der Hitzschlag und Sonnenstich, worüber daher zuerst gehandelt wird.

In Merings Lehrbuch der inneren Medizin (8. Aufl. 1913, Bd. II S. 324) sagt O. de la Camp: „Unter Sonnenstich werden die Krankheitsfolgen verstanden, die direkte Besonnung der Kopf- und Nackengegend hervorruft, unter reinem Hitzschlag jene, die ohne direkte Sonnenwirkung bei schwüler, feuchter Witterung, gewöhnlich durch Muskelarbeit hervorgerufen, entstehen ... Jede Unterscheidung zwischen Sonnenstich und Hitzschlag läßt sich jedoch klinisch nur gewaltsam aufrechterhalten, insofern weitaus am häufigsten Mischformen sind ... Wenn auch chemisch wirkende Strahlen durch Haar- und Schädeldecke hindurchdringen können, so halten die Untersucher an Hitzschlag oder Sonnenstich Verstorbener es doch für wahrscheinlicher, daß die sogenannten hellen (leuchtenden) Strahlen des Sonnenlichtes und nicht die ultravioletten den Sonnenstich auslösen. Neben der Blutüberfüllung (Hyperämie) der inneren Teile zeigt sich vor allem ein hochgradiger Blutgehalt der Hirngefäße. Diese Blutüberfüllung wird gleichsinnig beim unbedeckt wie bedeckt besonnten Kopf, beim Hitzschlag mit Einstrahlung und auch beim (seltenen) Hitzschlag ohne Besonnung gefunden.“

Nur kurz erwähnt ist hier die schwüle, feuchte Witterung, und trotzdem hat sicherlich sie eine große Bedeutung. Denn kann der erhitzte und schwitzende Körper den Schweiß nicht durch Verdunstung abgeben, weil die Luft den entstehenden Wasserdampf nicht mehr völlig aufzunehmen vermag, so tritt auch nicht die notwendige Abkühlung ein, und das drückende Gefühl der Schwüle muß gesteigert werden; der Körper bleibt heiß und wird noch heißer, wodurch neben Blutüberfüllung schwere Störungen in den Nervenzentren der Wärmeregelung eintreten. A. Gärtner sagt in seinem Leitfaden der Hygiene (S. 31): „Je feuchter, ruhiger und wärmer die Luft ist, je wärmer die den Menschen umgebenden Gegenstände sind, je dicker die Kleidung, je stärker die Nahrungszufuhr ist, je mehr Arbeit geleistet wird, um so größer ist die Gefahr, daß durch

Leitung, Strahlung und Wasserverdunstung nicht soviel Wärme abgeführt werde, als erzeugt wird. Die Kohlenzieher auf Dampfschiffen, die mit Gepäck, in zugeknöpfter Uniform, auf windstiller Straße in geschlossenen Gliedern marschierenden Soldaten werden besonders häufig betroffen; ihnen folgen in weitem Abstande die Feldarbeiter.“ Natürlich kommt es außer auf das Wetter auch auf die allgemeine und besondere Körperbeschaffenheit des Betroffenen sehr an, namentlich ist zu untersuchen, ob der Körper durch eine mehrtägige schwüle Luft schon erschlafft und geschwächt war.

1. (314.) Fall. Eine Arbeiterin wurde beim Gerstebinden am 29. Juli ohnmächtig, erholte sich aber wieder. Anfang März stellte sie den Antrag auf Invalidenrente. Da ihr Arzt bescheinigte: „Erwerbsunfähig infolge von Hitzeeinwirkung (Hitzschlag) und Nervenschwäche (Neurasthenie) seit dem 29. Juli v. J.“, bekam sie die Rente von der Landesversicherungsanstalt; dann beantragte sie noch bei der landwirtschaftlichen Berufsgenossenschaft Unfallrente. Nun wurde nach dem Wetter am 28. und 29. Juli gefragt.

Auskunft: Am 28. war normales sommerliches Wetter; am 29. zeigte das Thermometer bei schwachem Westwind 7 Uhr früh 15° und 2 Uhr nachmittags 25°. Der Feuchtigkeitsgehalt der Luft war normal.

2. (315.) Fall. Ein Arbeiter sollte bei schwerer Arbeit in großer Hitze eine Gehirnblutung erlitten haben und daran gestorben sein.

Auskunft: Grenztemperaturen 23° und 10°, Luftfeuchtigkeit früh 78%, mittags 47%, abends 71%, tagsüber leichter Nordost- bis Nordwestwind.

3. (316.) Fall. Bei zwei Fällen von Sonnenstich starb ein Arbeiter sofort, ein anderer erst nach einigen Tagen nach Gehirnentzündung und Gehirnblutung. Es wurde nur nach der Temperatur gefragt.

Auskunft: Die Wärme war sehr hoch und weit übernormal.

4. (317.) Fall. Ein Erdarbeiter war am 1. Juli beim Kanalbau infolge eines Herzschlages gestorben. Die Witwe forderte Entschädigung von der Berufsgenossenschaft, denn ihr Mann sei durch einen Hitzschlag getötet worden, weil bei seiner ihn den heißen Sonnenstrahlen besonders aussetzenden Arbeit die brennende Hitze durch die vom gegenüberstehenden Mauerwerk zurückgeworfenen Sonnenstrahlen noch erhöht wurde. Wie heiß war es?

Auskunft: Die Temperatur betrug rund 23°.

Es hätte hier und im Falle vorher die übernormale Feuchtigkeit und der sehr schwache Wind bei geringer Bewölkung erwähnt werden sollen; aber bei der Erteilung dieser Auskunft im Jahre 1895 lag noch zu geringe Erfahrung hinsichtlich der gerichtlichen Meteorologie vor.

5. (318.) Fall. Ein Arbeiter zog sich Sonnenbrand zu.

Auskunft: Die Höchstwärme betrug 30°, die Sonne schien oft bei schwachen Winde.

Sonnenbrand ist nicht mit Sonnenstich zu verwechseln, sondern besteht in Entzündungen der nicht pigmentierten Haut bis zum Absterben von Hautstücken durch unmittelbares oder zurückgeworfenes Sonnenlicht.

6. (319.) Fall. Ein Arbeiter war am Härteofen einer Feilenhauerei bewußtlos geworden.

Auskunft: In freier Luft war es 29° heiß im Schatten.

Hier hätte mindestens nach dem Winde gefragt werden sollen; denn da im Hochsommer gewöhnlich Tür und Fenster der Werkstätten geöffnet sind, spielt der Wind wegen der Durchlüftung eine große Rolle.

7. (320.) Fall. Ein Kutscher erlitt einen Schlaganfall unterwegs, weil es angeblich heiß und schwül war, und beantragte Unfallrente.

Auskunft: 18° bei Sonnenschein, 60—70% Feuchtigkeit; es war also etwas schwül, aber nicht heiß.

8. (321.) Fall. In einer Haftpflichtsache, in der es sich — der Grund wurde nicht mitgeteilt — wohl darum handelte, daß angeblich durch Feuchtigkeit die elektrische Leitfähigkeit erhöht und Kurzschluß verursacht worden war, wurde gefragt: war die Erde so feucht, daß feuchte Luft von unten her in die Masten der elektrischen Straßenlampen steigen konnte, oder war es so warm, daß die Entwicklung feuchter Luft im Innern der Masten unwahrscheinlich war?

Auskunft: Höchstwärme 13—18°, niedrigste 4—13°, kein Regen.

9. (322.) Fall. Zwei Eisenbahnwagen Pflaumen waren von Baden bis Berlin drei Tage unterwegs. Der Empfänger verweigerte die Annahme, da die Pflaumen faul seien und schon bei der Absendung naß, schadhaft und wurmstichig gewesen wären. Der Absender aber sagte, daß sie trocken, frisch und nicht geplatzt gewesen wären; unterwegs aber hätten sich bei größer Schwüle Gewitter entladen.

Auskunft: Es war an allen drei Tagen sehr heiß; früh und abends, sowie nachts übernormal, mittags normal; außerdem waren öfter Gewitter gewesen.

Man vergleiche hierzu die Ausführungen S. 77 über die Vorschriften bei der Versendung leicht verderblicher Ware. Es kann fraglich erscheinen, ob nicht die Absendung besser noch etwas verschoben worden wäre, da es sich gerade um eine so wenig haltbare Frucht wie die Pflaume handelte.

10. (323.) Fall. Ein Zimmerer starb auf einem Neubau am Herzschlag. Wie war die Luftfeuchtigkeit?

Auskunft: Um 7 Uhr früh bei 11° Wärme 91% und um 2 Uhr bei 16° 60%.

11. (324.) Fall. Krebse kamen verdorben an, angeblich durch Schuld der Post, die die Sendung verzögert haben sollte.

Auskunft: Aus den Temperaturangaben der von den Sendungen durchlaufenen Strecken folgt, daß 19—33° Wärme herrschten, so daß eilige Sendung notwendig war.

Es wurde weiter gefragt, ob auch Schwüle und Gewitter geherrscht hätten, da auch dann Krebse sterben können.

Auskunft: Anfangs war kein Gewitter, wohl aber gegen die Zeit der Ankunft hin.

12. (325.) Fall. Seefische von Geestemünde kamen in Rathenow fast verdorben an, weshalb sie die Eisenbahnverwaltung schleunigst verkaufte. Der Empfänger klagte deshalb wegen entgangenen Gewinnes, indem er behauptete, das Wetter wäre gar nicht so warm gewesen, daß solche Eile nötig war.

Auskunft: Die Temperatur schwankte während der Versendung zwischen 3° und 7° bei mäßigem West- bis Südwestwind und gelegentlichem schwachem Regen.

13. (326.) Fall. Eine Kahnladung Weizen, die vom 4. April bis 8. Mai 1911 von Berlin nach Magdeburg unterwegs war, kam mit merklichem Gewichtsverlust an. Der Schiffer behauptete, es sei unterwegs der Weizen ausgetrocknet. Um zu untersuchen, wieviel Weizen damals eingetrocknet sein konnte, wenn es besonders trocken war, wurde nach dem Wetter gefragt.

Auskunft: Mitgeteilt wurden für alle Tage die Regenmenge, die Grenztemperaturen, Bewölkung und Wind (vgl. Fall 144).

Es hätte hier aber noch die Luftfeuchtigkeit beachtet werden sollen; denn von ihr hängt die Wasserabgabe des Weizens wesentlich ab; je geringer jene ist, um so mehr kann die Luft an Wasserdampf aufnehmen, und um so mehr wird der Weizen ausgetrocknet. Weizen enthält 13,37% Wasser; in einer Kahnladung Weizen von 800 t = 16000 kg sind mithin rund 1200 kg Wasser enthalten. Austrocknen kann jedoch, gleichviel ob der Weizen in Säcken oder eingeschüttet verladen war, nur ein Teil des Wassergehaltes und nur das obenauf liegende Getreide, also noch nicht ein Viertel des Wassergehaltes, d. h. hier in dem sehr günstig angenommenen Falle, da größere Kähne mit breiter Oberfläche nicht verkehrten, höchstens ein Teil von 300 kg, also allerbestenfalls 150 kg = 1% der ganzen Ladung! Bei einem so geringen Verlust wäre aber wohl der Prozeß nicht angestrengt worden, zumal § 460 des Handelsgesetzbuches und § 87, 1 der Eisenbahn-Verkehrsordnung (s. S. 97) dagegen sprechen; mithin muß man annehmen, daß hier ein Diebstahl vorlag.

14. (327.) Fall. War das Wetter vom 5.—16. Mai auf der Strecke Berlin-Wilhelmshaven heiß und trocken oder feucht, wodurch das Auskeimen von Zwiebeln unterwegs begünstigt wurde?

Auskunft: Am 5. war es sehr warm (25—30 °); dann wurde es schnell kühl und regnerisch.

15. (328.) Fall. Am 11. Mai wurde eine Wohnung amtlich besichtigt, um festzustellen, ob sie tatsächlich, wie behauptet, feucht und ungesund wäre. An der Ostwand wurde starke Feuchtigkeit wahrgenommen, doch meinte der Hausbesitzer, das sei nur die Folge eines starken Temperatursturzes.

Auskunft: Gerade umgekehrt war der 11. um 14 ° wärmer als der Vortag!

16. (329.) Fall. Ein Dorflehrer in Ostpreußen mußte in den Ruhestand treten, da er sich in dem ungesunden Schulhaus ein schweres Leiden zugezogen hatte. Es habe so undichte Mauern, daß sich innen Frostausschlag (Reif) zeige; der Boden sei fußkalt. Ein Arzt bestätigte das. Der Kreisarzt aber fand bei einer Besichtigung keinen Reif — die Außentemperatur war nämlich + 3 °! Der Lehrer wünschte eine Übersicht über Kälte und Feuchtigkeit an jedem Tage des vergangenen Winters.

Auskunft: Die Übersicht wurde ihm mitgeteilt.

2. Temperatur und Niederschlag.

Eine große Zahl Anfragen betraf sodann die Niederschläge bei Wärme oder Kälte. Freilich ist es manchmal schwierig, solche Fälle von denen des vorangehenden Abschnittes zu trennen, da die Luftfeuchtigkeit ja von den Niederschlägen — außerdem auch von der Verdunstung — abhängt. Zu den Anfragen, die eigentlich hier auch zu behandeln wären, gehören die nach Glatteis oder Glätte; da sie indessen eine außerordentlich große und sachlich einheitliche Gruppe bilden, so sind sie einem besonderen Abschnitt, dem folgenden, zugewiesen worden.

1. (330.) Fall. Ein Vizefeldwebel sollte einen Soldaten so mißhandelt haben, daß er dienstunfähig wurde. Nach den Invaliditätsakten sollte der Soldat aber herz- und lungenkrank sein und sich beide Leiden beim Gefechtsschießen zugezogen haben. Das Militärgericht fragte an, ob das Wetter an einem bestimmten Tage, wie behauptet wurde, kalt und feucht war.

Auskunft: Trocken, sonnig und warm.

2. (331.) Fall. Ein Sanitätssergeant stand unter dem Verdacht, fahrlässigerweise den Tod des Ulanen R. verursacht zu haben. R. hatte eine schwere Lungenentzündung und sollte durch den Sergeanten von der Kaserne zum Lazarett gebracht werden. Er mußte ohne Mantel ein Drittel des einstündigen Weges zu Fuß und zwei Drittel auf dem Bock des Krankenwagens zurücklegen. Der Sergeant behauptete, es sei mildes, gutes Wetter gewesen.

Auskunft: Die Wärme nahm in der betreffenden Stunde von 9 ° auf 6 ° ab, was zwar normalen Verhältnissen entspricht, für einen Kranken aber schädlich sein mußte; es war ziemlich trübe bei schwachem südlichen Winde.

3. (332.) Fall. Ein Maurerpolier brach eine Giebelwand ab; er stand dazu mehrere Tage auf dem Dach einer Destillation und klagte über den schlechten

Geruch. Er fiel dann um und starb an Gehirnblutung. Um zu untersuchen, ob diese Erkrankung in Beziehung zur Arbeit und zum Wetter stand, wurde nach diesem gefragt.

Auskunft: Bei schwachem Westwind stieg die Temperatur in den Tagen vor dem Tode auf 27—35°.

4. (333.) Fall. Ein Arbeiter fiel beim Sandkarren um und verletzte sich, weshalb er Unfallrente forderte; das Wetter sei sehr schwül gewesen.

Auskunft: Bei mäßigem Westwind und trübem Himmel schwankte die Luftwärme nur zwischen 11° und 20°!

5. (334.) Fall. Die Witwe eines Oberpostinspektors verklagte den Postfiskus auf Witwen- und Waisenrente nach dem Unfallfürsorgegesetz, da sich ihr Mann auf seiner letzten Dienstreise erkältet habe und daran gestorben sei.

Auskunft: Die Wärme betrug in den fraglichen Tagen einige Grade über 0°; es war regnerisch, vereinzelt schneite es auch; dabei wehte ein starker bis stürmischer Westwind.

6. (335.) Fall. Bei der Gestellung im Freien sollte sich nach der Behauptung der Witwe ihr Mann durch kaltes, regnerisches Wetter Lungentuberkulose zugezogen haben; sie verlangte Versorgung.

Auskunft: 14—17° und öfter starker Regen.

7. (336.) Fall. Ein Arbeiter erkältete sich bei den Rettungsarbeiten, als die Fabrik brannte, in der er beschäftigt war, und starb. Seine Witwe verlangte Rente.

Auskunft: Es war trübe und regnerisch bei 9—10° Wärme.

8. (337.) Fall. Eine Frauenleiche wurde im Walde gefunden. Konnte starker Regen die Blutspuren verwaschen? Konnte die Frau etwa zwei Wochen lang im Walde übernachtet haben?

Auskunft: Es hat nur sehr mäßig geregnet. Nachts herrschte öfter mäßiger Frost (— 2° und etwas darunter).

Über Blutspuren im Freien sagt Groß in seinem „Handbuch für Untersuchungsrichter“, S. 661: „Viel schwieriger als in gedecktem Raume ist das Aufsuchen von Blutspuren im Freien. Hier hat man außer der Sorge um das Verwischen und Zertreten der Spuren auch noch die wegen ihres Schutzes gegen Witterungseinflüsse. Regen und Tau wirken da zusammen, um die Blutspuren zu verwaschen, Wind und Sonnenschein, um sie jäh eintrocknen zu machen, wodurch sie von glatter Unterlage abblättern,“ und S. 657: „Blutflecke können je nach Alter, Unterlage, Temperatur usw. alle erdenklichen Farben bekommen: braunrot, braun, braungrün, olivenhellgrün, hellrosarot, fast farblos.“

9. (338.) Fall. Bei der Ausschachtung einer großen Grube löste sich am Rande ein gefrorener Erdklumpen ab und verletzte einen Arbeiter. Der Bauführer behauptete, die Erde sei 30—40 cm tief gefroren gewesen, so daß er keine Gefahr annahm; der Erdklumpen sei durch Sonnenschein und Auftauen losgelöst worden.

Auskunft: Vorher war allerdings Frost; nur mittags stieg die Luftwärme über 0° gelegentlich bis zu + 5°. Die Sonne schien selten, da der Himmel meist bedeckt war.

10. (339.) Fall. Ein Eisenbetonbau stürzte ein. Wie war die Temperatur und der Niederschlag der letzten Wochen?

Auskunft: Eine Übersicht der täglichen Beobachtungen wurde mitgeteilt.

11. (340.) Fall. Das Finanzministerium verlangt bei Gesuchen um Rückerstattung der von „fixierten" Brauereien zuviel bezahlten Brausteuer den Nachweis, daß am Standort der Brauereien ein über sonstige Witterungsschwankungen hinausgehender Tiefstand der Sommerwärme und außergewöhnliche Niederschläge waren, um geringeren Bierabsatz zu begründen. Wie war Wärme und Regen im Mai bis September?

Auskunft: Der Juni war nur zeitweise etwas zu warm, sonst zu kühl; der Mai war um 2,4°, der Juli um 1,7°, der August um 2,2° und der September um 2,1° zu kühl. Im Mai, Juni und Juli war es zu trocken, im August und September zu naß.

Fixierte Brauereien sind solche, die, um nicht von jedem einzelnen Gebräu die Biersteuer entrichten zu müssen, eine gemäß ihrer Leistungsfähigkeit fixierte Pauschsumme (Fixation, Steuerabfindung) zahlen. Ist dann in einem Jahre der Bierabsatz merklich geringer gewesen, so müssen sie, um Rückzahlung eines Teils der Pauschsumme zu erhalten, obigen Nachweis führen, falls nach ihrer Meinung das schlechte Wetter schuld war. Nichtfixierte Brauereien können entsprechend Steuernachlaß beantragen.

12. (341.) Fall. In einer Prozeßsache um die Einnahmen des Stellenvermittlers einer Kellnervereinigung fragte es sich: war der Sommer 1910 schön und trocken oder kühl und regnerisch, wie der Vermittler behauptete? Schlechtes Wetter würde seine Einnahmen vermindert, schönes sie erhöht haben.

Auskunft: Es herrschte meist schlechtes Wetter.

13. (342.) Fall. War sog. schlappes Wetter? Es war Wild (Hasen) verdorben.

Auskunft: Es war sehr milde und regnerisch.

Unter schlappem Wetter wurde offenbar warmes, schwüles Wetter verstanden.

14. (343.) Fall. 580 Zentner Tabak wurden in Gegenwart des Steuerbeamten gewogen und verladen, kamen aber etwa um 10 Zentner leichter an, angeblich infolge großer Trockenheit.

Auskunft: An zwei Tagen mittelstarker Regen bei 0° bis + 10°.

Man vergleiche hierzu die Bemerkung zu Fall 144 (S. 95).

15. (344.) Fall. Ein Gerichtsvollzieher hatte einen Kraftwagen und Ersatzteile beschlagnahmt. Sie blieben zwei Monate auf dem Hofe des Gerichts liegen und sollten durch Frost und Regen gelitten haben. Der Justizfiskus war für den zweiten Monat haftbar. Es wurde deshalb, um festzustellen, ob der Schaden im ersten oder zweiten Monat geschah, gefragt, wie Temperatur und Niederschlag in beiden Monaten war.

Auskunft: In beiden Monaten war kein Frost. Im ersten Monat gab es oft Regen, im zweiten weniger, aber am 5. des zweiten Monats starker Regen.

16. (345.) Fall. Eine Stadt verlegte elektrische Kabel und hatte vormittags zum Anbringen einer Lampe an einem Hause einen Stichgraben bis an die Mauer auswerfen lassen. Am Nachmittage entlud sich ein Gewitter mit sehr starkem Regen. Durch den Graben sammelte sich an den Grundmauern so viel Wasser an, daß sie unterwaschen wurden und ein Teil des Gebäudes einstürzte. Der Besitzer behauptete, daß man schon früh wegen schwüler Luft und Gewitterstimmung mit einem Gewitterguß hätte rechnen müssen, wogegen die Stadt meinte, es sei schönes Wetter gewesen.

Auskunft: Kühl, trübe und regnerisch war es bei nur 12—18 ° Wärme, also weder schwül noch gewitterhaft. Das Gewitter von $3^1/_2$—$3^3/_4$ Uhr nachmittags brachte zwischen 18 und 32 mm Regen an den Nachbarmeßstellen.

Nach dem Morgenwetter war das Gewitter für den Stadtbaubeamten nicht vorherzuvermuten; er hätte höchstens — aber diese Pflicht bestand für ihn nicht — am Postamt die amtliche Wettervorhersage einsehen können.

Diese Stadt hatte nicht einmal eine einfache Regenmeßstelle, obwohl solche fast nichts kostet, aber, wie dieses Beispiel lehrt, recht nützen kann und für Neuanlagen zur Be- und Entwässerung gar nicht zu entbehren ist. Trotzdem kommen gerade Stadtverwaltungen, wie Gutsbesitzer, den Wetterämtern bei deren Anträgen auf Unterbringung einer Beobachtungsstation oft gar nicht entgegen, sondern weisen sie ab (vgl. S. 25). Hoffentlich trägt dieses Buch dazu bei, über den Zweck und Nutzen der Wetterbeobachtung auch in diesen Kreisen aufklärend zu wirken.

17. (346.) Fall. Ein Harzfluß trat am 4. Februar am Fuß des Gebirges über, weil die Schützen eines Mühlwehrs so vereist waren, daß sie nicht aufgezogen werden konnten. Der haftbar gemachte Wassermüller meinte, am 2. sei sehr starker Schnee gefallen; am 3. und 4. habe so mäßiges Tauen eingesetzt, daß man die Schneeschmelze und das Hochwasser erst etwa drei Tage später zu erwarten brauchte, und bis dahin hätte er schon die Schützen gezogen. Es müsse aber das Tauwetter oben im Harz früher als unten begonnen haben.

Auskunft: Das Tauwetter trat allgemein am 3. ein, und die Schmelze wurde durch Regen noch gefördert.

3. Glatteis und Glätte.

Auf die große Bedeutung des Glatteises für die gerichtliche Meteorologie war schon oben (S. 27 und 33) hingewiesen worden; deshalb sollen die darauf bezüglichen Fälle in diesem Abschnitt besonders behandelt werden. Zunächst aber muß erörtert werden, was unter dem vielgebrauchten Wort Glatteis verstanden wird und zu verstehen ist. Es herrscht da in Nichtfachkreisen eine große Verwirrung, indem bald von Glatteis, bald von Glätte, Winterglätte, Eisglätte, Schneeglätte, bald von Eisregen, von Glitzschnee (S. 167 Anm.) usw. gesprochen wird. Klarheit wird am besten geschaffen, wenn hier die verschiedenen Arten der Entstehung von gefahrbringender Glätte dargelegt werden und so eine reinliche Scheidung zwischen all den verschiedenen Ausdrücken dafür herbeigeführt wird.

Glatteis im eigentlichen meteorologischen Sinn ist ein meist klarer Eisüberzug des Bodens, der Sträucher, Bäume, Mauern, Drähte usw. Es kann auf dreierlei Arten entstehen. Zunächst, und das ist die wichtigste, weil ergiebigste Art, entsteht Glatteis, wenn Regen zwischen Wolke und Erde durch eine Luftschicht fällt, die unter 0° kalt und so mächtig ist, daß sich die Regentropfen auf unter 0° abkühlen — sie brauchen dabei nicht zu Eis zu erstarren, sondern können flüssig bleiben; sobald sie aber auf feste Gegenstände treffen, erstarren sie und überziehen diese mit einer klaren Eishaut. Ist der Gegenstand (Erdboden, Baum usw.) selbst unter 0° kalt, so hält sich das Glatteis lange und kann bei weiterem Fallen von unterkühltem Regen sehr dick werden.[1])

Wenn Glatteis ist, so soll nach Polizeivorschrift der Hausbesitzer auf dem Bürgersteig vor seinem Hause, um das Fallen der Fußgänger zu verhüten, einen die Glätte abstumpfenden Stoff (Sand, Asche oder dgl.) streuen; denn er ist ja für jeden Schaden haftpflichtig, wie S. 34 gezeigt wurde. Hält nun die Glatteisbildung längere Zeit an, wie es wiederholt beobachtet wurde, so wird der Streustoff immer wieder von dem Eise eingeschlossen, und es entsteht immer wieder Glätte. In solchem Falle kann die Polizei natürlich nicht verlangen, daß ununterbrochen Sand gestreut wird. Fällt dann

---

[1]) Am 9. Januar 1911 wurden Drahtleitungen durch Glatteis 3 cm dick, d. h. auf je 1 m kamen reichlich 0,6 kg Eis, wodurch sie naturgemäß rissen.

jemand, so wäre es unbillig, den Hausbesitzer, wenn er einmaliges, sonst genügendes Streuen glaubhaft nachweisen kann, zum Schadenersatz zu verurteilen oder ihn auch nur in Polizeistrafe zu nehmen.

Ist aber der Erdboden nicht unter 0° kalt, so kann sich trotzdem Glatteis bilden, wird aber nur dann länger bestehenbleiben, wenn viel unterkühlter Regen fällt und so das Schmelzen der Unterseite des Glatteises durch Neubildung auf der Oberseite mindestens ersetzt wird. Auch in diesem Falle dürfte es manchmal schwer sein, die Streupflicht zu erfüllen.

Die zweite, wohl noch häufigere, aber weniger ergiebige Art der Entstehung von Glatteis tritt nur dann ein, wenn nach einer langen oder strengen Frostzeit Regen fällt, der über 0° warm ist; der Erdboden und alle festen Gegenstände auf ihm sind dann noch unterkühlt und lassen den auftreffenden Regen zu Eis erstarren. Wird jetzt gestreut, so kann der folgende Regen den Streustoff wegschwemmen, und es entsteht wieder die Gefahr eines Unfalls; sie hält indessen selten lange an, da der weitere Regen auch das Eis durch Schmelzen beseitigt.

Die dritte Art unterscheidet sich von der vorigen nur dadurch, daß statt Regen feuchter Nebel das Glatteis hervorruft; es wird aber nur sehr dünn sein, da Nebel wenig Feuchtigkeit enthält, und kann deshalb durch einmaliges Streuen seiner Gefährlichkeit selbst bei Anhalten des Nebels beraubt werden.

Außer diesen drei Arten der Glatteisbildung gibt es noch andere Weisen, auf die eine Eishaut am Boden und damit Gefahr entstehen kann. Sind das Pflaster oder die Fußsteigplatten durch Regen oder sonstwie naß geworden und weht dann ein eisiger Wind, so bildet sich eine Eishaut, die allerdings meist nur ganz dünn ist, aber doch das Gehen gefährdet. Wird Wasser auf den unter 0° kalten Erdboden gegossen oder tropft es auf ihn vom Dach, wenn z. B. die Sonne auf dort oben liegenden Schnee scheint und ihn taut, so erstarrt es unten zu Eis, zumal die Sonnenstrahlen bei dem im Winter niedrigen Sonnenstande den Erdboden oft wochenlang nicht treffen. Endlich kann auch ein, allerdings meist nicht klarer, sondern undurchsichtiger Eisbeschlag auf den Platten und Steinen der Straße dadurch entstehen, daß sich bei einer Temperatur am Gefrierpunkt durch Ausstrahlung an heiteren Abenden die Luft über dem Pflaster abkühlt, einen Teil ihres Wasserdampfes ausscheidet und damit als Eisbeschlag die Steine überzieht. Es wird dadurch, wie ich beobachtete, eine, wenn auch selten gefährliche, so doch oft recht lästige Glätte hervorgerufen, zumal dabei kaum jemand streut.

Endlich wäre hier noch der Eisregen anzuführen, womit fälschlicherweise oft die erste und zweite Art der Glatteisbildung gemeint ist. Unter Eisregen versteht aber der Fachmann etwas anderes. Wenn, wie in der ersten Glatteisart, Regen durch eine Luftschicht, die unter 0° kalt ist, fällt und sich abkühlt, so können durch stärkere Luftbewegung die Regentropfen so erschüttert werden, daß sie schon in der Luft erstarren und als glasklare, elastische Kügelchen herabkommen. Fallen sie einigermaßen dicht, so können sie eine gefahrbringende Eisschicht bilden, besonders aber dann, wenn auch unterkühlte, ungefrorene Regentropfen untermischt sind und beim Aufschlagen auf dem Pflaster die Eiskörner zu einer festen Eismasse verbinden.

Auf alle solche Weisen kann Glätte entstehen, außerdem aber noch: durch Festtreten einer mäßigen Schneeschicht; durch Beseitigen einer solchen festen Schneeschicht ohne nachheriges Streuen; durch starken Wind, der Schnee über die Fußsteigplatten jagt; durch Schneematsch,[1]) d. h. Schnee mit Regen usw. Auch ohne Glätte besteht bei Schnee Gefahr, wenn sich unter den Füßen, besonders unter den Absätzen, sog. Schneestollen bilden (vgl. Fall 192). Von der Winterglätte (nicht Glatteis) sagt das Reichsgericht in einer Entscheidung vom 22. Oktober 1918, sie sei „ein gefährlicher Verkehrszustand, der seiner Natur nach vorübergehend ist".

Beispiele zu diesen Ausführungen und Zusätze enthalten die nachstehenden Fälle.

1. (347.) Fall. Nach einem Sturz auf dem Hofe wurde behauptet, es sei kein Glatteis gewesen; es hätte getaut, so daß etwa vorher vorhandenes Glatteis auch auf einem nicht von der Sonne beschienenen Hofe verschwinden mußte und Neubildung ausgeschlossen war.

Auskunft: Durch Frost vorher war der Erdboden so kalt, daß der Regen vor dem Unfall wahrscheinlich Glatteis erzeugt hatte.

2. (348.) Fall. Eine Starkstromleitung war gerissen und hatte einen Unfall verursacht. Die Versicherungsgesellschaft fragte, ob Sturm war.

---

[1]) Aus Luckenwalde wurde einmal gefragt, ob Glitzschnee gewesen wäre; es wurde damit Neuschnee mit Regen bezeichnet; es sollte aber sicherlich Glitschschnee (von gleiten) heißen.

Auskunft: Nein, aber durch unterkühlten Regen bildete sich an dem Draht so viel Eis, daß er die Last nicht tragen konnte und riß.

3. (349.) Fall. Bei einem Schadenersatzanspruch wegen Glatteisunfall um 8½ Uhr abends war der Hausbesitzer als haftpflichtig verurteilt worden. Der Hausbesitzer hatte gesagt, das Glatteis sei ganz plötzlich gerade zur Zeit des Unfalls eingetreten. Das Gericht aber entschied „daß ganz besondere Verhältnisse vorgelegen hätten, daß etwa schon in der Luft die niederfallende Feuchtigkeit gefroren ist, so daß man bei aller Vorsicht die Bildung von Glatteis nicht hätte erwarten können, hat der Beklagte nicht glaubhaft gemacht. Er hätte einen Bericht der meteorologischen Station über die Wetterentwicklung an dem kritischen Tage beibringen können. Das hat er unterlassen."

Auskunft: Am Unfalltage herrschte bei trübem Himmel und nur sehr leichten westlichen Winden nässender Nebel und Glatteis vor- und nachmittags. Die Temperatur schwankte zwischen — 0,5 ° und — 1,5 °.

Im allgemeinen dürfte so spät abends eine Streupflicht für den Hausbesitzer nicht bestehen, doch richtet sich das nach ortspolizeilicher Vorschrift. Wäre das Glatteis wirklich erst so spät und plötzlich eingetreten, so würde der Hausbesitzer billigerweise wohl nicht verurteilt worden sein. Indessen gab es schon am Tage wiederholt Glatteis, und dann tritt die Rechtsanschauung in Kraft, die das Reichsgericht in seiner Entscheidung vom 12. Juli 1919 wie folgt ausspricht: „Ist gemäß einer Observanz bei Schneeglätte innerhalb bestimmter Tageszeit zu streuen, so haftet der Streupflichtige auch für einen außerhalb der streupflichtigen Zeit eingetretenen Unfall, wenn dieser darauf zurückzuführen ist, daß während der Streuzeit nicht ordnungsgemäß gestreut worden ist."

4. (350.) Fall. Bei sehr starkem Nebel trat Glatteis auf; es wurde behauptet, daß es sich andauernd bildete, so daß Streuen zwecklos gewesen wäre.

Auskunft: Nebel war allerdings von früh bis abends, aber Glatteis trat erst nach 5 Uhr abends ein, als es regnete.

5. (351.) Fall. Eine Versicherungsgesellschaft fragte: am Unfalltage, dem 30. November 1915, hat es besonders stark geglatteist, und zwar gleichzeitig geregnet und gefroren, so daß Streumittel zur Sicherung des Verkehrs erfolglos waren. Es wird um amtliche Bestätigung dieser Feststellungen gebeten.

Auskunft: Nach einer Zeit strengen Frostes vor dem 30. war der Boden am 30. noch stark abgekühlt. Die Lufttemperatur stieg von —2,8 ° früh auf + 1,5 ° gegen Abend. Es fielen früh erst Graupeln und Eisregen, dann schwacher Regen bis abends, und es bildete sich fortwährend Glatteis.

6. (352.) Fall. Wehte der Wind so stark, daß er den Streustoff fortblies?
Auskunft: Es wehte nur ein mäßiger Südostwind.

7. (353.) Fall. Bei einem Unfall durch Glatteis auf einem Bahnsteig lehnte die Eisenbahnverwaltung jede Haftpflicht ab, da wegen Sturm der Bahnsteig nicht dauernd bestreut gehalten werden konnte.

Auskunft: Bei — 6° wehte ein mäßiger West- bis Nordwestwind von nur 4—7 m je Sekunde Geschwindigkeit.

8. (354.) Fall. Anfrage des Gerichts: Ist in der Nacht zum 7. Februar die Temperatur plötzlich um 3° gestiegen?

Auskunft: In dieser Nacht ist keine plötzliche Temperatursteigerung um 3° eingetreten. Die Temperatur schwankte zwischen 1,3° und 2,3°.

Anfrage des Anwalts des Beklagten: Anscheinend war die Beweisfrage zu eng gefaßt. Der Kläger ist 8½ Uhr vormittags vor einem Hause gestürzt und macht erhebliche Schadenersatzansprüche geltend. Vom Verklagten ist eingewendet worden, daß infolge eines plötzlichen Steigens der Temperatur starkes Glatteis eingetreten war, durch welches das Gehen selbst bei wiederholtem Streuen von Sand oder Asche ungewöhnlich gefährlich geworden war. Den Eintritt von plötzlichem Tauwetter und Glatteis haben auch die bisher vernommenen Zeugen bestätigt. Lassen sich beim Wetteramt Feststellungen in diesem Sinne treffen? Es kommt natürlich nicht darauf an, ob der Temperaturumschwung gerade in der Zeit von 9 Uhr abends bis 7 Uhr früh (den Beobachtungsstunden) eingetreten ist, sondern darauf, daß infolge eines vorhergegangenen Wechsels der Temperatur am Morgen des 7. ein ungewöhnlich gefährliches Glatteis vorlag.

Auskunft: Bei Beantwortung der Anfrage des Landgerichts mußte sich das Wetteramt streng an den Wortlaut halten, da der Tatbestand nicht mitgeteilt worden war. In Wirklichkeit ist die Temperatursteigerung schon am 6. von 1 Uhr früh bis 3 Uhr nachmittags mit etwas über 10° erfolgt. Diese plötzliche Temperatursteigerung würde an sich allerdings kein Glatteis veranlassen, wenn nicht in der Nacht zum 7. Regen gefallen wäre, und zwar etwa von 3¼—5¾ Uhr früh. Da infolge der vorangegangenen Frosttage der Erdboden noch gefroren war, mußte sich das Regenwasser bei der Berührung mit dem Erdboden in Eis verwandeln, also starkes Glatteis bilden. Es ist möglich, daß es sich, trotzdem die Lufttemperatur etwas über 0° lag, einige Stunden gehalten hat. Eine weitere Glatteisbildung hat jedoch offenbar nach Aufhören des Regens nicht mehr stattgefunden.

Dieses Beispiel ist sehr lehrreich; denn es zeigt, was bei einer so allgemein gehaltenen Anfrage, bei der jeder kleinste Hinweis auf den Klagegegenstand fehlt, herauskommt. Man gewinnt bei manchen Anfragen von Gerichten den Eindruck, als würde mit Absicht der Klagegegenstand nicht mitgeteilt, damit das Wetteramt möglichst unbefangen ist. Wie „unbefangen" es dann unter Umständen sein kann, zeigt obige erste Auskunft.

9. (355.) Fall. Anfrage der Haftpflicht-Versicherungsgesellschaft: Wie war das Wetter am 19. November 1910 abends 7 Uhr in Steglitz?

Auskunft: Es fiel nach den Beobachtungen in Dahlem tagsüber Schnee bei einer Temperatur dicht über 0°. Daher dürfte der Schnee feucht und teilweise mit Regen vermischt gewesen sein, jedenfalls auf den Straßen von Steglitz sich in nassen Schneeschlamm verwandelt haben.

Anfrage der Verletzten wegen Fußbruchs auf Glatteis: Wie war das Wetter am 19. November 1910?

Auskunft: Bei meist bedecktem Himmel und 0° bis + 4° fiel häufig Schnee mit Regen. Es ist sehr wohl möglich, daß sich abends zwischen 6 und 7 Uhr bei allerdings nur geringem Bodenfrost Glätte entwickelte.

Anfrage der Versicherungsgesellschaft: Vorstehende Auskunft ist von dem gegnerischen Anwalt dem Gericht überreicht worden, um dadurch zu beweisen, daß der beklagte Hausbesitzer und dessen Pförtnerin ihren Verpflichtungen nicht nachgekommen sind, weil trotz der durch die Auskunft nachgewiesenen Glätte der Bürgersteig nicht mit abstumpfenden Mitteln bestreut worden war. Nach der ersten Auskunft war aber in Steglitz kein Glatteis. Vor Gericht ist von der Gesellschaft erwidert worden, daß sich die zweite Auskunft auf die Berliner Witterungsverhältnisse bezieht, die sehr wohl von denen in Steglitz-Dahlem abweichen können. Zur Klärung wird gefragt, ob am 19. November zwischen 6 und 7 Uhr abends in Steglitz feuchter, mit Regen untermischter Schnee niedergegangen ist.

Auskunft: In den beiden Auskünften sind Widersprüche nicht vorhanden, da die Anfragen verschieden gestellt wurden und das Wetteramt sich nur an den Wortlaut der Anfragen hielt. Die Gesellschaft fragte vor allem nach dem Zustand des Niederschlages auf den Straßen. Auffallenderweise ist nach „Glätte" nicht gefragt worden, obwohl es hierauf doch ganz besonders anzukommen scheint (S. 33). Die Verletzte legte den Hauptwert auf die Frage nach Glatteis. Über Glatteis im eigentlichen Sinne ließ sich nichts sagen; deshalb wurde Glätte als möglich angegeben, gleichgültig, ob sie durch schlammigen Schnee, der auch für Fußgänger gefährlich sein kann oder durch gefrorenen Schnee entstand. Die Temperaturen beziehen sich in der ersten Auskunft auf Steglitz, in der zweiten auf Berlin. Abends zwischen 6 und 7 Uhr dürfte eine Pause im Schneefall eingetreten sein. Als sicher ist anzunehmen, daß der auf dem Erdboden noch vorhandene Schneeschlamm, der bei leichtem Bodenfrost möglicherweise auch noch gefroren war, stellenweise Glätte erzeugt hat.

Antwort der Versicherungsgesellschaft: Zweifellos geht aus der (vorstehenden) Auskunft hervor, daß über Glatteis im eigentlichen Sinne sich nichts Bestimmtes sagen ließ und die Frage offengelassen werden mußte, ob die Glätte durch schlammigen oder gefrorenen Schnee hervorgerufen wurde. Der Anwalt der Klägerin hat die ihr erteilte Auskunft aber in ganz anderer Form benutzt, indem er auf die Widersprüche der beiden Auskünfte Bezug nimmt und behauptet: „An dem fraglichen Tage wehte an der Unfallstelle ein scharfer, kalter Wind, so daß der Boden spiegelglatt war." Dem wird die Gesellschaft insoweit entgegentreten können, als nach der letzten Auskunft zwischen 6 und 7 Uhr eine Pause im Schneien eingetreten sein dürfte. In einer Entscheidung des Reichsgerichts vom 6. Juli 1911 heißt es: „Die Klägerin wird also dadurch nicht beschwert, daß für die weiteren Ausführungen unterstellt wird, es habe aber ½ Stunde vor ihrem Unfall aufgehört zu schneien. Dieser Zeitraum ist aber als Frist, die dem Pförtner zum Beginn der auf Beseitigung des Schnees gerichteten Arbeiten angemessenerweise gewährt werden muß, im vorliegenden Falle schon deshalb nicht zu lang bemessen, weil zu erwarten war, daß der Schneefall binnen kurzem wieder einsetzen würde." Wenn die Gesellschaft in einer über den Rahmen des Inhalts der Auskunft hinausgehenden Ausführlichkeit antwortet, so soll dargetan werden, welcher Wert den Auskünften des Wetteramtes gerichtsseitig beigemessen wird.

Antwort des Wetteramtes: Nachdem in dem letzten Schreiben ausgeführt worden ist, in welcher Weise die Haftpflichtsache weitergeführt werden soll, teile ich ergänzend mit, daß die Zeitangaben nicht als so sicher angesehen werden können, wie es offenbar geschieht. Leider sind die Beobachtungen über die Zeit der Niederschläge zu der Unfallstunde nicht derartig vollständig, um so sichere Angaben machen zu können, wie sie die angeführte Reichsgerichtsentscheidung voraussetzt. Daß der Pförtner weitere Schneefälle voraussehen konnte, ist wohl nicht anzunehmen.

Auch hier waren die ersten Anfragen so allgemein gehalten — selbst die genaue Ortsangabe fehlte bei der zweiten —, daß die Auskünfte naturgemäß nicht befriedigen konnten. Außerdem ist zu beachten, daß die ersten beiden Anfragen zeitlich um dreiviertel Jahre auseinander lagen. Die angeführte Rechtsauffassung des Reichsgerichts über die Zeit, die dem Streupflichtigen nach dem Aufhören des Schneiens und der Glatteisbildung zuzubilligen sei, sprach schon das Oberlandesgericht Dresden im Urteil vom 18. Oktober 1905 aus: „Hiernach muß dem Streupflichtigen beim Aufhören des Schneefalles verständigerweise Zeit zur Prüfung und Überlegung bleiben, ob er mit dem Streuen zu beginnen habe oder noch warten dürfe. Er wird zu streuen haben, wenn der Schneefall anscheinend vorüber ist und der gefallene Schnee nach seiner Beschaffenheit und Menge das Streuen als ein die gefährliche Glätte beseitigendes Mittel erscheinen läßt. Liegt der Schnee hoch und locker, so ist Streuen überhaupt nicht am Platze; dann muß vielmehr erst der Schnee beseitigt oder festgetreten werden, ehe eine Abstumpfung durch Bestreuen in Frage kommen kann . . . Wenn eine Straße . . . eine für den Verkehr gefahrdrohende Beschaffenheit annimmt, so muß notwendigerweise bis zur Wiederbeseitigung dieser Gefahr auch bei Anwendung der größtmöglichen Sorgfalt ein längerer oder kürzerer Zeitraum vergehen, während welchem die Gefahr fortbesteht, ohne daß ihre Vertretung einem Dritten, insbesondere dem

Streupflichtigen zur Last fällt. In dieser unvermeidlichen Zwischenzeit trägt sie und muß sie tragen, wer ihr erliegt."

10. (356.) Fall. Beim Heraustreten aus einem Laden war eine Frau gefallen und hatte ein Bein gebrochen. Sie behauptete, daß die Unfallstelle zwar nicht mit einer gleichmäßigen Eisdecke befroren war, daß aber viele einzelne Stückchen schmutzigen Eises herumlagen. Eine Zeugin sagte aus, daß die Fußsteigplatten eisfrei, dagegen die Steine zwischen Platten und Ladeneingang befroren und glatt waren. Der Verklagte bestritt den Frost; es habe nebeliges, mildes Wetter geherrscht.

Auskunft: Nach — 12° in der Nacht war früh zur Zeit des Unfalls noch — 3,3°. Niederschläge oder Nebel sind nicht wahrgenommen worden. Bei bedecktem Himmel und normaler Feuchtigkeit wehte ein leiser Westwind.

11. (357.) Fall. Jemand fiel in einem Ladengeschäft. Es hatte zwei Türen, die Luft hereinließen. Innen war es so kalt, daß Wasser (wohl aus einem Fischkasten?) auf dem Fußboden gefroren war. War es draußen so kalt, daß das Wasser gefrieren konnte?

Auskunft: — 6°.

12. (358.) Fall. Ein Fischhändler war angezeigt worden, weil Wasser aus Körben mit frischen Fischen vor seinem Schaufenster auf die Fußsteigplatten gelaufen und dort gefroren sei, ohne daß er dann gestreut hätte. Er behauptete, es habe kein Frost geherrscht.

Auskunft: Nach mehrtägigem Frost zeigte das Thermometer immer noch — 7° bis — 10° am Tage der Anzeige.

13. (359.) Fall. Bei einem Laufbrunnen in Thüringen spritzte Wasser umher und bildete eine Eisschicht. Ein Arbeiter fiel und verletzte sich früh; er machte den Magistrat haftpflichtig. Es wäre damals und auch schon vorher Frost gewesen, so daß zu streuen war.

Auskunft: Am Abend vor dem Unfall trat Frost ein, von dem man nach dem heiteren Himmel und schwachen Winde wohl annehmen konnte, daß er auch noch am nächsten Morgen anhalten werde. Um 7 Uhr früh wurde — 7° beobachtet.

14. (360.) Fall. Eine Treppe war frisch gewischt worden; es bildete sich eine Eishaut, auf der jemand ausglitt und sich beschädigte. Gestreut war nicht, weil angeblich kein Frost war.

Auskunft: — 3°.

15. (361.) Fall. Bei der Straßenkehrung, die in kleinen Orten vom Hausbesitzer auszuführen ist, war der Staub mit Wasser besprengt worden, um sein Aufwirbeln zu verhindern. Das Wasser soll aber bald gefroren sein, und auf der Glätte stürzte ein Pferd.

Auskunft: Die Lufttemperatur lag dicht über 0°; da es aber klar war, so war Abkühlung durch Ausstrahlung und somit Frost am Boden möglich.

16. (362.) Fall. War an den Tagen vor einem Unfall besonderer Frost und hatte es so stark geschneit, daß am Unfalltage noch von den Tagen vorher fast überall selbst nach dem Abpicken Eisklümpchen zurückgeblieben waren, die sich nicht beseitigen ließen?

Auskunft: Bis drei Tage vorher Schnee mit Frost, dann kurz schwacher Regen und nachher zwei Tage Frost.

17. (363.) Fall. War starker Frost und waren nicht in allen Stadtteilen die Bürgersteige derart mit Eisbuckeln bedeckt, daß es unmöglich war, sie fortzupicken? Wegen der besonders schwierigen Verhältnisse soll es überall so gewesen sein, daß man nur Sand und Asche streute, während der Bürgersteig mit Wissen der Polizei nicht durchweg von Eisresten befreit werden konnte?

Auskunft: Bis zwei Tage vorher strenger Frost, am Unfalltage + 1° bis + 3° bei schwachem Regen und Bodenfrost. An ungefegten Stellen lag der Schnee 11 cm hoch.

Beide Anfragen, die kurz hintereinander und von demselben Rechtsanwalt eingingen, sagen von Eisbuckeln, daß man sie nicht entfernen konnte. Das ist durchaus nicht der Fall; entfernen kann man sie schon, wenn nur der gute Wille da ist und vor allem rechtzeitig begonnen wird. Das sieht man ja in jeder Stadt; denn in den belaufensten Straßen gibt es viele Grundstücke, deren Fußsteig völlig gereinigt ist, neben andern mit Eisbuckeln. Wenn die Polizei nachsichtig war, so nur deshalb, weil es sich um die Kriegszeit handelte, wo es an Hilfskräften zum Beseitigen des Schnees fehlte. In friedlichen Zeiten darf die Polizei aber nicht so nachsichtig sein, und sollten es auch die Hauswirte nicht sein; denn dann kann sie nicht die Ausrede schützen, daß die Eisbuckel nicht zu beseitigen seien; man soll sie eben schon als Schneebuckel entfernen und nicht warten, bis sie durch Regelation (S. 110f.) eisig zusammengeknetet sind.

18. (364.) Fall. Vor dem Hause an der Markgrafen- und Kochstraße zu Berlin fiel eine Frau und verletzte sich. Sie behauptete, daß trotz Glatteises nicht gestreut worden sei, und verklagte den Wirt auf Entschädigung.

Auskunft: Eine Schneedecke lag nicht, also konnte Glätte durch festgetretenen Schnee nicht entstanden sein, auch Glatteis war ausgeschlossen, da es ein trockner, sonniger Tag war. Es bleibt somit für eine Eisschicht am Boden nur die Erklärung, daß entweder Wasser hingegossen wurde oder solches durch Schneeschmelze vom Dache tropfte. Dieses ist möglich, denn, wie erwähnt, schien die Sonne den ganzen Tag, und es war das Dach, falls es nicht allzu steil ist, von den Schneefällen vor vier Tagen noch mit Schnee bedeckt; auch konnte sich bei der niedrigen Temperatur Eis und Schnee in der Dachrinne halten. Endlich ist zu beachten, daß die Hausecke tagsüber besonnt wurde, da die beiden Straßen nordsüdlich und ostwestlich verlaufen und das Haus an der Nordostecke der Kreuzung liegt.

19. (365.) Fall. Bei Unfällen in B. im Harz durch Glatteis wurde auf Grund der Haftpflicht von der Stadt Entschädigung verlangt. Sie lehnte ab mit der Begründung, das Tauwetter vorher wäre abends durch einen vom Brocken her wehenden eisigen Wind so plötzlich umgeschlagen, daß allgemeines Glatteis auf den Straßen entstand, gegen das ein Schutz des Publikums vor Unfällen durch Streuen von der Stadtgemeinde nicht sofort, sondern erst nach längerer Zeit möglich war (vgl. Zusatz zu Fall 355).

Auskunft: Allgemeines Glatteis ist nicht wahrscheinlich, höchstens stellenweise Glätte durch gefrorenes Wasser.

20. (366.) Fall. Bei einem Unfall durch Ausgleiten vor einem Hause wurde vom Hausbesitzer behauptet, daß sog. Schneeglätte schuld gewesen wäre, die durch vom Dach herabgewehten Schnee hervorgerufen worden sei.

Auskunft: Nein, der Schnee war aus den Wolken gefallen, so daß nicht gefegt worden war.

In der Baupolizeiverordnung für den Stadtkreis Berlin (fast ebenso in anderen solchen Verfügungen) heißt es über Schutzvorrichtungen:

„§ 12, 3. Je nach Beschaffenheit und Lage der Dächer können Schutzvorrichtungen gegen das Hinabfallen von Schnee und Eis und von Personen angeordnet werden."

Bei steilen Dächern, wie es die Ziegel- und Schieferdächer zu sein pflegen, wird die Anbringung von 20 cm hohen Schneebrettern oder -eisen gefordert.

21. (367.) Fall. Auf der Treppe einer Unterführung bei einem Bahnsteig war jemand gestürzt. Lag allgemein Schnee oder war die Glätte durch Frost entstanden oder war so lebhafter Wind, daß er Schnee vom Bahnsteig auf die Treppe wehen konnte?

Auskunft: Es lag an ungefegten Stellen eine Schneedecke von 10 cm Höhe bei — 2° bis — 3°, und es wehte ein lebhafter Wind.

22. (368.) Fall. Ist auf der H.-Straße am 20. Februar noch um 3¾ Uhr nachmittags eine Eisplatte gewesen, auf der ein Kraftwagen ausgleiten konnte?

Auskunft: An der Wetterwarte wurde früh um 7 Uhr — 0,6°, um 2 Uhr + 7,8° und um 9 Uhr + 4,9° beobachtet. Früh war bedeckter Himmel und Nebel; mittags klarte es auf, und abends war es heiter. Wenn auch die Temperaturen vor der Stadt in der H.-Straße etwas tiefer waren, so ist doch nicht anzunehmen, daß sich eine Eisplatte von den ersten Morgenstunden bis zum späten Nachmittage erhalten konnte, zudem auch die Tage vorher ziemlich hohe Wärme aufwiesen.

Unter Eisplatte ist hier wohl ausgebreitetes Glatteis zu verstehen.

23. (369.) Fall. Ein Herr verunglückte beim Fahren mit einem Kraftwagen. Der angeklagte Fahrer behauptete, es sei durch Frost Glatteis auf der Landstraße gewesen, und deshalb habe der Wagen stark geschleudert. Der Straßenwärter sagte aber, es sei kein Glatteis gewesen, wenn auch leichter Frost; die Straße selbst wäre in gutem Zustande.

Auskunft: Bis zum Unfalltage herrschte strenger Frost, an diesem Tage aber wurde 0° bis + 1° beobachtet; der Boden war hart gefroren. Da der

Schnee auf ungefegten Stellen 2 cm hoch lag, so war vielleicht Schneeglätte vorhanden. Der Wind war nur schwach, so daß er den Schnee von der Straße nicht fortgeblasen hatte.

24. (370.) Fall. Ein Schlächterwagen geriet ins Schleudern und verletzte einen Mann. Wie war das Wetter?

Auskunft: Früh war Reif. Die Temperatur betrug in der Nacht vorher — 4°, mittags + 2°; bei dem Auftauen konnte das Straßenpflaster eine Zeitlang wohl schlüpfrig gewesen sein.

25. (371.) Fall. Eine Auskunft des Wetteramtes bei einer Anfrage wegen Glatteis lautete auf schwachen Schneefall von früh bis abends anhaltend. Wenn keine Pause nachzuweisen ist, so fürchtete der Rechtsanwalt, daß die Klage auf Schadenersatz bei einem Unfall abgewiesen würde, da dann der Hauswirt nicht die Pflicht zu fegen und zu streuen hatte. War keine Pause?

Auskunft: Gelegentliche Pausen waren möglich. (Vgl. die Bemerkung zu Fall 355, S. 171.)

26. (372.) Fall. Anläßlich eines Unfalles eines Ladearbeiters fragte die Berufsgenossenschaft, ob es so kalt war, daß feuchtgewordene Stellen in Oderkähnen sich alsbald mit einer Eisschicht bedecken mußten.

Auskunft: Ja, denn die Temperatur betrug — 4° bei lebhaftem Ostwinde.

27. (373.) Fall. Konnte auf einer Rüstung in über 30 m Höhe, wo ein Unfall geschah, Schnee und Eis getaut gewesen sein?

Auskunft: An der Beobachtungsstation war eine Temperatur um den Gefrierpunkt herum vermerkt worden, sowie der Fall von Regen, Schnee und Graupeln bei lebhaftem Winde.

Diese Auskunft ist in verschiedener Hinsicht mangelhaft. Dem Wortlaut der Anfrage nach hätte festgestellt werden müssen, ob das Wetter an den Vortagen so war, daß zunächst Schnee gefallen ist, und daß er dann weggetaut sein konnte oder nicht. Dazu war auch Bewölkung und Sonnenschein nachzusehen und sodann die Temperaturabnahme und Windzunahme bis zu 30 m Höhe zu berücksichtigen.

28. (374.) Fall. Eine Auskunft über angebliches Glatteis in F. wurde von der Gegenpartei bemängelt, da der Wetterbeobachter in F. nur ein gewöhnliches Thermometer, noch dazu an der Südseite des Hauses, habe, das vor Wind geschützt und durch die Heizung des Hauses beeinflußt wäre. Deshalb wäre auch kein Frost und kein Glatteis festgestellt worden.

Auskunft: Der Beobachter mißt und meldet für das Wetteramt nur den Niederschlag; die Angaben seines Thermometers waren dem Wetteramt ganz unbekannt. Es hat nur nach amtlichen Nachbarstationen geurteilt.

4. Temperatur, Niederschlag und Wind.

Die hier zu behandelnden Fälle betreffen in erster Linie Erkältungserscheinungen mit meist sich daran anschließenden schweren Erkrankungen der Atmungsorgane und selbst mit tödlichem Ausgange. Sie haben für Versicherungsgesellschaften und Berufsgenossenschaften eine besondere Bedeutung.

1. (375.) Fall. Ein Lokomotivheizer klagte gegen den Eisenbahnfiskus auf Rente. Er behauptete, er habe sich eine heftige Erkältung dadurch zugezogen, daß er auf einer Lokomotive, deren Heizerstand nicht mit einer Rückwand versehen ist, bei starkem, kaltem Gegenwind und Regen habe rückwärts fahren müssen.

Auskunft: Es hat nicht geregnet.

Über den Gegenwind wurde keine Auskunft gegeben, wohl in der Annahme, daß er von der Geschwindigkeit der fahrenden Lokomotive abhängt; da aber der Wind um diese Geschwindigkeit vermehrt oder vermindert wird, je nachdem die Fahrt gegen oder mit dem Winde geht — bei Seitenwind wird der Gegenwind meist ein wenig verstärkt —, so hätte doch darauf Rücksicht genommen werden müssen. Ebenso ist nichts über die Luftwärme gesagt, die gerade auf der Lokomotive eine gewisse Rolle spielt, wo von der Feuertür her, auch wenn sie geschlossen ist, eine starke Wärmestrahlung stattfindet.

2. (376.) Fall. Ein Erdarbeiter sollte sich angeblich bei niedriger Temperatur und stürmischem Wind erkältet haben; er starb später an Tuberkulose.

Auskunft: Nur 1—4° Wärme und trockner Südostwind mit 10 m je Sekunde Geschwindigkeit; es war also ein lebhafter Wind.

3. (377.) Fall. Ein Arbeiter verlangte eine Rente, weil er sich bei der Arbeit stark erhitzt, dann durch kalten Wind und Regenschauer erkältet hätte und nun leidend wäre.

Auskunft: Der anfragenden Berufsgenossenschaft wurden diese Wetterangaben bestätigt.

4. (378.) Fall. Ein Postbote war durch Sehnervenschwund erblindet, angeblich infolge ungünstigen Wetters am 4. und 5. April.

Auskunft: Trocken, mäßiger Westwind bei + 2° bis + 5°.

5. (379.) Fall. Ein Flugzeugschüler erschien wiederholt nicht zur Ausbildung, weil das Wetter schlecht und stürmisch gewesen wäre. Nachholen der versäumten Stunden verweigerte der Lehrer; er wurde verklagt.

Auskunft: Das Wetter war oft unfreundlich und winterlich bei 9—11 m je Sekunde Geschwindigkeit.

6. (380.) Fall. Eltern waren bestraft worden, weil sie an 26 Tagen im Winter ihre Kinder nicht zur Schule (5 km Weg) geschickt hatten; sie erhoben Einspruch.

Auskunft: Von den 26 Tagen fiel nur an 4 Tagen Schnee oder Schnee mit Regen, sonst war es trocken; an 9 Tagen sank die Kälte bei schwachem Winde unter — 10°.

7. (381.) Fall. Bei einem gleichen Fall war der Schulweg 3 km weit.

Auskunft: An einzelnen Tagen war es sehr kalt: — 10° bis — 20°, und es lag eine 10 cm hohe Schneedecke; der Wind war meist mäßig. An den übrigen Tagen herrschte besseres Wetter.

8. (382.) Fall. Bei einer Anklage wegen Felddiebstahls sollte nach den Wetteraufzeichnungen festgestellt werden, ob es möglich war, mehrere Stunden auf dem Acker zu arbeiten.

Auskunft: An dem ersten fraglichen Tage herrschte strenger Frost von — 4° bis — 13° bei trübem Wetter, schwachem Westwind und leichtem Schneefall, der aber keine Schneedecke hervorrief; an den folgenden Tagen lag die Temperatur dicht unter 0°.

9. (383.) Fall. Ein Gendarmeriepferd war angeblich an Erkältung bei kühlem, regnerischem und stürmischem Wetter gestorben. Um einen Ersatzschein zu erhalten, mußte der Nachweis geliefert werden, daß das Wetter Anlaß zum Tode gegeben habe.

Auskunft: Bei nur 2—6° Wärme war es regnerisch und stürmisch gewesen.

10. (384.) Fall. Bei einem gleichen Todesfall berichtete der Gendarm: bei einem Dienstritt über Land sei viel Schnee gefallen und Glätte entstanden, wodurch das Pferd stark in Schweiß geraten sei. Auf dem Rückwege hätte eisiger Wind scharf von vorn geweht; auch sei das Pferd einmal ermüdet gefallen. Es sei an Rachenhöhlenkatarrh eingegangen.

Auskunft: Bei trübem Himmel und öfterem Schneefall hat schwacher, zeitweise etwas stärkerer Wind geweht. Die Temperatur sank von + 1° auf — 4°.

11. (385.) Fall. Anläßlich eines Mordes waren drei Blutstropfen bei einem Baume gefunden worden. Es handelte sich nun darum, ob sie nachts oder am Abend vorher entstanden waren. Deshalb wurde nach der Luftwärme wegen der Zeit des Eintrocknens und nach Regen nebst Windrichtung dabei gefragt, weil sich danach die Richtung des Regenschattens hinter dem Baume bestimmen ließ.

Auskunft: Die Wärme nahm in der Nacht von 17½° bis auf 16° gegen Morgen hin ab. Am Abend war ein Gewitter, und deshalb ist ein Umspringen des Windes nachts möglich, so daß sich eine bestimmte Richtung nicht angeben läßt.

Unter Regenschatten hinter einem höheren Gegenstand (Baum, Haus, Berg) ist der seiner dem Winde abgewandten Seite anschlieschließende Erdboden zu verstehen, weil dorthin, entsprechend dem Lichtschatten, kein oder wenig Regen gelangt. Über das Umspringen des Windes bei Gewittern vergleiche man die Ausführungen S. 130. Es hätte übrigens noch nach der Luftfeuchtigkeit gefragt werden sollen, da auch davon das Eintrocknen der Tropfen abhängt.

12. (386.) Fall. In der Nacht zum 17. November 1909 traten ausgedehnte Verkehrsstörungen dadurch ein, daß durch einen Schneefall sehr viele Telegraphen- und Fernsprechleitungen rissen und das Gestänge umbrach. Deshalb fragte die Telegraphenverwaltung an, wie diese Wetterschäden zu erklären und ob sie häufiger zu erwarten seien.

Auskunft: In einer der Anfragenden übersandten Arbeit des Verfassers dieses Buches[1]) ist dargelegt, daß die Drähte nachts unter den Gefrierpunkt abgekühlt wurden, daß sehr nasser Schnee auf ihnen festfror und sich so noch mehr Schnee auflagern konnte, bis sie rissen. Da, wo die Leitungen im Freien waren, konnte der Wind auf die erweiterte Angriffsfläche einen größeren Druck auf die Drähte ausüben und die Stangen umreißen (vgl. S. 165 Anmerkung).

5. Niederschlag und Wind.

Die Gruppe der Anfragen, die nur Niederschlag mit gleichzeitigem Winde betrafen, ist nur klein, aber doch mannigfaltig genug, um auch ihre vielseitige Bedeutung hervortreten zu lassen.

1. (387.) Fall. Am 24. Juni 8 Uhr früh hat ein Knecht etwa 160 m von einem Forst entfernt zehn Reisighaufen in zwei Gruppen von je fünf verbrannt. Das nicht genügend bewachte Feuer entzündete zunächst Gras und Heide und etwa um 11¾ Uhr auch den Forst. Es wurden, da sturmartiger Wind wehte, 230 ha — teils Föhren- und Kiefernbestände, teils Heideblößen — entweder ganz oder doch stark beschädigt, und es entstand erheblicher Schaden. Die Zeugenaussagen weichen in folgenden zwei Punkten voneinander ab: 1. Hat es und in welchem Maße in der Nacht zum 24. und am frühen Morgen des 24. geregnet, und 2. wann hat sich am Morgen des 24. Juni der Wind aufgemacht und zum Sturm gesteigert? Zeugen des Forstfiskus behaupten, daß der Regen nur schwach gewesen und bald verdunstet sei, und daß er die Wirkungen der seit Monaten herrschenden Dürre nicht oder doch nicht nachhaltig beseitigt habe. Zeugen des Verklagten wollen am 24. früh im Grase und in der Heide nasse Füße bekommen haben und behaupten, daß die Nässe vom Regen ihnen die Arbeit des sog Plaggenhauens erschwert habe.

Auskunft: Am 23. und 24. ist dort Regen gefallen, aber nur mäßig, etwa 5 mm). Der Wind war schon um 8 Uhr früh lebhaft und wurde etwa um Mittag stürmisch.

[1]) Kaßner, Der große Schneefall am 16. und 17. November 1909. Tätigkeitsbericht des Kgl. Preußischen Meteorologischen Instituts 1909, S. 124—133. Mit 3 Karten.

Das Plaggenhauen besteht in dem Zerlegen von unbenutztem Heideboden in kleine viereckige Stücke, die zur Verbesserung des Ackers als Düngemittel verwendet werden sollen.

2. (388.) Fall. Durch Lokomotivfunken soll angeblich ein 40 m von der Bahn entferntes Strohdach eines Hauses angezündet worden sein. Wie war der Wind, und lag Schnee auf dem Dache?

Auskunft: Es lag kein Schnee; es hatte aber vor dem Brande geregnet. Der Wind war nur mäßig stark.

3. (389.) Fall. An der Mauer der Wetterseite eines freistehenden neuen Wohnhauses war Nässe nach innen durchgeschlagen. Der schlechter Arbeit beschuldigte Maurermeister sagte, es sei Sturm und Regen gewesen.

Auskunft: Es war nur mäßiger Nordwestwind mit der Stärke 3—4, aber sehr starker Regen, der nicht weniger als 21 mm ergab.

Die Wetterseite ist in Norddeutschland die Nordwest- bis Südwestseite, da allermeist dort Wind und Regen auftreffen.

4. (390.) Fall. Oberlichtscheiben waren beschädigt worden. Um zu entscheiden, ob sie zu schwach genommen oder ob Wind- und Schneedruck ungewöhnlich groß waren, wurde nach dem Winddruck sowie nach der Höhe der gefallenen Schneemenge und nach ihrem Gewicht gefragt.

Auskunft: Eine Zusammenstellung der Windgeschwindigkeiten und der Schneehöhen sowie deren Schmelzwasserwerte für den fraglichen Zeitraum wurden mitgeteilt.

Die gesetzlichen Bestimmungen in Preußen über den Winddruck, den ein Bauwerk aushalten muß, sind auf S. 153 mitgeteilt worden; für die Schneelast[1]) lauten sie seit dem 24. Dezember 1919 auszugsweise:

1. Die Schneebelastung einer wagerechten Fläche ist zu mindestens 75 kg je Quadratmeter anzunehmen.
2. Bei Dachflächen mit erheblicher Neigung kann die Schneelast, sofern nicht etwa einzelne Dachteile Schneesäcke bilden, geringer angenommen, nämlich

bei	20°	25°	30°	35°	40°	45°
zu	75	70	65	60	55	50 kg je qm

   und bei einer Neigung von mehr als 45° ganz außer acht gelassen werden.
3. Bei Bauten im Gebirge ist die Schneelast den örtlichen Verhältnissen entsprechend höher anzunehmen.

5. (391.) Fall. War am 17. November 1909 im Kreise Schrimm solches Unwetter mit Regen, Schnee, Hagel und Sturm, daß Eisenbahnzüge steckenblieben und Fuhrwerke nicht fahren konnten?

---

[1]) Man beachte auch: L. Schaller, Die Belastung der Baukonstruktionen durch Schnee. Berlin, W. Ernst & Sohn, 1909.

Auskunft: Ja, die Schneedecke war auf freiem Felde 25—35 cm hoch; Bahn- und Straßeneinschnitte waren meist durch Schnee und Wind zugeweht.

6. (392.) Fall. Ein Kaufmann kaufte 1918 von einem Landwirt 25 bis 30 Zentner Äpfel, und zwar Pflückobst; er bekam zunächst 16 Zentner. Nach mehreren Wochen behauptete der Landwirt, der offenbar einen besseren Preis anderswo schon erzielt hatte, der Rest sei beschlagnahmt worden und er hätte ihn auf behördliche Anordnung anderweit verkaufen müssen. Der Landwirt kam aber bei der Klage damit nicht durch und behauptete nun, daß ein Gewittersturm alles Obst abgerissen hätte und er es nun nicht als Pflückobst, wie vereinbart, verkaufen konnte; er hätte es deshalb als Fallobst verkauft.

Auskunft: Es war trübe, regnerisch und öfter stürmisch, aber kein Gewitter.

6. Wetter im allgemeinen.

Zum Schluß dieser Abteilung sollen solche Fälle besprochen werden, in denen nicht nach einigen Wetterelementen, sondern nach dem Wetter im allgemeinen gefragt worden war, obwohl es öfter vor allem auf ein bestimmtes Wetterelement allein ankam.

1. (393.) Fall. Ein Mädchen hatte ihr uneheliches Kind bei Oppeln in die Oder geworfen. Sie sagte, es sei dunkles, unfreundliches Wetter gewesen.

Auskunft: Es herrschte mittelstarker Nebelregen.

So unfreundliches Wetter drückt immer auf die Stimmung und macht Verzweifelnde noch verzweifelter. Es kann bei manchen Vergehen geradezu als mildernder Umstand betrachtet werden, im Gegensatz zu hellem, sonnigem Wetter; doch bleibt ungewiß, ob der Richter aus solcher Erwägung heraus nach dem Wetter gefragt hat, oder ob er nicht vielmehr nur feststellen wollte, ob die Angeklagte in diesem Punkte die Wahrheit gesagt hatte.

2. (394.) Fall. Eine Frau wurde beschuldigt, am 23. April ihr 2½ jähriges Kind mit dem Kopf in eine Quelle am Lech gehalten und dann, ohne sich um das Kind weiter zu kümmern, ihren Weg fortgesetzt zu haben. Die Leiche des Kindes wurde am 31. Juli am Tatort gefunden. Der Untersuchungsrichter fragte nach der Witterung am Mordtage und an den folgenden Tagen, um den Ärzten die Frage vorlegen zu können, ob das Kind, wenn es sich aus der Quelle herausgearbeitet hätte, dann durch die Witterungseinflüsse zugrunde gegangen ist.

Auskunft: Am 22.—26. April hat es täglich geschneit, zuweilen auch geregnet; am 22. und 23. war eine geringe Schneedecke vorhanden. Die höchste Temperatur betrug am 22. + 4°, am 23. + 3°, am 24. + 9°, am 25. + 7°, am 26. + 7°, die tiefste am 22. und 23. — 1°, am 24. und 25. 0° und am 26. + 1°. Hierbei ist noch in Betracht zu ziehen, daß infolge der zeitweisen

Niederschläge der Boden feucht war und daher tiefere Temperatur hatte als die Luft. Die Feuchtigkeit bewegte sich am 22. und 23. zwischen 90 und 100 % und lag dann bis zum 26. meist über 80 %.

Daß der Boden kälter als die Luft ist, wenn er naß ist, gilt nur für die kühlere Jahreshälfte; im Sommer ist er trotz Regen am Tage gewöhnlich wärmer. Gewitterregen kühlt allerdings den Erdboden oft stark ab, da er vielfach mit Hagel untermischt fällt oder zum Teil, besonders die ersten großen Tropfen, aus geschmolzenem Hagel besteht. Auch bewirkt vorübergehend die Verdunstung des Regenwassers eine Abkühlung der obersten Bodenschicht.

3. (395.) Fall. In Thüringen war ein Mord nachts auf freiem Felde begangen. Ein Mann wurde dessen beschuldigt, weil man ihn in der Nähe des Tatortes gesehen haben wollte. Wie war das Wetter, und war es hell genug, um einen Menschen erkennen zu können?

Auskunft: Am Abend vorher war es trübe und trocken, am Morgen regnete es. Da aber der Tatort weitab von Wetterstationen liegt und die Angaben der nächsten nicht genaue Zeiten enthalten, läßt sich die Zeit des Wetterwechsels nicht bestimmt angeben. Eine Antwort muß daher abgelehnt werden.

Dieser schwierige Fall war meine erste Mordsache; sie hat mich mehrere Tage und selbst nachts beschäftigt. Es schien mir schließlich richtiger zu sein, die Antwort abzulehnen, als aus falschem Selbstbewußtsein etwas zu sagen, was nicht gesichert war, aber unter Umständen einen Menschen ins Zuchthaus bringen konnte.

4. (396.) Fall. In einem Ehescheidungsprozeß wurde Auskunft über das Wetter des 20. Mai gewünscht sowie die Angabe, ob nach dem Ermessen des Wetteramtes (!) das Wetter so schlecht war, daß es den Aufenthalt von Kindern im Freien verbot.

Auskunft: Bis 8 Uhr früh war der Himmel ganz bedeckt; dann brach die Wolkendecke; um 4 Uhr war es noch halbbewölkt und um 8 Uhr abends wolkenlos. Es fiel kein Regen. Die Wärme stieg nur auf 13 ° und war um 3 ° gegen den Normalwert zu niedrig. Es wehte ein frischer Nordwestwind. Ob dieses Wetter den Aufenthalt von Kindern im Freien verbot, hängt ganz vom Alter und der Gesundheit der Kinder ab.

5. (397.) Fall. Zur Bearbeitung eines Antrages auf Verleihung der Rettungsmedaille wurden Angaben über das Wetter am 29. August von 10 Uhr vormittags bis 7 Uhr abends gebraucht, namentlich aber über ein schweres Gewitter mit starken Sturmböen von 5—6 Uhr nachmittags über dem Wannsee bei Potsdam.

Auskunft: Der Wind im nahen Potsdam war meist schwach, höchstes Stundenmittel 4,6 m in der Sekunde. Jedoch traten einige kurze Böen auf, deren erste kurz vor 2 Uhr 8½ m und deren zweite 5 Uhr 56 Min. 12 m in der Sekunde erreichte; innerhalb von 10 Minuten stieg die Geschwindigkeit von 5 auf 12 m an und flaute auf 3 m ab. Beide Böen traten bei schwachen Gewittern und starken Regengüssen auf. Da das zweite Gewitter hauptsächlich nördlich von Potsdam aus Westen vorbeizog, so ist es wahrscheinlich, daß Gewitter und Bö in der Gegend des Wannsees kräftiger ausgebildet waren.

6. (398.) Fall. Bei einem Schiffszusammenstoß am 15. April im Kaiser-Wilhelm-Kanal wurde nicht nur nach dem Wetter und besonders nach dem Winde zur fraglichen Zeit gefragt, sondern auch, ob auf dem Kanal besondere Verhältnisse vorliegen, welche die Windwirkung steigern; ferner ob das Wetter den Schiffahrenden vorher (etwa mehrere Tage) bekanntgemacht wird und wie; endlich, ob die Vorhersage stimmte.

Auskunft: Am 15. war der Himmel etwa halbbedeckt, so daß die Sonne zeitweise scheinen konnte; der Nord- bis Nordwestwind war früh ziemlich frisch, ließ aber im Laufe des Tages etwas nach. Der Wind wehte quer zum Kanal, nur bei Königsförde in Richtung des Kanals, und es ist nicht ausgeschlossen, daß er hier bei der Krümmung zwischen die Dämme hineingepreßt und etwas stürmisch wurde. Die Wetterlage und die sich daraus ergebende Vorhersage — immer nur für die nächsten 24—36 Stunden geltend, da auf mehrere Tage voraus zur Zeit nur in Ausnahmefällen möglich — wird täglich an mehreren Stellen des Kanals durch Aushang bekanntgegeben. Die Vorhersage für den 15. stimmte.

7. (399.) Fall. Bei zwei Explosionen von Gasbehältern auf Bahnhöfen kam die Bahnverwaltung auf die Vermutung, daß besondere Witterungserscheinungen wie Gewitter ihnen Vorschub geleistet haben.

Auskunft: Bei der ersten Explosion am 2. Dezember 1917 sind Gewitter nicht beobachtet worden, wohl aber stürmische, westliche Winde unter dem Einfluß eines tiefen, über die Ostsee hinwegziehenden Luftdruckwirbels. Bei solcher Wetterlage sind elektrische Entladungen, die nicht immer sichtbar zu sein brauchen, möglich. Vor der zweiten Explosion am 13. Juli 1920 wurden beim Vorübergang eines Tiefdruckausläufers von 4 Uhr ab Gewitter gemeldet.

8. (400.) Fall. Hätten am 11. Februar nach den Eis- und Nebelverhältnissen auf der Elbe kleinere Schiffe nicht wagen dürfen zu segeln?

Auskunft: Bei sehr leichtem Südostwind betrug die Temperatur früh — 4 °, mittags etwas über 0 °. Nebel ist nicht beobachtet worden, stellenweise aber Dunst. In Hamburg war früh kein, bei Altona nur leichtes, loses Eis; bei Glückstadt war die Elbe eisfrei, aber bei Brunshausen gab es zusammengeschobene Eismassen von solcher Stärke, daß die Schiffahrt erschwert und für Segler nur mit Schlepperhilfe möglich war.

9. (401.) Fall. Ein Posten Ware (Blusen), der gegen Regen sehr empfindlich ist, wurde in Berlin abgeliefert, aber als durch Nässe beschädigt zurückgewiesen. Es kam zur Klage, und beide Parteien fragten um Auskunft. Der Lieferant fragte ganz allgemein nach dem Wetter in Berlin an dem betreffenden Tage und erhielt die Auskunft, es sei ein vorwiegend heiterer, sonniger Tag mit geringer Luftbewegung und nur stellenweise mäßigem Regen gewesen — eine Antwort, die dem Lieferanten außerordentlich günstig erschien. Der

Käufer aber fragte genauer, ob es an dem Tage in der Bellealliancestraße nachmittags zwischen 3 und 4 Uhr geregnet habe. Nach den Aufzeichnungen der Wetterstelle in der benachbarten Teltower Straße war das der Fall gewesen.

C. Höhere Gewalt.

Bei gar manchen Fragen, die dem Wetteramt vorgelegt wurden, findet sich die Zusatz- oder Unterfrage, ob vielleicht höhere Gewalt in Betracht käme; denn höhere Gewalt befreit von Strafe oder Haftpflicht oder Schadenersatz u. dgl.

Die Frage: was heißt höhere Gewalt, soll hier nicht im juristischen Sinne erörtert werden, zumal der Begriff im absoluten Sinne noch durchaus strittig ist und es auch wohl bleiben wird. Eine Übersicht der Meinungen bis zum Jahre 1900 findet man in der Marburger Doktordissertation von Alexander Knauer, „Die höhere Gewalt im Reichsrecht" (Berlin 1901); neuere vortreffliche, gerade hierher passende Erörterungen bietet Georg Eger in seinem Buche: „Das Reichs-Haftpflicht-Gesetz, betreffend die Verbindlichkeit zum Schadenersatz für die bei dem Betriebe von Eisenbahnen, Bergwerken, Steinbrüchen, Gräbereien und Fabriken herbeigeführten Tötungen und Körperverletzungen" (7. Aufl., Hannover 1912). Das Bürgerliche Gesetzbuch erwähnt die höhere Gewalt nur an drei nicht hierher gehörigen Stellen; auf das Handelsgesetzbuch komme ich später. Lehmann (nach Eger S. 128) sagt: „Der Begriff der höheren Gewalt läßt sich in abstracto[1]) nicht bestimmen. Es ist überwiegend quaestio facti,[2]) ob einfacher Zufall oder potenzierter (gesteigerter) Zufall (höhere Gewalt) vorhanden. Auch läßt sich kein Ereignis, selbst kein Naturereignis denken, daß sich unter allen Umständen als höhere Gewalt darstellte."

Eger bemerkt dazu: „Indes, wenn auch der Begriff der ‚höheren Gewalt' seines allgemeinen und umfassenden Inhalts wegen eine abstrakte Definition[3]) nicht gestattet, so darf dennoch die Auslegung nicht lediglich auf die Erkenntnis der konkreten[4]) Umstände seitens des Richters verwiesen werden. Es kommt eben im einzelnen

---

[1]) = ganz allgemein.

[2]) = eine Tatfrage.

[3]) = ganz allgemeine Begriffsbestimmung.

[4]) = besonderen.

Falle darauf an, festzustellen, ob die vorliegenden, tatsächlichen Umstände die Annahme des Vorhandenseins des Begriffes rechtfertigen, und diese Erkenntnis wäre eine unmögliche oder ganz willkürliche, wenn der urteilende Richter die objektiven[2]) Erfordernisse und Unterscheidungsmerkmale des Begriffes, dessen Vorhandensein er aus den konkreten[1]) Verhältnissen entnehmen soll, nicht kennt. Daß die abstrakte Definition[3]) des Begriffes ‚höhere Gewalt' für unmöglich erklärt wird, hat nur darin seinen Grund, daß die Hauptkriterien dieses umfassenden Begriffes dem Richter einen weiteren Spielraum für die Berücksichtigung der konkreten[1]) Verhältnisse im einzelnen Falle gewähren, als viele andere zivilrechtliche Begriffe; daß ferner diese Kriterien infolge des Umfanges des Begriffes einen allgemeineren, gewissermaßen dehnbareren Charakter angenommen haben, als es sonst in der Regel bei juristischen Definitionen der Fall ist. Keineswegs aber fehlen diejenigen Merkmale gänzlich, nach denen sich im konkreten[1]) Falle die Erkenntnis ermöglichen läßt und welche somit für die Existenz des Begriffes vorhanden sein müssen. Und in diesem Sinne bemerken die ‚Motive zum 1. Entwurf eines bürgerlichen Gesetzbuches', Band 1, S. 317, 318: ‚Wissenschaft und Praxis verbinden mit dem Ausdrucke höhere Gewalt einen bestimmten, der Verdeutlichung durch Gesetz sich entziehenden Sinn; beide haben auch für den Begriff der höheren Gewalt bestimmte objektive[4]) Erkennungszeichen aufgestellt, auf Grund deren im einzelnen Falle für die Auslegung dieses Begriffes allzu große Schwierigkeiten nicht entstehen können'."

Es liegen auch eine ganze Reihe von Erkenntnissen des Reichsgerichtes und schon des diesem 1879 eingeordneten Reichsoberhandelsgerichts vor, die bei Eger zu finden sind, soweit sie Haftpflichtsachen betreffen. Aus dem Reichsanzeiger vom 10. Januar 1921 füge ich noch folgende amtliche Auslassung der Post über ihre Haftpflicht für die ihr anvertrauten Sendungen bei:

„Abgesehen von der Fahrlässigkeit des Absenders und der natürlichen Beschaffenheit des Gutes ist die Postverwaltung nur dann von einer Haftung befreit, wenn der Schaden auf unabwendbare Folgen eines Naturereignisses

---

[1]) = besonderen.
[2]) = fachgemäßen.
[3]) = ganz allgemeine Umgrenzung.
[4]) = sachliche.

zurückzuführen ist. Aber auch dieser Grund für die Ausschließung der Haftpflicht erfährt noch eine Einschränkung, denn die Post kann sich auf das Naturereignis (Erdrutsch, Blitzschlag, Überschwemmung usw.) nur berufen, wenn die schädigenden Folgen des Naturereignisses, sofern die Pakete auf der Eisenbahn, dem gewöhnlich von der Post benutzten Beförderungswege, befördert worden sind, auch für die Eisenbahn unabwendbar waren. Die Post kann sich nicht darauf beschränken, nachzuweisen, daß nur für sie die Folgen des Naturereignisses unabwendbar waren. In allen übrigen Fällen des Verlustes oder der Beschädigung von Wertpaketen, also auch für Schäden, die durch höhere Gewalt entstehen, leistet die Post Ersatz. Nur im außerdeutschen Verkehr ist nach den internationalen Abkommen der Anspruch auf Schadenersatz ausgeschlossen, wenn der Verlust usw. durch höhere Gewalt herbeigeführt worden ist."

Aus allem ergibt sich als notwendige Bedingung für den Begriff der höheren Gewalt: 1. die Unabwendbarkeit des Ereignisses durch die nach Lage des Falles gebotene Vorsicht, und 2. die Unmöglichkeit, auch bei den zweckmäßigsten Einrichtungen den Eintritt des zufälligen Ereignisses oder dessen Folgen abzuwenden, wobei freilich für die Frage der Abwendbarkeit nur solche Mittel in Betracht kommen können, deren Anwendung überhaupt nur möglich ist, ohne den wirtschaftlichen Erfolg des Unternehmens vollständig auszuschließen (Eger S. 131). Man kann ja z. B. eine Bahnbrücke so fest und hoch bauen, daß kein noch so reißendes Hochwasser sie zu zerstören vermag, aber die Kosten würden allzu hoch werden — noch dazu für ein Ereignis, das in mehreren Jahrzehnten vielleicht nur ein einziges Mal eintritt — als daß man so unwirtschaftlich vorgehen darf.

Bei den folgenden Beispielen wird das näher dargelegt werden. Es handelt sich dabei natürlich nicht um die Abwendbarkeit des Ereignisses, die bei den Wettererscheinungen doch völlig ausgeschlossen ist, sondern um die seiner Folgen, die in den uns hier beschäftigenden Fällen stets Schäden bedeuten, während sie es sonst durchaus nicht immer zu sein brauchen. Wenn z. B. ein langandauernder Landregen herniedergeht, so kann er nach einer Dürre oder bei sandigem, durchlässigem Boden sehr erwünscht sein, wogegen er an einer Stelle mit tonigem Untergrund oder in hügeligem Gelände Überschwemmung hervorrufen kann. Also überhaupt nur an diesen Stellen ist der Landregen ein Ereignis, dessen Folgen man abwenden möchte, wenn dadurch Schaden entsteht. Dahingegen ist selbst in solchen Gegenden der Fall denkbar, daß man große Wassermassen wünscht, wenn die Überschwemmung schadenlos abläuft, aber dadurch eine Talsperre oder ein Teich, der eine Mühle oder ein Hammerwerk u. dgl. treibt, wieder genügend Arbeitswasser erhält.

Mit Recht macht bei dieser Begriffsbestimmung E. Dronke[1]) in einem besonderen Falle folgende Einschränkung: „Anders aber liegt die Sache, wenn durch das Naturereignis die Beschädigung nicht unmittelbar bewirkt, sondern erst eine weitere Tatsache herbeigeführt wird, welche dann unmittelbar schädigend wirkt, und wenn diese durch das Naturereignis ausgelöste Schadenursache auf dem Bahnbetrieb beruht. Waren in solchem Falle zwar nicht die Folgen des Naturereignisses, wohl aber diejenigen der Betriebsgefahr an sich abwendbar, so kann sich der Unternehmer nicht darauf berufen, daß die versäumte Sicherungsmaßregel nach den allgemeinen Verkehrsregeln nicht gebräuchlich sei." Entsteht z. B. ein Unglück dadurch, daß nach langem Regen der Bahndamm aufweicht und die Schienen unter dem Druck des Zuges nachgeben, so ist von höherer Gewalt nicht die Rede, wenn der Regen nach Dauer und Menge nicht ungewöhnlich war. Auch bleibt immer noch festzustellen übrig, ob der Damm mit der wirtschaftlich zulässigen größten Sorgfalt gebaut war oder ob es daran gefehlt hat. Schwieriger liegt der Fall bei dem Bruch der Mauer oder des Dammes einer Talsperre, wodurch unheilvolle Überschwemmung entstehen kann. Will sich die Talsperrenverwaltung auf höhere Gewalt berufen, so genügt der Nachweis ungewöhnlich starken Regens, der an sich als höhere Gewalt bezeichnet wurde, keineswegs; denn Talsperren sollen ja gerade große Regenmengen auffangen, um sie so für die Unterlieger unschädlich zu machen. Die Verwaltung hat die Pflicht, die Wasserbecken nur so voll Wasser zu halten, daß noch Platz für die zuströmenden Massen bleibt; nur wenn sie nachweisen kann, es habe bis zu dem Dammbruch viele Tage hindurch so stark geregnet, daß sie nicht mehr Wasser als geschehen ohne Gefahr für die Unterlieger habe ablassen können, und daß nun noch ein wolkenbruchartiger Regen herniedergegangen wäre, der das Becken überfüllt hätte,

---

[1]) E. Dronke, Zur Frage der Schadenshaftung des Eisenbahnunternehmers für die schädlichen Folgen von Naturereignissen. Eger, Eisenbahnrechtliche Entscheidungen und Abhandlungen, Band 20, S. 265—268.

wäre sie vielleicht schuldlos. Auch wenn im Frühjahr das reichlich vorhandene Staubeckenwasser gefroren war und nun, wie bei Föhn, durch plötzliche Schneeschmelze große Wassermassen freigeworden und sich ins Becken gestürzt hätten, wäre die Verwaltung vielleicht schuldlos. Vielleicht — denn zu untersuchen bliebe ja noch, ob der Damm oder die Sperrmauer genügend stark gebaut waren.

Wie der Begriff der höheren Gewalt juristisch nicht allgemein festgelegt werden kann, so auch nicht meteorologisch. Denn zunächst muß man sich doch fragen, ob die Begriffsbegrenzung, die man in einem Lande getroffen hat, auch noch im Nachbarlande oder weiterhin gilt oder selbst nur in allen Gegenden des einen Landes. Wenn man z. B. für das mittlere, ebene Norddeutschland festsetzen wollte, daß eine Tagesmenge von mehr als 50 mm Niederschlag als höhere Gewalt zu betrachten sei, so würde das schon bei uns in vielen Gebirgen, wo bekanntlich der Regen stärker und ausdauernder fallen kann, zu niedrig sein — und überdies muß man beim Gebirge Luv- und Leeseite unterscheiden; denn jene ist nässer als diese. Endlich ist noch zu bedenken, daß erfahrungsgemäß gerade in trockenen Gegenden gelegentlich viel größere Regengüsse herniedergehen können als in regenreicheren. Gilt das schon für unser Vaterland, wieviel mehr müßte man von der Begrenzung des Begriffes der höheren Gewalt durch eine einzige Zahl Abstand nehmen, wenn man die ganze Erdoberfläche berücksichtigen wollte, die von den regenreichsten Gebieten bis zu den Wüsten alle Abstufungen aufweist.[1]) Der Richter kann hier unmöglich eine Entscheidung treffen, ohne den Fachmann gehört zu haben. G. Wussow hat übrigens soeben auf meinen Vorschlag eine Untersuchung darüber angestellt und veröffentlicht,[2]) welche Mengen man je nach ihrer Dauer in Norddeutschland als höhere Gewalt betrachten kann. Er fand bei

5 Minuten	Dauer	über	9 mm		2 Stunden	Dauer	über	51 mm
15 „	„	„	18 „		5 „	„	„	69 „
40 „	„	„	29 „		10 „	„	„	78 „
1 Stunde	„	„	39 „		15 „	„	„	81 „

[1]) Hierauf wies ich schon in einem Aufsatz „Die höhere Gewalt im meteorologischen Sinne“ (Berliner Tageblatt Nr. 218 vom 1. Mai 1910) hin.

[2]) G. Wussow, Zentralblatt für Wasserbau und Wasserwirtschaft 1921, S. 38—42.

Was hier am Niederschlage gezeigt wurde, findet man in entsprechender Weise bei den anderen Wetterelementen, z. B. beim Sturm, bei dem der Windmesser je nach der Höhe über dem Erdboden verschiedene Windgeschwindigkeiten angibt: wird unten Sturm empfunden, so gibt z. B. der Windmesser in Hamburg mindestens 15 m, der in Borkum mindestens 21 m je Sekunde an. Demgemäß muß auch der Begriff der höheren Gewalt verschieden angesetzt werden. Bei uns gehören ferner schon Temperaturen von 35° in diesen Begriff hinein, in den Tropen aber nicht immer. Auch hier kann nur der Fachmann entscheiden.

Bisher war stets nur ein einzelnes Wetterelement betrachtet worden, doch gibt es eine ganze Anzahl von Fällen, in denen zwei oder mehrere nötig waren, um den Schluß auf höhere Gewalt zu rechtfertigen; so erinnere ich an die früheren Darlegungen über den Hitzschlag, bei dem erst das Zusammenwirken von Wärme, Feuchtigkeit und Wind den Wetterzustand erzeugt, den man als höhere Gewalt ansehen kann. Das Gegenstück ist die Winterstrenge: es ist ja hinreichend bekannt, daß selbst eine außerordentlich niedrige Frosttemperatur verhältnismäßig leicht und ohne gesundheitliche Schädigung ertragen wird, wenn nur kein Wind weht; sobald er aber auch nur mäßig auffrischt, kann die Kälte dem Menschen lebensgefährlich werden. So ist Radfahren mit dem Winde selbst bei —15° noch möglich, gegen ihn schon bei —5° nicht mehr.

Außer diesem Klimaeinfluß wirkt aber auf die schwankende Begriffsbestimmung der höheren Gewalt noch die durch die Vermehrung der Beobachtungsstellen und durch die Verlängerung der Beobachtungsreihen von Jahr zu Jahr gesteigerte Erfahrung über gewöhnliche und ungewöhnliche Wetterereignisse. Zwei Beispiele werden das zeigen. Bisher kannte man in Berlin als niedrigsten Kältegrad, der seit Beginn genauer Beobachtungen, d. h. seit fast 200 Jahren festgestellt worden war, den Betrag von —29° vom Dezember 1788. Wenn nun eine Anfrage die größte Kälte im Januar 1893 wissen will, so wird, wenn als Ort nur allgemein die Stadt Berlin genannt ist, geantwortet werden, daß sie —23,1° betrug, ein Wert, der gelegentlich, wenn auch seltener vorkam; ob er als höhere Gewalt zu rechnen ist, kann daher unter Umständen angezweifelt werden. Wenn aber gefragt wird, wie die Kälte damals in der Berliner Gegend überhaupt war, so muß geantwortet werden, daß in der Stadt —23,1°, aber an der zweiten Station am Rande der Stadt —31,0° am selben Tage beobachtet wurden, also noch 2° tiefer, als der bisher für Berlin bekannte tiefste Thermometerstand. Daraus geht hervor, daß dieser Tag (der 19. Januar 1893) ein ungewöhnlich strenger Frosttag war — nur stellenweise durch den Stadteinfluß gemildert — und daher unbedingt als unter den Begriff der höheren Gewalt fallend anzusehen ist.

Das zweite Beispiel betrifft den Niederschlag. Bei ihm machen sich örtliche Unterschiede in weit höherem Maße geltend. Bis zum Jahre 1902 war in Berlin als größte Tagesmenge der Betrag von 76 mm am 30. Juli 1861 bekannt, gemessen in der Friedrichstadt, also in einem südlichen Stadtteile; am 31. fielen noch 33 mm, so daß dieser Regen insgesamt 109 mm ergab. Danach konnte man z. B. einen Fall von 50 mm in einem Tage als höhere Gewalt bezeichnen. Man sieht aber hier schon, welchen Einfluß die zeitliche Lage der Meßstunde zum ganzen Regen hat; fällt sie hinein, wie hier, so wird die Menge geteilt und kleiner erscheinen, als sie es nach der gesamten herabgeströmten Wassermenge und nach ihrer Wirkung tatsächlich war. Ganz ähnlich ist es auch bei dem stellenweise noch viel größeren Regenfall vom 14. April 1902; damals wurden gemessen am

	14. April mm	15. April mm	Zusammen mm
Teltower Straße	67	16	83
Meteorologisches Institut (Schinkelplatz)	90	28	118
Landwirtschaftliche Hochschule	143	13	156
Pumpstation Scharnhorststraße	119	47	166
Nordend	65	22	87

Alle Mengen vom 14. April gehören unter den Begriff der höheren Gewalt, wogegen vom 15. April nur die der Pumpstation Scharnhorststraße in Frage käme. Nimmt man aber den ganzen Regen zusammen — denn er und nicht obige Teilmengen müssen den Folgen zugrunde gelegt werden — so gehört erst recht die an jeder Meßstelle gefundene Menge unter jenen Begriff. Ein anderer ähnlicher Fall war früher (Fall 170 S. 101) mitgeteilt worden (vgl. noch Fall 413 S. 193).

Hier zeigt sich schon deutlich der Einfluß des Bestehens mehrerer

Meßstellen, und was hier an Berlin gezeigt wurde, gilt in gleichem Maße für jeden Bezirk, jeden Kreis und jedes Land. Denn bei den früherern wenigen Stationen war es doch immer ein großer Zufall, wenn ein ungewöhnliches Naturereignis zur Beobachtung gelangte. So konnte z. B. die Meinung, daß es in Waldgebieten seltener hagele als sonst, nur dadurch entstehen, daß in Wäldern keine Beobachter sind und daß zudem Hagel an Bäumen selten Schaden anrichtet. Als man dann besondere Beobachtungen darüber anstellte, verschwand der Unterschied zwischen dem sog. Wald- und Feldhagel.

An diese allgemeinen Erörterungen schließe ich nun eine größere Zahl von Beispielen aus der Praxis an, wodurch noch weitere Gesichtspunkte hervortreten werden; ausdrücklich sei aber darauf hingewiesen, daß auch in gar manchen der früheren Beispiele die höhere Gewalt in Frage kommen konnte. Die Beispiele sind wieder nach Wetterelementen geordnet.

a) Helligkeit.

1. (402.) Fall. Ein Motorrad fuhr auf der Landstraße auf einen unbeleuchteten Wagen, der mitten auf dem Wege stand. Der verklagte Kutscher behauptete, daß bei Regen der Sturm ihm die Laterne ausgeblasen und er vergebens versucht habe, sie wieder anzuzünden.

Auskunft: Dunkel und regnerisch ist es gewesen, aber der Wind hat nur mäßig aus Südwest geweht.

2. (403.) Fall. Bei starkem Nebel fand ein Zugzusammenstoß statt, bei dem Menschen verletzt wurden. Der Führer des schuldigen Zuges sagte, der Nebel sei plötzlich eingetreten.

Auskunft: Der Nebel war sehr stark; aber Nebel entsteht nie so plötzlich, daß der Lokomotivführer nicht vorschriftsmäßig die Geschwindigkeit des Zuges hätte verringern können.

Ist die Strecke stark gekrümmt, also von der Maschine aus nicht so weit übersichtlich, daß z. B. eine Wiese mit Nebel nicht schon von weitem erkannt werden kann, so mußte der Führer sowieso langsamer fahren. Das Gericht wies den Einwand höherer Gewalt zurück.

b) Wärme und Kälte.

1. (404.) Fall. In einem Zimmer brach Feuer aus, und der Mieter wurde, da niemand sonst das Zimmer betreten hatte, der Brandstiftung beschuldigt. Er beteuerte seine Unschuld und wäre wohl verurteilt worden, wenn nicht jemand auf den Gedanken gekommen wäre, daß vielleicht die Sonne eine mit Wasser gefüllte kugelige Karaffe auf dem Tisch beschienen hätte, und daß diese Wasserflasche wie eine Brennkugel (Schusterkugel) die Wärmestrahlen im Brennpunkt gerade auf der Tischdecke vereinigt und diese in Brand gesteckt haben könnte. Der Versuch wurde an einem sonnigen Tage wiederholt und gelang. Nun wurde angefragt, ob die Sonne an dem Brandtage geschienen hat.

Auskunft: An dem Brandtage hat zur angegebenen Zeit die Sonne voll geschienen.

Die Brandursache war also höhere Gewalt, wofern man nicht den Mieter beschuldigen wollte, er habe nicht die nötige Sorgfalt gebraucht, denn dadurch war der Brand vermeidbar; aber an solche Möglichkeit zu denken, liegt außerhalb der Gedankenwelt fast aller Menschen und ist somit ungewöhnlich.

2. (405.) Fall. Ein Kesselwagen mit Spiritus stand im Februar drei Tage auf dem Bahnhof, als plötzlich am dritten Tage ein eisernes Abflußrohr platzte. War der Kessel durch Sonnenstrahlung so warm geworden, daß der Spiritus zum Teil verdampfte und durch den stark vermehrten Druck das Rohr zersprengte?

Auskunft: Am ersten Tage schien die Sonne, am zweiten Tage war es trübe, am dritten Tage schien die Sonne wieder; die Lufttemperatur im Schatten blieb ungeändert.

Eine so starke Erhitzung (Spiritus verdampft je nach dem Wassergehalt zwischen 78,3 und 80,0°, aber schon bei geringerer Wärme verdunstet er teilweise), daß das Rohr platzen konnte, ist nicht anzunehmen, da die Sonne im Februar noch tief steht und da bei dem dann langen Weg ihrer Strahlen durch die Luft von dieser so viel Wärme verschluckt wird, daß die Wirkung auf den beschienenen Kesselwagen nur noch gering sein konnte. Etwaigen Überdruck hätte wohl das Sicherheitsventil beseitigt. Bei den langen kalten Nächten kühlte sich die Ladung auch immer wieder sehr stark ab.

3. (406.) Fall. Eine Frau trat auf dem Bahnsteig angeblich in ein Loch, fiel hin und verletzte sich. Die Bahnverwaltung sagte: ungewöhnliche tagelange Hitze habe das Asphaltpflaster so weich und nachgiebig gemacht, daß die Klägerin mit dem Absatz hängen geblieben und gefallen sei.

Auskunft: In dem ungewöhnlich trockenen und heißen Sommer 1911 war die Lufttemperatur im Schatten tagelang über 31°; der stark bestrahlte Asphalt hatte sicher über 50°, also mindestens 10° mehr als der Wärmegrad, bei dem er weich zu werden anfängt. Voraussetzung ist, daß die Bahnsteigfläche täglich stundenlang der Sonnenstrahlung ausgesetzt war.

Daß der Asphalt so weich werden kann, habe ich selbst auf dem Gendarmenmarkt in Berlin öfter beobachtet; es war leicht, mit dem Absatz Löcher einzustampfen. Im Juli 1905 klebten in Berlin Lastwagen am Asphalt, in den sie Rinnen drückten, so fest, daß nur sechs Pferde sie losreißen konnten. Deswegen aber das Asphaltpflaster zu vermeiden, wie ein Gericht der Bahnverwaltung bei einem Streitfall empfahl, als jemand auf glattem Asphalt gestürzt war, ist natürlich nicht nötig.

4. (407.) Fall. Ein Eisenbahnrad war durch Frost gebrochen und der Wagen entgleist. Entsprach die Kälte der höheren Gewalt?

Auskunft: Obwohl die Auskunft auf sehr niedrige Temperatur lautete, entschied das Gericht doch, daß höhere Gewalt nicht vorläge; auch gegen solche Kältegrade müsse in unserem Klima Vorsorge getroffen sein.

Bruch des Rades kann auch dadurch eintreten, daß im Herbst, wenn noch Sommerschmiere gebraucht wird, die bald unter —5° zu gefrieren anfängt, strenger Frost eintritt, während Winterschmiere noch bei —20° flüssig sein muß. Bei jener friert das Rad an der Achse fest, wie es zu Weihnachten 1906 in Berlin auf dem Anhalter Bahnhof geschah — mit Fackeln taute man damals die Achsenlager auf. Solcher Bruch gilt nicht als höhere Gewalt.

5. (408.) Fall. Gasröhren waren angeblich durch Frost geplatzt. Es wurde, da der Mieter den Frost als höhere Gewalt bezeichnete, gefragt: War es so kalt, daß auch ein vorsichtiger Laie Gasröhren vor dem Einfrieren zu schützen suchen würde? Ist bei großer Kälte die Wahrscheinlichkeit vorhanden, daß das Gas überhaupt einfriert?

Auskunft: Die Kälte betrug in der fraglichen Zeit — 6° bis — 14°. Röhren mit Flüssigkeit konnten somit durch Gefrieren ihres Inhalts zersprengt werden; daher war Schutz angezeigt. Das Leuchtgas selbst gefriert nicht; wohl aber scheidet sich stets Gaswasser aus, das sich an tiefen Stellen sammelt und gefrieren kann.

6. (409.) Fall. Hatte so lange Frost geherrscht, daß gewisse Abbrucharbeiten nicht rechtzeitig hatten ausgeführt werden können?

Auskunft: Bis zum Morgen des dritten Tages vorher war Frost, dann aber Tauwetter.

7. (410.) Fall. Ein Eisbahnpächter sollte 1000 ℳ Pacht zahlen, wenn es auf der Gießeisbahn in dem ganzen Winter acht volle Kassentage gegeben hat. Er weigert sich am Schluß des Winters zu zahlen, da er sie nicht habe erzielen können. Der Verpächter nahm an, daß er an einigen Tagen absichtlich das Gießen unterlassen habe, und verklagte ihn. Das Gericht fragte an, wie die Temperatur in diesem Winter war.

Auskunft: In 58 Nächten sank sie unter 0°; 22 Tage hatten eine mittlere Tagestemperatur unter 0° (mittags konnte sie aber über 0° gewesen sein) und an 8 Tagen lag sie auch mittags unter dem Gefrierpunkt.

Danach hätte der Pächter wohl mehr als acht Kassentage erreichen können, zumal viele Frosttage gruppenweise auftraten.

8. (411.) Fall. Der Besitzer einer künstlichen Eisbahn auf einem Tennisplatz hatte noch am 9. Februar eine Abonnementskarte ausgegeben, aber schon am 19. den Betrieb geschlossen, ohne das Geld zurückzuzahlen. Er meinte, er hätte die Eisbahn nicht mehr instand halten können, weil das in der Nacht ausgegossene und gefrorene Wasser in der Mittagszeit bei 15° Wärme geschmolzen sei. Künstliche Eisbahnen könnten deshalb wegen ihrer dünnen Eisschicht von Mitte Februar an nicht mehr betrieben werden. Dann hätte er aber keine Dauerkarten mehr ausgeben sollen.

Übrigens kommt in solchen Fällen nicht allein die Lufttemperatur in Frage, sondern noch folgendes: stark belaufenes Eis ist krümelig und undurchsichtig, es wird sich daher bei Sonnenschein erwärmen, schmelzen und auch das Eis unter sich anschmelzen; da, wo das Eis aber klar ist, gehen die Sonnenstrahlen wie durch eine Fensterscheibe hindurch, erwärmen durch Wärmestrahlung den dunklen Boden unter dem Eise, der nun durch Wärmeleitung von unten her das Eis anschmelzt. Von höherer Gewalt, wie der Besitzer gern wollte, kann hier nicht gesprochen werden.

c) Regen und Schnee.

1. (412.) Fall. In Berlin fielen an einem Tage 71 mm Regen. Ist das höhere Gewalt?

Auskunft: Unbedingt, da erstens von 1848, dem Beginn amtlicher Beobachtungen an, bis 1900 nur viermal Tagesmengen von über 50 mm vorgekommen sind, und zweitens diese Riesenmenge in nur 10 Stunden gefallen ist. Denn es kommt nicht nur auf die Menge, sondern auch auf die Dauer an. So würden 50 mm, die in 20 Stunden fielen, oft nicht als höhere Gewalt angesehen werden, wohl aber, wenn sie in einer Stunde herniedergingen.

2. (413.) Fall. Am 12. Juli 1912 wurden im Norden Berlins bei einem Gewitter viele Keller durch von der Straße her eindringendes Wasser überschwemmt und Möbel und Waren darin verdorben. Die Geschädigten verlangten unter Klagedrohung vom Magistrat Entschädigung, da die Straßenkanäle das Wasser nicht abgeführt hätten. Der Magistrat berief sich auf höhere Gewalt.

Auskunft: Das Kreuzen mehrerer Gewitterzüge bewirkte auf engem Gebiet im Norden Berlins einen Wolkenbruch mit bis zu 97 mm Regenhöhe, so daß hier tatsächlich höhere Gewalt vorlag. In 50 Minuten fielen nicht weniger als 46 mm.

Obwohl der Magistrat also nicht verpflichtet war, zu zahlen, bewilligte er doch „aus Billigkeitsgründen“ 8420 ℳ für Entschädigungen der Betroffenen. Dieser menschlich schöne Grundsatz, daß bei Schäden durch höhere Gewalt die Gemeinde oder der Staat einzutreten habe, läßt sich naturgemäß nicht immer anwenden, aber er trat doch bei größeren Landesschäden, wie Überschwemmungen, Windverwüstungen usw., wenigstens in Deutschland meist in Wirksamkeit, indem Gemeinde oder Provinz oder Staat helfend eingriff. Ganz besonders berechtigt aber ist geradezu der Anspruch auf Entschädigung, wenn z. B. Flußanlieger bei Eisverstopfung weiter unterhalb oder bei Wolkenbruch oder plötzlicher großer Schneeschmelze oberhalb durch Hochwasser leiden, also durch ein Naturereignis, dessen nächste Ursache fern ihrer Gegend zu suchen ist. Vorbildlich scheint mir in dieser Beziehung eine Einrichtung zu sein, über die W. Köppen in seiner grundlegenden Arbeit über den „Gewittersturm vom 9. August 1881" (Annalen der Hydrographie 1882 S. 718) berichtet: „Das Fürstentum Lübeck ist eine der wenigen Gegenden der Erde, wo eine Versicherung gegen Windschäden besteht, und zwar in der Form freiwilliger Genossenschaften zu gegenseitiger Versicherung; solcher ‚Windgilden' sind mehrere da."

3. (414.) Fall. Ein Mann wurde durch herabfallenden Stuck auf der Straße verletzt. Der verklagte Hausbesitzer schützte höhere Gewalt vor, denn es habe vorher viel geregnet, wodurch der Stuck abgelöst und durch Sturm herabgeworfen worden sei.

Auskunft: Nur geringe Regenfälle und wenig Wind. Stuck muß übrigens so befestigt sein, daß auch längere Regenzeit ihn nicht lösen kann.

4. (415.) Fall. Eine chemische Fabrik wurde verklagt, weil bei Regen so viel Wasser von ihrem Grundstück abgeflossen sei, daß ein Nachbargrundstück ganz überschwemmt wurde. Sie berief sich auf höhere Gewalt, denn es sei ein Wolkenbruch gefallen.

Auskunft: An zwei sehr nahen Nachbarorten sind 65 und 121 mm gefallen, so daß man eine ähnliche Menge auch für die Fabrik annehmen kann. Nach den üblichen Regenverhältnissen der dortigen Gegend muß eine solche Menge als höhere Gewalt angesehen werden.

Die Frage, was ein Wolkenbruch ist, kann streng zahlenmäßig nicht beantwortet werden, da bei ihm sowohl Menge wie Dauer in Betracht kommen und auch sie wieder je nach dem Klima des betreffenden Landes verschieden hoch anzusetzen sind. Hierüber kann nur der Fachmann entscheiden. Bei uns in Norddeutschland kann man als Wolkenbruch etwa 50 mm in Stunde oder 70 mm in 2 Stunden annehmen. Das gilt für das Flachland. In bergigen Gegenden wird man gewöhnlich eine etwas größere Menge annehmen; jedoch kann dort, wie bereits früher (S. 185 ff.) gezeigt wurde, schon bei einer geringeren Menge durch das Zusammenströmen des Regenwassers von den Hängen in das Tal eine schadenbringende Überschwemmung eintreten.

5. (416.) Fall. Von einem massiv ummauerten Balkon war viel Wasser in eine Wohnung gedrungen und hatte in der Wohnung darunter viel Schaden verursacht. Der Wirt beschuldigte den Mieter, die Tür bei einem Gewitter offen gelassen zu haben, wogegen dieser behauptete, der Wind habe die Tür aufgedrückt und die Regenmassen hineingetrieben.

Auskunft: Kein Sturm und nur 25 mm Regen, also wohl viel Regen, aber keine höhere Gewalt.

6. (417.) Fall. In die Baugrube der Berliner Untergrundbahn strömte einmal viel Regenwasser und störte den Baubetrieb. Der Unternehmer sollte wegen mangelhafter Vorsorge und wegen Aussetzens der Arbeiten Strafe zahlen. Er weigerte sich und behauptete ungewöhnlich starken Regen.

Auskunft: Es fielen 26—43 mm in verschiedenen Stadtteilen, d. h. Mengen, wie sie alljährlich vorkommen können. Höhere Gewalt lag also nicht vor.

7. (418.) Fall. Ein gestauter Mühlteich lief über und schwemmte einem Bauern Heu weg. Der Müller wurde verklagt, daß er den Teich zu voll gehalten habe, so daß schon jeder gewöhnliche Regen ihn zum Überlaufen bringen konnte. Er bestritt das und sagte, es sei ein ungewöhnlich großer Regen gefallen.

Auskunft: Der Regen brachte etwas über 30 mm Wasserhöhe, war also nicht so ungewöhnlich, daß er nicht alljährlich eintreten konnte. Der Teich war somit zu hoch gestaut.

8. (419.) Fall. In Neukölln brannte ein Holzschuppen ab. Die Untersuchung durch die Feuerwehr ergab, daß mit Tüchern bedeckter ungelöschter Kalk darin gelegen hatte. Da der Schuppen verschlossen gewesen war, nahm man an, daß Regenwasser eingedrungen sei, den Kalk gelöscht und die dabei entstehende Hitze die Tücher und den Holzschuppen in Brand gesteckt habe.

Auskunft: Ja, es hatte geregnet.

Kalk erhitzt sich beim Löschen bis auf 150°. So entstand ein Brand durch Wasser!

9. (420.) Fall. Von einem Dach in Berlin war am 17. Februar 1907 ein vereistes Schneestück gefallen und hatte jemand verletzt. Der Kläger behauptete: am 31. Januar sei so starker Schneefall gewesen wie seit Jahrzehnten nicht; zeitweilig habe der Verkehr gestockt. Dadurch, daß die Schneemassen auf dem Dache des Beklagten lange liegen geblieben seien, habe er den Unfall verschuldet. Es wurde nun vom Gericht gefragt, ob der Schnee wirklich liegen bleiben konnte, oder ob er schon vor dem 17. hätte abschmelzen können.

Auskunft: Tatsächlich war der Schneefall vom 31. Januar ganz ungewöhnlich, so daß er als höhere Gewalt anzusehen ist. Da dann meist Frost

bis zum 16. Februar herrschte und selbst nach dem Schmelzen am Tage nachts wieder Gefrieren eintrat, so konnte der Schnee sich halten. Am 17. Februar begann Tauwetter und damit das Abrutschen des Schnees. Der Hauswirt hatte jedenfalls Zeit genug gehabt, gefährliche Schneemassen zu beseitigen.

Hier ist zu beachten, was die Baupolizei gegen das Herabfallen von Schnee vorschreibt (S. 174).

10. (421.) Fall. Ein Schuppen am Ostharz war so hergestellt worden, daß ein Zeltdach auf eiserne Ständer und Träger gelegt wurde. Durch Schneemassen, die am 16. und 17. November 1909 fielen, wurde der Schuppen zusammengedrückt. Der Besitzer meinte, daß die Stützen zu schwach gewesen seien, während die verklagte Baufirma sich auf höhere Gewalt berief und ungewöhnlichen Schneefall behauptete. Um die Tragfähigkeit des Schuppens zu beurteilen, fragte das Gericht, wieviel 1 qm Schneedecke in jener Zeit gewogen habe.

Auskunft: Der Schneefall war in der Tat ungewöhnlich, aber nicht so sehr durch die allerdings sehr erhebliche Schneemenge, als dadurch, daß der Schnee außerordentlich wässerig und daher schwerer war als sonst. Er hat dadurch ungeheure Verwüstungen in Wäldern und an Drahtleitungen, auf denen er sofort gefror, angerichtet. In Quedlinburg ergab die 26 cm hohe Schneedecke beim Schmelzen 19,6 mm Wasserhöhe; also wog sie auf 1 qm 19,6 kg. (Vgl. S. 178, Fall 386, und S. 179, Fall 390.)

11. (422.) Fall. Ein Holzhändler hatte Balken auf einen Eisenbahnwagen geladen. Unterwegs brach der Wagen zusammen, und nun verlangte die Eisenbahnverwaltung erstens Ersatz für den Schaden am Wagen und zweitens Nachzahlung von Überfracht, da der Holzhändler mehr aufgeladen habe, als der Wagen tragen könne und als auf dem Frachtbrief angegeben sei. Der Holzhändler weigerte sich mit der Behauptung, daß er den Wagen nur bis zur erlaubten Grenze (Tragfähigkeit bei Langholzwagen 15 t) beladen habe, daß aber unterwegs Regen gefallen sei und die Balken durch Aufsaugen von Wasser zu schwer geworden seien. Somit liege höhere Gewalt vor.

Auskunft: Mehrfacher starker Regen unterwegs. Die zweite Frage, wie schwer die Balken durch den Regen geworden sind, ist eine technische; ihre Beantwortung muß abgelehnt werden.

Diese Frage kann auch von den Technikern oder den Forstleuten kaum beantwortet werden; denn einerseits schwankt die Aufnahmefähigkeit des Holzes für Wasser mit der Holzart, dem Baumteile und der Schnittform (Brett oder Balken); andererseits werden nur die obersten Balken und die dem Regen ausgesetzten Seiten und Stirnenden vom Wasser unmittelbar erreicht — eine Fortleitung der Feuchtigkeit in das Innere der Balken, die quer zur Fahrrichtung gehen müßte, dürfte nur in geringem Maße stattfinden. Fremde und eigene Versuche lehrten, daß Holz, in Wasser gelegt, gewöhnlich um etwa die Hälfte bis zum vollen Betrage seines Gewichtes schwerer wird; es kann aber unter besonderen Umständen auch doppelt schwer werden. Das sind aber besonders günstige Fälle. Bei der Eisenbahnladung kann man wohl aus obigen Gründen nur eine Zunahme um höchstens 10 % annehmen, und zwar bei kurzem Regen viel weniger, als bei langdauerndem, da in ersterem Falle durch das Schütteln des Wagens viel Wasser abfällt und durch die starke Luftbewegung bei der Fahrt viel verdunstet. Eine Zunahme um 10 Hundertstel des Gewichts bedeutet bei einem voll beladenen Langholzwagen 1,5 t Mehrbelastung. Die Holzteile des Wagens selbst nehmen auch etwas Regen auf und belasten die Achsen und Räder.

Ähnlich liegen Fälle, bei denen Schwemmsteine, Koks, Kohlen, Glaspulver usw. mit der Eisenbahn schwerer ankamen, als sie abgegangen waren, und jedesmal die Absender Nachfracht zahlen sollten. Auch hierbei wurde das Wetteramt angerufen, um zu bescheinigen, daß es unterwegs geregnet habe. Hinsichtlich dieser Durchnässung liegen die Verhältnisse insofern günstiger, als das Regenwasser in solche porösen Massen tiefer eindringt als in Holz, aber andererseits doch nur, soweit sie porös sind, wogegen bei Holz auch die Zellen in Frage kommen. So erklärt es sich, daß z. B. Mauer- und Kalksandsteine überhaupt nur 12—16 % Wasser aufnehmen, wenn sie in Wasser gelegt wurden, bei Regen also wohl kaum 3 % ihres Gewichtes. Bei Kohlen nimmt die Bahnverwaltung höchstens 2 % Mehrbelastung an (vgl. S. 199).

Hierzu gehört auch folgender Fall:

12. (423.) Fall. Frisch gestochener Torf wurde gleich verladen, kam aber noch nasser an, als er schon beim Stechen war. Der Schiffer behauptete, es habe unterwegs sehr stark geregnet.

Auskunft: Nur an drei Tagen der Fahrt fiel Regen, davon an einem im ganzen 4 mm, also kaum mittelstark, sonst aber nur 2 und 0,2 mm.

Vermutlich hatte der Schiffer den Torf stark angenäßt, um ein größeres Ladegewicht zu erzielen oder wohl gar um einen Diebstahl zu verdecken. Lehrreich sind hierfür die Versuche von Feilitzen und Lugner[1]) über die Aufnahme des Regenwassers von Torf bei der Versendung, aus denen hervorgeht, daß selbst nach drei starken

[1]) Zeitschrift für Moorkultur und Torfverwertung 1919, 2, S. 101.

Regentagen die oberste Schicht nur 6%, die zweite $2\frac{1}{4}$% und die unterste nur $1\frac{1}{4}$% mehr Wasser enthielt.

Derartige Feststellungen haben aber nur dann Wert, wenn man weiß, wie die Stoffe geschichtet waren. Enge aneinander liegende Balken und künstliche oder behauene natürliche Bausteine werden nur an der Außenseite der ganzen Ladung benetzt werden, wogegen bei Stoffen mit unregelmäßigen Formen, wie Kalksteinen, Kohlen, Koks usw., der Regen viel tiefer eindringen kann.

Bei allen solchen Überladungsfragen muß man zwischen Ladegewicht und Tragfähigkeit unterscheiden; jenes ist natürlich immer kleiner als diese. Bei einem normalen offenen Güterwagen von 15000 kg Ladegewicht beträgt die angeschriebene Tragfähigkeit 15750 kg, also 5% mehr. Diese Tragfähigkeit ist aber nicht die volle der Räder und des Untergestells, sondern nur etwa deren 4. oder 5. Teil, da die Eisenbahnverwaltung mit einer dementsprechenden Sicherheit bei neuen und stillstehenden Wagen rechnet. Beim Fahren setzen die Stöße an den Schienenenden und besonders an den Herzstücken der Weichen diese Sicherheit sehr herab. Bei älteren, ruhenden Wagen rechnet man immer noch mit zweifacher Sicherheit. An deutschen Eisenbahnwagen findet man beide Angaben: Ladegewicht und Tragfähigkeit, bei ausländischen nicht. Hierfür trifft § 59 Abs. 2 der Eisenbahn-Verkehrsordnung vom 23. Dezember 1908 folgende Bestimmung:

„Für die Beladung der Wagen ist das daran vermerkte Ladegewicht maßgebend. Eine Belastung bis zu der an den Wagen angeschriebenen Tragfähigkeit ist zulässig, wenn nach der natürlichen Beschaffenheit des Gutes nicht zu befürchten ist, daß die Belastung infolge von Witterungseinflüssen während der Beförderung die Tragfähigkeit überschreiten werde. Eine die Tragfähigkeit überschreitende Belastung — Überlastung — ist in keinem Fall gestattet. Bei außerdeutschen Wagen[1]), die nur eine, die zulässige Belastung kennzeichnende, dem Ladegewichte der deutschen Wagen entsprechende Anschrift tragen, darf die angeschriebene Gewichtsgrenze bis zu 5% überschritten werden."

Ferner gilt hier § 60 Abs. 3:

„Ein Frachtzuschlag darf nicht erhoben werden:

b) bei einer während der Beförderung eingetretenen Gewichtszunahme ohne Überlastung, wenn der Absender nachweist, daß die Gewichtszunahme auf Witterungseinflüsse zurückzuführen ist;

---

[1]) Soweit sie natürlich nur auf deutschen Strecken laufen.

c) bei einer während der Beförderung durch Witterungseinflüsse verursachten Überlastung, wenn der Absender nachweist, daß er bei der Beladung des Wagens das angeschriebene Ladegewicht nicht überschritten hat."

Die Gewichtszunahme durch Witterungseinflüsse kann außer durch Regen, wie eben geschildert, auch durch Schnee und Hagel eintreten. Hagel kommt allerdings selten und meist wenig dicht vor; außerdem wird der Wagen, wenn er nicht gerade auf einem Bahnhof steht, das Hagelwetter, das gewöhnlich nur eine geringe Breite hat, zu rasch durcheilen, als daß da eine erhebliche Gewichtszunahme eintreten könnte. Nicht so aber bei Schnee; denn er fällt in der Regel über weiten Flächen, so daß der Wagen, wie beim Regen, lange Zeit hindurch von ihm beladen wird und, wenn es sich um einen offenen Güterwagen mit meterhohen Wänden handelt, große Mengen ansammeln kann. Die lichte Länge eines normalen Güterwagens von 35 t beträgt 6,72 m, die lichte Breite 2,734 m. Nehmen wir an, der Schnee bilde darin, wenn man ihn gleich hoch macht, eine 20 cm hohe Schicht, so ergibt das $6{,}72 \times 2{,}734 \times 0{,}2 = 3{,}675$ cbm Schnee; da es frisch gefallener Schnee ist, so kann man, zumal er durch den Wind etwas zusammengedrückt ist, ansetzen, daß eine Schneeschicht von 1 cm so viel Wasser enthält, wie eine Wasserschicht von 1 mm Höhe. Demnach enthält obiger Schnee insgesamt 0,368 cbm Wasser, d. h. 368 Liter oder 368 kg. Diese Gewichtszunahme kann sich, falls Frost bleibt, an der Wiegestation wohl bemerklich machen; bei Tauwetter aber rinnt das Schmelzwasser durch die Fugen des Wagens ab und verschwindet.

Obige zulässige Überschreitung des Ladegewichtes um 5% bedeutet, daß, wenn sie im vorliegenden Beispiel 368 kg war, die ganze Ladung zwanzigmal soviel, also 7360 kg betrug. Die offenen Güterwagen haben ein Ladegewicht von 15 t, und, wenn man gemäß des Verhältnisses von 5% bei außerdeutschen Wagen die Tragfähigkeit um 5% höher ansetzt, eine solche von 15750 kg (wie oben). 750 kg kann also die Mehrbelastung durch Schnee oder Regen betragen, ehe der Absender einen Frachtzuschlag zahlen muß. Da die Wagenfläche 18,37 qm ist, so müßte das Wasser, wenn es nicht in das Frachtgut eingezogen ist — da 750 kg = 750 Liter = 750 cdm sind — $750 : 18{,}37 = 41$ mm hoch stehen, frischer Schnee also 41 cm hoch liegen, — ein Betrag, der gelegentlich im Flachlande, öfter im Gebirge durchaus möglich ist, zumal wenn man bedenkt, daß der Wagen bei der stundenlangen Fahrt fortwährend Schnee sammelt. Außerdem kann aber der Schnee durch Regen so naß werden, daß dann die Last erheblich größer wird, ebenso wenn die Ware unter 0° abgekühlt war und nun Regen darauf fällt; denn dann erstarrt er zu Eis und läuft nicht ab.

Wenn aber dieser im Gesetz vorgesehene Grenzwert von 5% bei Schnee durchaus möglich ist, so auch eine noch weitere Überschreitung. In diesem Falle, d. h. also bei mehr als 5%, muß der Absender den Frachtzuschlag zahlen. Das erscheint sehr unbillig; denn dadurch ist er gezwungen, im Winter noch mehr als 5% Spielraum zu lassen, d. h. den Wagen noch um soviel weniger auszunutzen; er wird also geschädigt. Sind z. B. Eisenbarren geladen, so bleibt genug Raum frei, um noch eine 50 cm hohe Schneeschicht aufzunehmen; dann aber betrüge die Überlastung nicht mehr 5%, sondern schon über 6%, für die ganz unbilligerweise zu zahlen wäre; denn den Schnee kann ja doch der Absender auf keine Weise von dem offenen Güterwagen abwehren, also käme hier höhere Gewalt in Betracht und somit Befreiung von Nachzahlung.

d) Wind.

1. (424.) **Fall.** Eine Dachdeckerfirma übernahm die Unterhaltung von Dächern gegen eine jährliche Pauschsumme. In einem Jahr weigerte sie sich aber und verlangte einen Zuschlag, da Beschädigungen durch außergewöhnliche Stürme, wie sie in diesem Jahre vorgekommen wären, in der Jahressumme nicht inbegriffen seien.

Auskunft: Die Windstärke 8, die im Binnenlande dem Sturm entspricht, wurde selten und auf kurze Zeit überschritten. Das kommt aber mindestens alle 4—5 Jahre vor, ist also nicht ungewöhnlich. (Vgl. S. 144 f.)

2. (425.) **Fall.** Ein Pappdach wurde durch Sturm abgerissen und 15 m entfernt auf ein Wohnhaus geworfen. War höhere Gewalt?

Auskunft: Ein derartiger Sturm war dort in den letzten zwanzig Jahren nur zweimal vorgekommen, also kann man höhere Gewalt annehmen. Weiter als 20 Jahre konnte man in den Wetteraufzeichnungen nicht zurückgehen, da vorher andere Grundsätze bei der Schätzung der Windstärke befolgt worden waren.

3. (426.) **Fall.** Ein Sturm entführte einer Laube das Dach, warf es gegen einen wertvollen Apfelbaum im Nachbargarten und zerstörte ihn.

Auskunft: Es herrschten Böen bis zu 12 m Geschwindigkeit in der Sekunde, die keineswegs ungewöhnlich waren. Bei sorgfältiger Befestigung hätte das Dach nicht entführt werden können.

4. (427.) Fall. Von einem Kirchturm fielen Dachziegel herab und verletzten jemand. Die verklagte Kirchenverwaltung behauptete, daß ungewöhnlicher Sturm die Ziegel herabgerissen dabe.

Auskunft: Der vorher mäßige Wind erlangte am Schadentage bis 10 m in der Sekunde und war böig, so daß er nicht gut befestigte Ziegel herabwerfen konnte, war aber nicht ungewöhnlich stark.

5. (428.) Fall. Das Holzgerippe einer Neubauhalle stürzte ein und zwar, wie der Bauunternehmer behauptete, durch ungewöhnlichen Sturm.

Auskunft: Der Wind erreichte 10 m Geschwindigkeit und war böig, jedoch nicht ungewöhnlich stark. Bei einem gleichen Fall, der eine Montagehalle betraf, maß man 10—14 m und zeitweise noch mehr, so daß hier vielleicht von höherer Gewalt gesprochen werden kann; doch kommen dabei noch örtliche Verhältnisse in Betracht.

Um Zerstörungen anzurichten, ist es nicht immer notwendig, daß der Wind besonders stark weht, sondern ebenso gefährlich ist es, wenn er stoßweise kommt und das Bauwerk in Schwingungen versetzt. Jeder Stoß vermehrt wie beim Pendel den Ausschlag, bis die Widerstandskraft der Verbände erreicht und überschritten ist.

6. (429.) Fall. Ein Sturm hatte ein Bauwerk in Berlin beschädigt und die Baufirma sollte den Schaden ersetzen. Nach ihrer Behauptung trat der Sturm so plötzlich ein, daß die Bauteile vom Mindest- sogleich bis zum Höchstmaß beansprucht worden seien.

Auskunft: Sehr böige Westwinde bis zu 20 m; da die Geschwindigkeit sehr sprunghaft wechselte, so mußte eine verheerende Wirkung eintreten, denn das Gebäude geriet dadurch in unregelmäßige Schwingungen, die die Verbände lockerten.

7. (430.) Fall. Ein Schornstein in Rathenow war bei Sturm umgefallen. Erwiesenermaßen war er nicht mit der üblichen Standfestigkeit gebaut worden. Es fragte sich nun, ob der Wind nicht über das gewöhnliche Maß hinausging, das der Schornstein ausgehalten haben würde, wenn er mit der üblichen Standfestigkeit gebaut worden wäre, oder war der Wind so stark, daß der Schornstein auch bei der üblichen Standfestigkeit umgeworfen worden wäre. In letzterem Falle wären auch wohl noch andere Schornsteine umgeworfen worden.

Auskunft: In Rathenow selbst besteht keine Windmeßstation. Im küstennahen Hamburg wurden 35—40 Sekundenmeter gemessen, und man kann für das landeinwärts gelegene Rathenow weniger erwarten. Berlin hatte immer noch 20 m, also immer noch vollen Sturm, der bei gelegentlichen Windstößen stärker gewesen sein kann und dann als höhere Gewalt anzusehen ist. (Vgl. S. 153.)

8. (431.) Fall. Ein fahrbarer, elektrisch betriebener Winkelportalkran war durch Sturm in Bewegung gesetzt, gegen einen anderen gestoßen, dadurch aus den Schienen gehoben und über die Kaimauer ins Wasser geworfen worden. Die verklagte Baufirma lehnte Schadenersatz ab, da der Kran offenbar nicht gebremst worden sei, während ein Orkan geherrscht habe, der als höhere Gewalt anzusprechen sei.

Auskunft: In der Tat herrschte ein Wind von der Stärke 10, die man in dortiger Gegend als höhere Gewalt ansehen muß (vgl. Fall 303).

9. (432.) Fall. Beim Verlassen eines Ladens wurde ein Dienstmädchen dadurch schwer verletzt und lange erwerbslos, daß der Sturm den Schaufenstervorhang mit den Stangen abriß und auf das Mädchen warf. Der verklagte Ladenbesitzer behauptete, daß ungewöhnlicher Sturm geherrscht habe.

Auskunft: Der Wind hatte zeitweise 12 Sekundenmeter Geschwindigkeit und war böig; da aber die Sturmnorm bei mindestens 15 m beginnt, so liegt höhere Gewalt nicht vor. (Man beachte aber die Erörterungen zu Fall 270.)

10. (433.) Fall. Kläger will dadurch verletzt sein, daß ihm beim Überschreiten der Bahn ein Schrankenbaum auf den Kopf fiel. Die Bahnverwaltung behauptete Sturm als höhere Gewalt.

Auskunft: 15 Sekundenmeter, also Sturm, aber noch keine höhere Gewalt.

Örtliche Verhältnisse, wie ein Bahneinschnitt, konnten den Wind noch verstärken, und wenn ihm auch die Stange nur eine geringe Angriffsfläche bot, so ist der Schrankenbaum doch meist durch ein Gegengewicht so ausgeglichen, daß oft keine große Kraft nötig ist, um ihn umzulegen.

11. (434.) Fall. In der Kleiststraße in Berlin stürzte ein Möbelwagen um, und zwar angeblich durch ungewöhnlichen Sturm, wie der Wagenbesitzer behauptete.

Auskunft: Der Wind blies in der Straßenrichtung mit 17—20 m Geschwindigkeit, vereinzelte Stöße konnten selbst 30 m erreichen.

Solche Werte fallen unter den Begriff der höheren Gewalt (vgl. Fall 270).

12. (435.) Fall. Ein Blumenkasten von 30 kg Gewicht war herabgefallen und hatte Schaden gemacht. Der Mieter behauptete, ein Wirbelwind sei die Ursache.

Auskunft: Zwar wurden 15 Sekundenmeter festgestellt, trotzdem ist die Behauptung nicht glaubhaft, denn der Kasten hätte durch den Wirbel erst aus dem 20 cm hohen Balkonrahmen herausgehoben werden müssen (Fall 274).

Wenn auch bei Tornados solche Kraftleistungen möglich sind, so hätten in diesem Fall auch noch andere Schäden verursacht und gemeldet werden müssen, was nicht der Fall war. Vermutlich war der Kasten auf den Rahmen gestellt worden und dabei übergekippt.

e) Gewitter.

1. (436.) Fall. Von einer Hochspannungsleitung fiel ein Draht auf ein Pferd, das durch den elektrischen Strom getötet wurde. War der

Draht gerissen oder hatte Blitzschlag den Draht abgeschmolzen und den Isolator zerstört?

Auskunft: Letztere Annahme ist wahrscheinlich, da sich viele Gewitter entladen hatten; also höhere Gewalt.

2. (437.) Fall. Ein gegen Unfall versicherter Kaufmann erhielt beim Fernsprechen einen elektrischen Schlag an die linke Kopfseite und litt seitdem an nervösen Beschwerden. Die verklagte Fernsprechverwaltung behauptete, es sei Gewitter gewesen.

Auskunft: Kein Gewitter.

Auch ein luftelektrischer Schlag kommt nicht in Frage, da er viel zu schwach ist. Selbst wenn eine elektrisch geladene Böenwolke vorbeizieht, wird der Draht durch Induktion nur in der Schnelligkeit der Zuggeschwindigkeit der Wolke, also zu langsam aufgeladen, um schädliche Schläge austeilen zu können (S. 123).

3. (438.) Fall. Ein Blitz schlug in ein Gasthaus und zündete. Gegenüber den Gästen, deren Sachen mit verbrannten, berief sich der Wirt auf höhere Gewalt.

Auskunft: Es war Gewitter.

Das Gericht verurteilte aber trotzdem den Wirt zur Entschädigung, da sein Haus keinen Blitzableiter hatte. Wäre die Zündung trotz Blitzableiters erfolgt, so hätte sich der Wirt mit Erfolg auf das Bürgerliche Gesetzbuch berufen können; denn dort heißt es:

„§ 701. Ein Gastwirt, der gewerbsmäßig Fremde zur Beherbergung aufnimmt, hat einem Gaste den Schaden zu ersetzen, den der Gast durch den Verlust oder die Beschädigung eingebrachter Sachen erleidet. Die Ersatzpflicht tritt nicht ein, wenn der Schaden von dem Gaste, einem Begleiter des Gastes oder einer Person, die er bei sich aufgenommen hat, verursacht wird oder durch die Beschaffenheit der Sachen oder durch höhere Gewalt entsteht.

Ein Blitzschlag trotz guten Blitzableiters muß als höhere Gewalt gelten; denn gemäß den Erörterungen S. 185 hätte dann der Wirt die gebotene Vorsicht gebraucht, aber dadurch das schädliche Ereignis doch nicht abwenden können.

Das Schrifttum der gerichtlichen Meteorologie.

1. Kremser, V., Meteorologie und Rechtspflege. Das Recht 1902, S. 565–568.
2. Kaßner, C., Das Wetter und seine Bedeutung für das praktische Leben. Leipzig 1908, S. 133–137, Abschnitt Rechtspflege; 2. Aufl. 1918, S. 138–142, Abschnitt Gerichtliche Meteorologie.
3. Kaßner, C., Über die Bedeutung der Wetterkunde für die Rechtspflege. Vortrag vor den Richtern und Staatsanwälten des Kammergerichtsbezirks am 13. April 1910.
4. Kaßner, C., Die höhere Gewalt im meteorologischen Sinne. Berliner Tageblatt vom 1. Mai 1910 (Benennung: Gerichtliche Meteorologie erstmalig gebraucht).
5. Kaßner, C., Über gerichtliche Meteorologie. Deutsche Revue 1911, Märzheft (Abdruck von 3).
6. Kaßner, C., Die Organisation der Wetterbeobachtungen in Norddeutschland und ihre Verwertung für die Kriminalistik. Vortrag im 3. kriminalpolizeilichen Fortbildungskursus bei der Kriminalpolizei von Berlin am 31. März 1911.
7. Kaßner, C., Die Verwertung der Wetterbeobachtungen in Norddeutschland durch die Kriminalistik. Archiv für Kriminalanthropologie und Kriminalistik 1911, S. 154–164 (Abdruck von 5).
8. Kaßner, C., Gerichtliche Meteorologie. Die Umschau 1911, S. 999–1000.
9. Kaßner, C., Das Glatteis am 9. Januar 1911 und seine gerichtliche Bedeutung. Das Wetter 1911, S. 132–135.
10. Kaßner, C., Gerichtliche Meteorologie in Meyers Großem Konversations-Lexikon 1912, Band 23, S. 329.
11. Linke, Fr., Die Meteorologie im Dienste der Rechtspflege. Die Umschau 1916, S. 781–785 (meist nach 2, 5 und 7).
12. Kaßner, C., Wetter und Verbrechen. Kalender des Praktischen Wegweisers 1919, S. 160–166.

Sachverzeichnis.

1. Das Wetter.

2. Zeitmessung.

3. Gerichts- und Verwaltungswesen.

4. Strafsachen.

5. Erkrankungen.

6. Städtewesen

(s. a. nächsten Abschnitt).

7. Bauwesen

(s. a. vorigen Abschnitt).

8. Verkehrswesen.

9. Handel und Gewerbe.

10. Industrie und Technik nebst Wasserwirtschaft.

FSC
www.fsc.org
MIX
Papier | Fördert gute Waldnutzung
FSC® C083411

Kolibri 360 GmbH
Ferdinand-Jühlke-Straße 7
99095 Erfurt, Deutschland
produktsicherheit@kolibri360.de